대학과
대학생의
시대──

# 대학과 대학생의 시대

한국 근현대 학교 풍경과 학생의 일상 10

**초판 1쇄 인쇄** 2018년 7월 1일 \ **초판 1쇄 발행** 2018년 7월 5일
**지은이** 강명숙 \ **펴낸이** 이영선 \ **편집 이사** 강영선 김선정
**주간** 김문정 \ **편집장** 임경훈 \ **편집** 김종훈 이현정 \ **디자인** 김회량 정경아
**독자본부** 김일신 김진규 김연수 정혜영 박정래 손미경 김동욱

**펴낸곳** 서해문집 \ **출판등록** 1989년 3월 16일(제406-2005-000047호)
**주소** 경기도 파주시 광인사길 217(파주출판도시) \ **전화** (031)955-7470 \ **팩스** (031)955-7469
**홈페이지** www.booksea.co.kr \ **이메일** shmj21@hanmail.net

강명숙 © 2018
ISBN 978-89-7483-944-4 94910
ISBN 978-89-7483-896-6 (세트)
값 23,000원

이 도서의 국립중앙도서관 출판예정도서목록(CIP)은 서지정보유통지원시스템 홈페이지(http://seoji.nl.go.kr)와
국가자료공동목록시스템(http://www.nl.go.kr/kolisnet)에서 이용하실 수 있습니다.(CIP제어번호: CIP2018019881)

이 저서는 2013년 대한민국 교육부와 한국학중앙연구원(한국학진흥사업단)의
한국학총서 사업의 지원을 받아 수행된 연구임(AKS-2013-KSS-1230003)

進賢
한국학

한국 근현대
학교 풍경과
학생의 일상
10

강명숙
지음

대학과
대학생의
시대

서해문집

## 총서를 펴내며

오늘날 한국의 교육은 1876년 국교 확대 이전 전통시대 교육과는 판이하다. 19세기 후반부터 오늘날에 이르기까지 일본을 거치거나 직접 들어온 서구의 교육이 미친 영향이 적지 않기 때문이다.

이러한 교육은 한국인의 물질적 생활방식을 바꾸었을 뿐더러 가치관마저 송두리째 바꿨다. 그것은 오늘날 학교의 풍경과 학생들의 일상생활에서 엿볼 수 있다. 매일 일정한 시각에 등교해 교사의 주도로 학년마다 서로 다르게 표준화된 교과서를 학습하고 입시를 준비하거나 취직에 필요한 역량을 키운다. 또한 복장과 용모 지도에서 볼 수 있듯이 여전히 남아 있는 일제 잔재와 군사문화의 일부가 학생들의 일상생활을 통제한다.

그러나 한국의 교육은 서구의 교육과는 동일하지 않다. 그것은 단적으로 해방 후 한국교육의 양적 성장에서 잘 드러난다. 초등교육은 물론 중등교육·고등교육의 비약적인 팽창은 세계교육사에서 유례를 찾아볼 수 없을 정도로 엄청난 규모를 보여 준다. 그리하여 이러한 경이적인 팽창은 한국의 경제성장에 기여했을 뿐만 아니라 사회 전반에 걸친 압축적 근대화에 견인차 역할을 수행했다. 아울러 이러한 성장은 직간접적으로 국민들의 의식에도 영향을 미쳐 산업화와 함께 민주화의 동력이 되었다.

그런데 오늘날 한국교육은 급속한 양적 성장을 거친 결과 만만치 않은 과제를 안고 있다. 사회의 양극화와 더불어 교육의 양극화가 극심해져 교육이 계층 이동의 사다리이자 자아실현의 디딤돌이 되기는 커녕 사회의 양극화를 부채질하고 학생들의 삶을 황폐화시키고 있다. 고등학생은 물론 초등학생·중학생들도 입시 준비에 온 힘을 기울임으로써 학생은 물론 학부모, 학교, 지역사회의 일상생활이 입시전쟁에 종속되어 버렸다.

도대체 1876년 국교 확대 이후 한국의 교육에서 어떠한 변화가 일어났기에 오늘날 이러한 현상이 일어났는가. 한국의 교육열은 어디에서 그 기원을 찾아야 하는가. 고학력자의 실업률이 나날이 증가함에도 이른바 학벌주의가 여전히 기승을 부리는 이유는 무엇인가. 그럼에도 야학으로 대표되는 제도권 바깥 교육이 비약적인 경제성장에도 끈질기게 살아남으며 한국교육에서 차지하는 비중이 낮지 않음은 무슨 까닭인가. 또 이러한 비제도권 교육은 한국의 압축적 근대화에 어떻게 영향을 미쳤으며, 비제도권 교육의 양적·질적 변동 속에서 학생들의 일상생활은 어떻게 변화했는가. 그 과정 속에서 학생들은 어떻게 자신의 꿈을 실현했으며, 한편으로는 어떻게 좌절했는가. 아울러 한국의 교육 현상은 유교를 역사적·사상적 기반으로 하는 동아시아 각국의 교육 현상과 어떻게 같고 또 다른가.

이 총서는 이러한 문제의식에서 역사학자·교육학자 10명이 의기투합해 저술한 결과물로서 다음과 같은 점에 중점을 두었다. 먼저 근현대 학교의 풍경과 학생의 일상생활을 공통 소재로 삼아 전통과 근대의 충돌, 일제하 근대성의 착근과 일본화 과정, 해방 후 식민지 유제의 지속과 변용을 구체적으로 고찰함으로써 한국적 근대성의 실체를 구명하고자 했다. 더 나아가 한국의 교육을 동아시아 각국의 근현대교육과 비교하고 연관시킴으로써 상호작용과 반작용을 드러내고 그 의미를 추출하고자 했다.

따라서 이 총서는 기존의 연구 성과를 디딤돌로 삼되 새로운 구성 방식과 방법론에 입각해 다음과 같은 부면에 유의하며 각 권을 구성했다. 첫째, 한국 근현대교육제도의 변천 과정을 통시적으로 고찰하면서 오늘날 한국교육을 형성한 기반에 주목했다. 기존의 한국 근현대 교육사에 대한 저술은 특정 시기·분야에 국한되거나 1~2권 안에 개괄적으로 정리하는 것이 보통이었다. 그러나 이러한 저술은 한국근현대교육의 흐름을 파악하는 데 도움을 줄 수는 있으나 자료에 입각해 통시적이고 종합적으로 이해하기에는 아쉬운 점이 적지 않았다.

특히 대부분의 저술이 초등교육에 국한된 나머지 중등교육과 고등교육, 비제도권 교육에 대한 서술은 매우 소략했다. 그리하여 이 총서에서는 기존 저술의 이러한 한계를 극복하기 위해 일반 대중의 눈높이를 염두에 두면서 초등교육은 물론 중등교육·고등교육을 심도 있게 다루었다. 다만 대중적 학술총서의 취지를 살려 분량을 고려하고 초등교육·중등교육·고등교육 각각의 기원과 의미에 중점을 둔 까닭에 개괄적인 통사 서술 방식에서 벗어나 특정 시기를 중심으로 구체적으로 서술했다.

둘째, 이 총서의 가장 큰 특징은 기존 연구에서 거의 다루지 않은 학생들의 일상을 미시적으로 탐색하면서 한국적 근대의 실체를 구명하는 데 있다. 따라서 이 작업은 교육제도와 교육정책에 치중된 기존 연구 방식에서 벗어나 삶의 총체성이라 할 일상 문제를 교육 영역으로 적극 끌어들였다고 하겠다. 물론 학생의 일상은 교육사 전체에서 개관하면 매우 작은 부분일 수 있다. 그러나 이들 학생의 일상은 국가와 자본, 사회와 경제 같은 거대한 환경에 따라 규정될뿐더러 학생이 이러한 환경과 상호작용하면서 자신의 체험을 내면화함으로써 새로운 세계를 열어가는 기반이라는 점에서 그 의미가 적지 않다. 그리하여 한국 근현대 시기 학생의 일상에 대한 서술은 일상의 사소한 경험이 사회 구조 속에서 빚어지는 모습과 특정한 역사 조건 속에서 인간 삶이 체현되는 과정으로 귀결된다. 나아가 이러한 서술은 오늘날 한국인의 심성을 만들어낸 역사적·사회적 조건을 구명하는 계기를 제공할 것이다. 이에 이 총서는 문화연구 방법론을 활용하기 위해 기존 역사 자료 외에도 문학 작품을 비롯해 미시적인 생활 세계를 담은 구술 채록과 증언 자료, 사진, 삽화 등을 적극 활용했다.

셋째, 이 총서의 마무리 저술에서는 학제 작업의 장점을 살려 일본·타이완과 같은 동아시아 국가의 교육과 비교·연관함으로써 동아시아적 시야 속에서 한국 근현대교육의 위상과 의미를 짚어보고자 했다. 왜냐하면 일본과 타이완, 한국은 유교를 기반으로 하면서도 각각 제국주의와 식민지라는 서로 다른 처지에서 전통과 다르면서도 공히 자본주의 체제를 내면화하면서 급속한 경제성장과 정치적 권위주의의 병존, 1990년대 이후의 민주화 여정에서 볼 수 있듯이 서구와 서로 다른 동아시아적 특색을 구비했기 때문이다. 따라서 동아시아 속에서 비교·연관을 통한 한국 교육에 대한 재검토는 이후 한국 교육의 방향을 국민국가 차원에서 벗어나 동아시아적·지구적인 차원에서 모색하는 데 중요한 시사점을 제공할 것이다.

그럼에도 이 총서는 기존 연구 성과를 밑거름으로 삼아 집필되었기 때문에 각 권마다 편차를 보인다. 지금에서야 새롭게 주목받기 시작한 일상생활 영역과 오래 전부터 연구돼 온 영역 간의 괴리로 인해 연구 내용과 자료가 시기마다, 학교급마다, 분야마다 균질하지 않기 때문이다. 다만 총서의 취지와 주제를 적극 살리기 위해 이러한 차이를 메우려고 노력했다는 점도 부기하고자 한다. 그리하여 이 총서가 한국 근현대교육사를 한때 학생이었던 독자의 눈과 처지에서 체계적으로 이해할뿐더러 학생의 일상과 교육의 상호작용을 구체적으로 묘사하는 데 중요한 문화 콘텐츠로 활용되기를 기대한다. 또한 이 총서는 총10권으로 방대하지만 독자들이 이러한 방대한 총서를 통해 한국 근현대교육사의 속내를 엿보는 가운데 한국교육의 지나온 발자취를 성찰하면서 오늘날 한국교육이 나아가야 할 방향을 모색하는 데 기꺼이 동참해 주기를 고대한다. 이 자리를 빌려 이 총서를 발간할 수 있도록 지원해 준 한국학중앙연구원 한국학진흥사업단에 감사의 말씀을 드린다.

끝으로 총서 작업을 해오는 과정에서 저자들에 못지않게 교열을 비롯해 사진·삽화의 선정과 배치 등 온갖 궂은일을 도맡아 주신 출판사 편집진의 노고에 감사의 뜻을 표한다. 아울러 독자들의 따뜻한 관심과 차가운 질정을 빈다.

저자들을 대표해 김태웅이 쓰다

## 머리말

일제강점기에 경성제국대학이 설립되면서 우리나라에도 대학이 생겼다. '학문의 전당'인 대학은 비록 조선인 학생에게는 차별의 벽이 높았지만, 입학과 졸업은 입신출세의 보증과 같았다. 해방 후 대학생은 사회적 선망의 대상이 됐으나, 다른 한편으로 놀고먹는다는 질시와 풍기를 문란하게 한다는 비판을 받았고, 동시에 새로운 문화의 창조자여야 한다는 기대도 받았다.

요즘의 대학생은 높은 등록금에 허덕이고 자격 쌓기에 급급한 예비 실업자의 이미지를 가지고 있다. 대학 졸업장이 아무것도 보장해주지 않는 시대가 됐지만, 그래도 여전히 대학은 나와야 한다는 믿음은 강하다. 또 사회에서도 대학생은 아직 희망과 도전을 상징하고 또 대학 시절은 만용이나 과격이 용인되며 실패나 변명의 여지가 있는 모색과 유예의 시간으로 여겨진다.

이 책에서는 길지 않은 우리나라 대학의 역사를 살펴봄으로써 대학과 대학생이 우리 사회에서 어떤 위상을 차지하고 있고, 어떠한 이미지로 표상되는지 알아보려고 한다. 또 근대 학교제도의 정점인 대학이라는 기관과 대학생의 부침을 통해 한국적 근대인의 형성과 근대문화의 단면을 드러내고자 한다. 특히 대학이라는 공간을 매개로 일상을 살아가는 대학생의 다양한 삶의 면모를 문화사, 생활사의 측면에서도 다루고자 한다. 즉 학생이 있는 대학사를 서술하고자 한다.

대학은 학생의 일상적 삶의 공간이다. 그리고 대학도 학교의 일종으로 교육을 목적으로 하는 공간이므로 교육 정책에 따라 학교의 모습과 교육 행위가 달라지는 것은 당연하다. 따라서 학교 정책과 교육활동 그에 따른 학생의 삶을 사실적으로 그려냄으로써 한 인간의 성장에 학교라는 근대적 제도가 갖는 규정력과 한국인의 심리 문화적인 특성을 부각하고, 한국의 학교문화, 근대문화, 대학문화를 음각하고자 한다.

우선 시기는 1980년대 이전까지로 한정했다. 1980년 우리나라 대학 취학률이 15퍼센트를 넘어서고, 1985년에는 35퍼센트를 넘어섰다. 대학 취학률이 15퍼센트를 넘고 나아가 30퍼센트를 넘게 되면, 이는 대학교육이 엘리트교육에서 대중교육으로, 다시 보편교육으로 그 성격이 변화했음을 의미한다. 따라서 대학문화에도 질적인 변화가 일어난다. 대학생의 집단 정체성과 사회적 기대 역시 이전 시대와는 다른 양상을 보인다. 그러므로 여기서는 대학교육의 대중화 이전 단계, 즉 엘리트교육 단계에 한정하여 대학, 대학문화, 학생문화를 다룰 것이다. 대학 취학률 15퍼센트 이하의 시기를 대학의 성장 시대라 칭하고, 모두 다섯 시기로 나누어 교육 정책, 교육 활동, 학생문화에 대해 살펴보고자 한다.

1장에서는 일제강점기 고등교육의 길이 열리는 점에 주목해 제국대학과 전문학교라는 위계적이고 차별적인 고등교육 체체가 제도적으로 성립됨을 살펴본다. 그리고 대학문화가 대학과 전문학교, 관공립과 사립, 일본인과 조선인 대학생이라는 중층적 구조로 계층화되는 모습을 드러내고자 한다. 더불어 조선인 대학생의 욕망과 좌절, 출구 모색 등도 살펴본다.

2장에서는 미군정기 고등교육 구조가 4년제 종합대학으로 수렴되고 사립대학 설립이 늘어나 부실한 출발이 시작된다는 관점에서 접근하고자 한다. 고등교육 기회를 확대 제공하고, 대학 체제를 새롭게 디자인하려는 노력 속에서 나타난 국립서울대학교설립안(국대안)을 조명한다. 사각모가 청년의 거리 유행 패션이 될 정도였지만, 정작 교육의 부실이 구조적으로 잉태되는 시기였다.

3장에서는 1950년대 대학의 양적 성장이 대학망국론으로 이어지는 정책적, 사회적 조건을 살펴본다. 고등교육 팽창과 미국의 원조로 인한 대학 사회의 변모를 살펴보고, 미국에 대한 선망의 문화와 반공

교육 강화, 군사교육 강화라는 현실을 그려낸다. 그리고 대학생에 대한 사회의 부정적인 시선과 대학생의 일상을 통제하려는 국가의 시도를 다룬다.

4장에서는 1960년대 대학 부실, 대학 정비의 실태를 살펴본다. 고등교육 기회를 제한하는 정책을 썼지만 정원 외 초과 모집, 청강생제도 등으로 인해 대학 인구가 감소하지 않는 현실을 논의한다. 또 대학생의 낭만, 사회 참여 등의 열정, 등록금 부담과 취업난 등의 좌절을 그려내고자 한다.

5장에서는 1970년대 실험대학을 통한 대학의 개혁 노력을 알아본다. 국가, 대학, 경제발전이 삼각 연대를 형성하고 이데올로기로 떠오르는 과정을 살펴본다. 또 대학문화가 청년문화를 주도하는 한편, 정치적 억압으로 인해 저항문화가 싹트는 모습도 설명한다.

우리나라 근대 이후의 고등교육에 대한 연구물을 참고하되, 학교사나 졸업 앨범 같은 공식 기록물은 물론이고 학과 기념지 또는 동창회지의 회고담, 대학 시절에 대한 개인의 전기와 회고담 등을 자료로 활용했다. 특히 2000년을 전후해 각 대학에 설치되기 시작한 학교사 자료실이나 기록관에 소장된 문서, 사진, 영상 자료 등은 대학과 대학생의 시대적 풍경을 그려내는 데 훌륭한 자료로 도움이 됐다. 그뿐만 아니라 신문, 잡지, 문학 작품에 나타난 대학, 대학생의 모습도 참고 자료로 의미 있게 활용하고자 했다. 대중적 학술서를 집필한다는 미명 아래 선행 연구를 참조했음에도 꼼꼼하게 출처를 밝히지 못했음을 그리고 자료의 경우에도 일일이 사용 허락을 받는 절차를 거치지 못했음을 양해 바란다. 구하기 어려운 자료를 선뜻 제공한 분들께도 그 출처와 고마움을 정중히 밝히지 못했음을 사과드린다.

2018년 7월
강명숙

# 차례

I

## 일제강점기: 고등교육의 길이 열리다

# 2

## 미군정기: 대학, 부실하게 출발하다

# 3

## 1950년대: 대학이 나라를 망친다

# 4

## 1960년대: 대학을 정비하자

# 5

## 1970년대: 대학을 실험하자

# 일제강점기:
# 고등교육의
# 길이 열리다

I

# I

# 제국대학과
# 전문학교

## 드디어 대학, 대학생이 생기다

한국에서 최초로 대학이 설립된 것은 언제이며, 어떤 학교일까? 성균관대학교는 1398년 조선시대 성균관의 설립과 운영에서부터 기원을 찾고, 서울대학교는 1895년 갑오개혁으로 생겨난 법관양성소를 기원으로 삼는다. 연세대학교는 1885년 제중원이라는 서양식 병원의 개원에서부터 출발한다. 그러나 이는 현재 대학으로 운영되는 기관의 시원을 찾은 것으로, 그 출발부터 오늘날과 같은 근대 교육제도로서의 대학이라는 이름에 걸맞은 교육기관이었다고 보기는 어렵다.

대학은 종종 고등 정도의 교육을 실시하는 고등교육기관(higher education)의 대명사로 사용된다. 그리고 초·중·고의 3단계로 학교

교육제도가 체계화되어 성립되는 과정에서 중등 후 교육기관(post secondary education)이나 제3단계 교육기관(tertiary education)도 고등교육기관으로, 대학으로 통칭된다. 여기서는 근대 학교교육제도의 발달 과정에서 법적으로 대학, 대학교로 인정된 기관의 등장을 대학의 출발로 보고자 한다. 따라서 1924년 경성제국대학(경성제대)의 설립으로 한국에 대학이 생기고, 대학생이라는 사회적 존재가 태어났다.

그러나 경성제국대학이 한국 고등교육의 출발점은 아니다. 근대적 학교교육제도가 도입되던 시기부터 고등 수준의 교육을 실시하는 기관은 적지 않았다. 성균관의 경학원, 배재학당, 이화학당, 법관양성소 등이 그런 예다. 1910년대 초·중·고의 학교교육 체계가 세워지면서 보통학교, 고등보통학교 이후의 단계를 담당하는 교육기관으로 전문학교, 고등실업학교 등이 있었다. 1911년 제1차 조선교육령 제정으로 전문학교제도가 생기고, 1915년 전문학교규정이 제정된 이후 설립 인가를 받은 것이다. 경성의학전문학교, 연희전문학교 등이 대표적이다. 일제강점기에는 이들 전문학교가 고등교육의 출발이라고 할 수 있다.

일제강점기 전문학교와 대학이라는 사회제도는 어떻게 만들어졌을까? 그리고 이 제도적 기획은 학생의 행위와 문화에 어떻게 구조적 환경으로 작용했을까? 일제는 1911년 식민지 본국인 일본과는 다른 식민지 조선의 조선인에게만 적용되는 조선교육령을 제정했다. 시세와 민도에 적합한 교육제도를 만든다는 취지에서 학교제도를 보통교육과 실업교육, 전문교육의 세 종류로만 제한하고, 보통교육을 담당하는 학교로 각각 수업 연한 4년의 보통학교와 고등보통학교, 수업 연한 3년의 여자고등보통학교를 두고, 실업교육을 담당하는 실업학교, 전문학교를 두었다. 보통학교 졸업 이후 진학하는 학교로 고등보통학교와 실업학교를 두고, 실업학교의 경우 상급학교 진학을 차단함으로서 복선형 학교제도가 되었다. 고등보통학교를 졸업한 후 진학할 수 있는 전문교육을 설정하여 실질적으로는 보통교육-전문교육이라는 2단계 학교제도를 구성했으나 보통학교, 고등보통학교, 전문학교의 3단계 학교제도의 외양을 취했다. 따라서 전문학교는 4년의 보통학교와 4년의 고등보통학교, 즉 보통교육을 마친 다음 진학하는 학교로 16세가 되면 입학할 수 있었는데, 엄격히 말하면 수업 연한 8년 이후에 진학할 수 있는 후기중등 단계의 전문실업교육기관의 성격이 강했다. 또 제도적으로 남성에게만 허용된 기관이었다. 전문학교의 학제상 위치를 보면 〈표 1〉과 같다.

3·1운동 이후 일제는 무단통치에서 문화통치로, 교육 기회를 제한하는 우민화 교육 정책에서 교육 기회 보급을 통한 동화 교육 정책으로 선회했다. 1922년 제2차 조선교육령을 제정하여 학교제도를 고쳤는데, 전문학교 외에 대학을 도입해 학제 속에 위치시킨 것이다. 비로소 대학이 제도적으로 가능해졌고, 대학생이 경성의 거리를 활보하게 됐으며, 언론에서도 대학과 대학생의 이모저모를 보도하기 시작했다.

제2차 조선교육령기의 학교제도는 〈표 2〉와 같다. 진하게 표시된

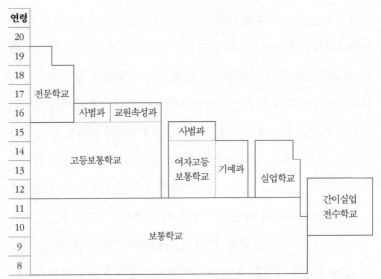

<표 1> 제1차 조선교육령기의 학교제도

출전: 강명숙, 〈일제시대 제1차 조선교육령 제정과 학제 개편〉, 《한국교육사학》 31-1, 2009, 17쪽.

부분은 제2차 조선교육령 제정에 의해 변화된 부분이다. 당시 일본 본국의 경우 수업 연한 6년의 소학교와 수업 연한 5년의 중학교가 있었는데, 조선에서 수업 연한 4년의 보통학교를 마치고 일본의 중학교로 진학하거나, 4년의 보통학교와 4년의 고등보통학교를 마치고 일본의 실업학교나 전문학교로 진학할 수 없었다. 입학 연령을 6세로 내리고, 수업 연한을 각각 보통학교 2년, 고등보통학교 1년씩 늘려 일본의 학교와 입학 연령 및 수업 연한을 동일하게 했다. 그리고 보통학교 교원을 양성하는 사범학교를 만들었다. 무엇보다 대학과 대학 예과,

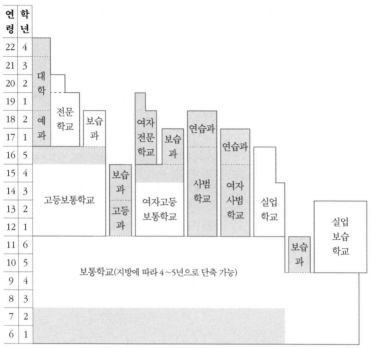

〈표 2〉 제2차 조선교육령기의 학교제도

출전: 강명숙, 〈일제시대 학교제도의 체계화: 제2차 조선교육령 개정을 중심으로〉, 《한국교육사학》 32-1, 2010, 13쪽.

여자전문학교 설립이 제도적으로 가능해졌다.

　제2차 조선교육령 개정으로 정비된 학교제도는 큰 변화 없이 이후 일제강점기 학교제도의 기본 골격이 된다. 일본 본국의 경우 대학 전 단계 교육기관으로 수업 연한 3년의 고등학교가 있었다. 그러나 조선 에서는 대학이 설립됐으나, 고등학교제도가 없어, 대학교육 예비 기

| 학교 | | 설립 주체 | 학교 수 | 학교명 |
|---|---|---|---|---|
| 대학 | 본과 | 관립 | 1 | 경성제국대학 |
| | 예과 | | | |
| 전문학교 | | 관립 | 7 | 경성법학전문학교, 경성의학전문학교, 경성고등공업학교, 수원고등농림학교, 경성고등상업학교, 경성광산전문학교, 부산고등수산학교 |
| | | 공립 | 2 | 대구의학전문학교, 평양의학전문학교 |
| | | 사립 | 11 | 보성전문학교, 아사히(旭)의학전문학교, 연희전문학교, 이화여자전문학교, 경성치과의학전문학교, 경성약학전문학교, 혜화전문학교, 경성여자의학전문학교, 대동공업전문학교, 숙명여자전문학교, 명륜전문학교 |
| 각종 학교 | | 사립 | 7 | 경성법정학교, 중앙보육학교, 경성보육학교, 성결교회경성신학교, 조선무선통신학교, 평양신학교, 덕원신학교 |
| 합계 | | | 28 | |

출전: 《조선연감》, 경성일보사, 1944, 312~314쪽.


관인 대학 예과를 병설하는 과도기적 형태였다. 그리고 전문학교는
최종 교육 단계였으나 대학으로 진학이 연결되지 않는, 즉 후기중등
교육 단계에서 종결되는 직업교육기관의 성격이 강했다. 그래서 일제
강점기부터 대학과 전문학교는 동일한 고등교육 단계의 서로 다른 계
통이라기보다 대학과 전문학교라는 위계적인 구조가 제도화됐다. 즉
학문의 전당을 자처하는 고등교육 단계의 대학과 전문직업교육기관
인 후기중등 단계의 전문학교가 이원적이면서 동시에 위계적으로 서
열을 이루는 이원적 고등교육 구조가 제도화됐다.

한국에 대학은 일제가 패망할 때까지 경성제국대학이 유일했고, 1943년 제4차 조선교육령을 제정하여 전시 비상 교육 체제로 전환하기 이전까지 전문학교는 9개의 관·공립직업전문학교와 11개의 사립종합전문학교 및 직업전문학교가 설립 운영됐다. 제4차 조선교육령 제정 직전의 대학과 전문학교 현황을 살펴보면 〈표 3〉과 같다.

그런데 대학과 전문학교라는 위계적 서열 구조는 다시 일본인 위주의 관립전문학교와 조선인 위주의 사립전문학교라는 설립자와 민족 차이에 의한 서열이 결부돼 대학-관공립전문학교-사립전문학교 순의 서열 구조가 형성됐다. 이러한 위계적 서열 구조는 일제강점기에 형성된 학교문화의 특징을 드러내는 기본 바탕이 됐다.

일제강점기의 대학생 규모, 특히 조선인 학생 규모는 〈표 4〉와 같다. 조선인 대학생은 430여 명 정도였고, 전문학교 학생은 4100여 명이었다. 각종 학교 학생 900여 명까지 포함하면 약 5400여 명의 조선인 학생이 재학하고 있었다.

학생의 민족별 비율을 보면 전문학교와 대학을 합쳐 54퍼센트가 조선인이었고, 그들 중 70퍼센트가 사립전문학교에 다녔다. 대학 본과의 경우 조선인 학생이 38퍼센트, 관립전문학교의 경우 28퍼센트였다. 이에 비해 사립전문학교의 경우 조선인 학생이 80퍼센트 이상을 차지했다. 일본인 학생의 대부분은 관공립학교에 다니고 조선인 학생의 대다수는 사립학교에 다녔다. 즉 관공립은 일본인 위주의 교육, 사립은 조선인 위주의 교육이 이루어져, 관공립과 사립 간에 뚜렷

| 학교 | | 설립 주체 | 학교 수 | 학급 수 | 학생 수 | | |
|---|---|---|---|---|---|---|---|
| | | | | | 계 | 조선인(%) | 일본인 |
| 전문학교 | | 관립 | 7 | 70 | 2,481 | 699(28) | 1,782 |
| | | 공립 | 2 | 8 | 605 | 206(34) | 399 |
| | | 사립 | 11 | 73 | 4,007 | 3,235(81) | 772 |
| 대학 | 본과 | 관립 | 1 | 115 | 618 | 236(38) | 382 |
| | 예과 | | 1 | 18 | 697 | 200(29) | 497 |
| 소계 | | | 21 | 284 | 8,408 | 4,576(54) | 3,832 |
| 각종 학교 | | 사립 | 7 | 27 | 1,033 | 915(89) | 118 |
| 합계 | | | 28 | 311 | 9,441 | 5,491(58) | 3,950 |

출전:《조선연감》, 경성일보사, 1944, 312~314쪽에서 재구성.
비고: 조선인 이외는 일본인으로 산정했다. 괄호 안의 수는 전체 학생 중에서 조선인 학생이 차지하는 비율이다.


한 구별이 있었다.


## 경성제국대학의 설립과 운영


1924년 5월 2일 칙령 제103호로 〈경성제국대학관제〉가 공포됨으로써 조선에 제국대학이 설립됐다. 또 같은 날 칙령 제104호로 경성제국대학에 법문학부와 의학부를 두되, 1926년 4월 1일부터 시행한다는 내용이 공포됐다. 그러나 이미 1922년 제2차 조선교육령 제정 직후부터 조선에 대학을 설치하는 일은 진행되고 있었다. 1922년 5월 3

일 지금의 청량리역 맞은편 예과가 들어설 부지에서 착공식을 거행하고 3층짜리 붉은 벽돌 건물을 짓기 시작했다. 1923년 11월 27일에는 조선제국대학창설위원회가 설치돼 대학 및 대학 예과 개설 준비를 했다. 1924년 교사가 완성돼 5월 6일 낙성식을 했고, 5월 9일에는 신입생 선서식을, 다음 날엔 입학식을, 6월 12일에는 개교식을 성대하게 거행했다. 개교식에는 수석 합격자인 유진오가 학생 대표로 답사를 낭독했다. 개교식 날 학교는 입학생에게 예과 건물 모습과 '개교 기념'이라는 글자가 새겨진 기념 메달과 축하 떡을 돌렸다.

경성제국대학이 설립된 배경에는 여러 가지 요인이 있다. 우선 3·1운동 이후 조선인 고등교육 기회 요구가 높아지면서 민간에서 민립대학설립운동이 일어났다. 또 일본 본국에서 1918년 대학령을 제정해 제국대학을 증설하고 사립대학 승격과 증설을 통해 고등교육 기회를 확장하는 한편, 일본이 통치하는 지역의 주요 거점마다 제국대학을 세워 국가 이익에 부합하는 연구와 교육의 교두보를 마련하려고 했다. 게다가 제2차 조선교육령에 따라 조선에서 대학 설립이 가능해지자 기독교계 전문학교가 대학 승격을 준비하고 있었다. 이에 일제가 관립의 대학 설립을 서둘렀다.

조선에 대학을 설립하는 과정에서 대학의 규모, 성격, 학부 구성 등에 대해 일본 본국에서 다양한 논의가 전개됐다. 결국 예과와 제국대학을 설치하는 것으로 최종 결정됐다. 경성제국대학관제가 일본 내각에서 결정된 이후 조선총독부 학무국장은 조선에 제국대학이 설립되는 데는 다음과 같은 의의가 있다고 발표했다.

처음에 경성대학은 조선교육령 제12조에 의해, 조선대학 또는 경성대학으로 간단히 설치할 생각이었는데, 조선에 있는 일본인들이 아무래도 제국대학령에 의거하는 대학의 설치를 끝없이 열망했기에 예과 개설의 시일은 순연됐지만, 어쨌든 제국대학령에 의거하는 대학 설치를 보게 된 것은 조선을 위해 기쁜 일이다. 그러나 처음 계획했던 조선교육령에 의거하는 조선대학이라 칭해도 그 내용에 있어서는 조금도 변화는 없었던 것인데, 백척간두 일보를 나아가 내용과 형식 공히 제국의 최고 학부다운 실질을 얻은 것은 조선 문교를 위해 참으로 경하할 일이다.[1]

제국대학에 입학하기 위해서는 후기중등교육기관인 고등학교교육을 이수해야 했는데, 조선에서는 3년제 고등학교 대신 2년제 예과를 두고 예과 수료생을 본과에 진입시키는 독특한 제도를 만들었다. 예과와 경성제국대학이라는 형태는 대학문화에 큰 영향을 미쳤다. 조선에서는 경성제국대학의 예과문화가 제국대학 학생문화의 기반으로 정착됐다.

**전문학교의 발달과 제도화**

조선총독부가 1915년 3월 24일 부령 제26호로 〈전문학교규칙〉을 공

〈그림 1〉 붉은 벽돌의 경성제국대학 전경(《한국민족문화대백과》, 한국학중앙연구원)

포함으로써 조선에서 전문학교 설립이 가능해졌다. 1911년 제정된 제1차 조선교육령에 따르면 전문학교는 고등의 학술기예를 교수하는 곳으로, 16세 이상의 고등보통학교를 졸업한 자 또는 그와 동등 이상의 학력을 가진 자를 대상으로 3년 내지 4년간 교육을 실시하는 전문교육기관이다. 1915년 조선총독부의 〈전문학교규칙〉과 〈개정사립학교규칙〉에 규정된 요건을 충족하는 재단을 설립하고 교원을 채용하면 전문학교로 인정하겠다는 조치에 따라 조선에서도 관공립전문학교뿐 아니라 사립전문학교를 설립, 운영할 수 있게 됐다. 사실 전문학교는 일본의 독특한 교육제도로 1903년 칙령 제61호로 제정된 〈전문학교령〉에 따라 설립, 운영되고 있었는데, 조선에서도 조선인 교육을 위해서 전문학교 설립과 운영이 가능해진 것이다.

사실 〈전문학교규칙〉 제정 이전에도 조선에 들어온 선교사가 평양에서 숭실대학을 운영하고 있었고, 서울에서도 기독교연합대학을 설립하기로 합의하여 서울YMCA에서 경신학교 대학부라는 이름으로 60여 명의 학생을 모집해 가르치고 있었다. 선교사의 대학 설립 노력을 묵과할 수 없었던 일제로서는 〈전문학교규칙〉 제정으로 고등교육에 대한 선교사의 주도권을 견제하고 조선인의 고등교육 기회에 대한 열망을 전문학교교육으로 수렴하고자 했다.

전문학교는 일제강점기에 조선에 20개교가 설립돼 고등교육 기회를 제공하는 안정적인 제도로서 발전하고 있었다. 관립전문학교와 공립전문학교는 일본 본토와 마찬가지로 사회 계열, 이공 계열, 의학 계열 같은 특정 분야의 실용적이고 기능적인 고등 인력을 양성하는 단과전문학교로 운영됐다. 사립전문학교는 문과, 신과, 농과, 상과, 이과 등 여러 계열의 전공을 설치, 운영하는 종합전문학교로 주로 운영됐다. 이렇듯 전문학교는 다양한 분야의 전문 교육을 담당하는 교육기관이지만, 특정 분야에 관한 깊이 있는 연구를 병행할 수 있는 학문 연구의 전당인 대학에 비해 한 단계 낮은 학교로 체계화됐다. 고등 기예를 육성하는 전문학교는 학술 이론을 연마하고 응용하는 대학과 수직적으로 제도화되고, 그 층차로 인해 교육과정 운영, 교수의 연구 및 교육 활동, 학생의 취업 및 의식과 생활 등 모든 면에서 대학과 거리두기를 하면서도 경합 내지 그것을 의식하는 한편 모방하는 관계가

### 〈표 5〉 전문학교의 설립과 변천 과정

| 설립별 | 1910년 이전 | 제1차 조선교육령기 | 제2차 조선교육령기 | 제3차 조선교육령기 | 제4차 조선교육령기 |
|---|---|---|---|---|---|
| 관립 | 제중원(1885)<br><br>경성의학교(1899) | 조선총독부의원 부속의학강습소(1910) 경성의학전문학교(1916) | 경성의학전문학교 | 경성의학전문학교 | 경성의학전문학교 |
| | 외국어학교(1895) | 폐교(1911) | | | |
| | 상공학교(1899)<br>농상공학교(1904)<br>수원농림학교(1906) | 수원농림전문학교(1918) | 수원고등농림학교(1922) | 수원고등농림학교 | 수원고등농림학교 |
| | 경성법학교(1909) | 경성전수학교(1911)<br><br>경성법학전문학교(1921) | 경성법학전문학교 | 경성법학전문학교 | 경성경제전문학교(1944, 통합) |
| | | 경성공업전문학교(1916) | 경성고등공업학교(1922) | 경성고등공업학교 | 경성고등공업학교 |
| | | 동양협회전문학교(1918, 사립) | 경성고등상업학교(1922,관립) | 경성고등상업학교 | 경성경제전문학교(1944, 통합) |
| | | | | 경성광산전문학교(1939) | |
| | | | | 부산고등수산학교(1941) | |
| | | | | | 경성사범학교(1943, 전문학교로 승격)<br>경성여자사범학교(1943,전문학교로 승격) |

| | | | | | |
|---|---|---|---|---|---|
| 공립 | | | 대구의학전문학교(1933) | 대구의학전문학교 | 대구의학전문학교 |
| | | | 평양의학전문학교(1933) | 평양의학전문학교 | 평양의학전문학교 |
| 사립 | 숭실학당(1901) | | 숭실전문학교(1925) | 폐교(1939) | |
| | 보성전문학교(1905) | 보성법률상업학교(1915) | 보성전문학교(1922) | 보성전문학교 | 경성척식경제전문학교(1944) |
| | 명진학교(1906) 불교사범학교(1910) | 불교고등강숙(1914) 중앙학림(1915) | 불교전수학교(1928) 중앙불교전문학교(1930) | 혜화전문학교(1940) | 폐교(1944) |
| | 대동전문학교(1908) | 폐교(1916) | | | |
| | 이화학당(1908) | | 이화여자전문학교(1925) | 이화여자전문학교 | 이화여자청년연성소지도자양성과(1943) |
| | | 연희전문학교(1917) | 연희전문학교 | 연희전문학교 | 경성공업경영전문학교(1944) |
| | | 세브란스연합의학전문학교(1917) | 세브란스연합의학전문학교 | 아사히(旭)의학전문학교(1942) | 아사히(旭)의학전문학교 |
| | | | 경성치과의학전문학교(1929) | 경성치과의학전문학교 | 경성치과의학전문학교 |
| | | | 경성약학전문학교(1930) | 경성약학전문학교 | 경성약학전문학교 |
| | | | | 대동공업전문학교(1938) | 대동공업전문학교 |
| | | | | 경성여자의학전문학교(1938) | 경성여자의학전문학교 |
| | | | 숙명여자전문학교(1930) | 숙명여자전문학교 | 숙명여자청년연성소지도자양성과(1943) |
| | | | | 명륜전문학교(1942) | 폐쇄(1944) |

출전: 신주백, 〈식민지 조선의 고등교육체계와 문·사·철의 제도화, 그리고 식민지 공공성〉, 《한국교육사학》 34-4, 2012, 64쪽 참고해 작성.

형성되고 있었다.[2]

그럼에도 전문학교는 전문 영역마다 또 학교마다 그 나름대로의 특성이 있었는데, 일제강점기 전문학교 수준의 학교 설립과 변천 과정을 구체적으로 살펴보면 〈표 5〉와 같다.

# 2

# 입학 경쟁을 뚫다:
## 백선을 치고
# 귀향하자

경성제국대학이 생기자 입학 경쟁은 처음부터 치열했다. 제국대학 설립에 앞서 당시 조선의 사정으로는 한 개의 제국대학을 설립하는 것보다는 그 돈으로 여러 개의 보통학교를 세워 일반 백성에게 교육의 기회를 제공하는 것이 더 절실하다는 주장도 있었다. 또 민립대학설립운동도 활발하게 전개됐다. 그러나 현실은 제국대학 설립을 환영할 수밖에 없었다.

민립대학설립운동을 적극적으로 추진했던 월남 이상재는 경성제국대학 개교식에 참석해달라는 초청장을 받자 경성제국대학 설립으로 실의에 빠진 민립대학설립운동 관계자들에게 오늘이 우리 민립대학 개교식 날이니 모두 함께 가보자며 참석을 독려했다. 모두 기가 막혀하자 이상재는 "이 사람들아, 저놈들이 우리나라에 관립대학이라도 세워줄 만한 놈들인가? 그나마 우리가 민립대학을 세우겠다고 뛰어다니니까 그걸 방해할 목적으로 관립대학을 세운 것이지. 그러니 저들이 물러가면 대학은 곧 우리 것이 될 거야"[3]라고 하며 경성제국대학의 설립에 의미를 부여하기도 했다. 실제로 경성제국대학은 조선인에게 외면과 기피의 대상이 되기보다 선망의 대상이 됐다. 입학 경쟁이 치열해 조선인이 경성제국대학에 입학하는 것은 하늘의 별 따기였다.

1924년 제1회 경성제국대학 예과 입학시험에 659명이 지원했고, 그중 556명이 시험을 치른 결과 170명이 합격해 평균 3 대 1의 경쟁률을 보였다. 특히 조선인의 경쟁률은 5 대 1에 달했다. 민족별, 계열별 지원자와 합격률은 〈표 6〉과 같다.

경쟁률은 1930년대 평균 5~6 대 1의 수준을 유지했다. 1938년부터 입학 정원이 200명으로 늘어났지만 1940년대 경쟁률이 10 대 1을

<표 6〉 경성제국대학 제1회 예과 입시 결과 (1924)

|  |  | 지원자(A) | 수험자(B) | 합격자(C) | 합격률(C/B, %) |
|---|---|---|---|---|---|
| 문과 | 일본인 | 154 | 128 | 61 | 47.7 |
|  | 조선인 | 141 | 119 | 29 | 24.4 |
| 이과 | 일본인 | 263 | 218 | 64 | 29.4 |
|  | 조선인 | 101 | 91 | 16 | 17.6 |
| 합계 |  | 659 | 556 | 170 | 30.6 |

출전: 우마코시 토오루 저, 한용진 역, 《한국 근대대학의 성립과 전개》, 교육과학사, 2001, 139쪽.

넘는 상황이었다. 조선인 학생의 입학은 전체의 3분의 1 정도로 제한 됐기 때문에 조선인의 입학 경쟁률은 더욱 높았다. 예과 합격자 발표 가 라디오로 생중계될 정도였다.

입학시험 과목은 국어 및 한문, 외국어, 수학, 역사(문과 지원자), 박물 (이과 지원자) 네 과목이었다. 모두 일본어로 시험을 치렀기 때문에 "그 것이 결코 균등이 아니오. 일본인 학생이 조선인 학생에 비하야 다대 多大한 특수 편의를 가젓다. 이것은 불공평이다"라고 당시《동아일 보》사설에서 비판할 만큼 입학시험에서부터 조선인은 불리함을 안 고 출발했다.

그뿐만 아니라 조선인에게는 일종의 '사상입학고사'라는 것이 있 어서 신분 조사가 철저히 이루어졌다.

당시 대학 예과 입학시험은 시험도 시험이려니와 난관이 하나둘이 아니었 다. 입학원서를 낸 뒤에 경찰서 형사가 집으로 찾아와서 이것저것 꼬치꼬 치 물어보고 조사를 해 가는가 하면, 신체검사도 세심하기 짝이 없어 내과 의사의 검사만도 두세 단계를 거쳐야 했다.[4]

이렇게 조선인에게는 제한된 교육 기회였기에 치열한 경쟁을 통과 한 경성제국대학 학생의 일거수일투족은 세인의 관심을 끌었다. 예과 생이 입는 검은 망토는 '마술의 망토'라고 불렸다. 경성제국대학 입학 을 준비하는 학생은 합격하지 않으면 죽어도 고향에 돌아가지 않겠다

京城帝大豫科
今年入學問題

數學 (理科)

代數 (配點二十)

(1) 次ノ方程ヲ解ケ

$$\frac{x-b}{a} + \frac{1-c-a}{b} + \frac{x-a-b}{c} = 3$$

(2) 或ル仕事ヲ仕グルニ甲一人ニテ乙丙二人ガ協力シテ仕上グル日數ノ倍ヲ要シ、乙一人ニテ丙甲二人ガ協力シテ仕上グル日數ノ倍ヲ要シ、丙一人ニテ甲乙二人ガ協力シテ仕上グル日數ノ倍ヲ要スト云フ。コノ條件ニ於テ次式ヲ簡單ニセヨ。

$$\frac{1}{1+l} + \frac{1}{1+m} + \frac{1}{1+n}$$

(3) 方程式 $ax^2+bx+c=0$ ノ根ヲ求ムル公式ヲ導キ出セ
但シ $a \neq 0$

(4) $\alpha, \beta, \gamma$ ガ實數ニテ、次ノ方程式ガ成立スルトキ、$\alpha, \beta, \gamma$ 及ビ 公比トスル等比級數ナスコトヲ證セヨ。

$$(\beta^2+\gamma^2)x^2 - 2(\beta+\gamma)x + \beta^2 + \gamma^2 = 0$$

平面幾何 (配點六十五點)

(1) 二定點ヨリノ距離ノ比ガ一定ナル點ノ軌跡ヲ求メヨ。

(2) 半徑5 圈ノ圖ニ接スル三角形ノ一邊ハ 他ノ二邊ヲ包ム矩形ハ30平方吋ナリ。此ノ三角形ノ面積ヲ求メヨ。

三角法 (配點六十五點)

(1) $0° \leq \theta \leq 360°$ ニ於テ $\sqrt{3}\sin\theta - \cos\theta > 0$ ナル $\theta$ ノ範圍ヲ求メヨ。

(2) $\triangle ABC$ ニ於テ $A, B, C$ ハ等差級數ナシ、且 $\sin^2 B + \sin^2 C = \sin^2 A$ ナルトキ、此 $A, B, C$ ヲ求ム

京城帝大豫科入學試驗問題

英語作文 (配點七)

(一) 拜啓先般大阪朝日新聞ニ據ルモ相成候貴店發行ノ『友和辭典』一部下記仕所宛至急御送附被下度右代金及郵稅ニシテ拾圓爲替券封入此段御注願申上候敬具

昭和三年二月一日
京城本町一丁目三番地
吉田 一郎
K アンド W 會社
御 中

(二) What would you say on seeing the following people?

1. A friend just back from a holiday.
2. An acquaintance who has recently been unwell.
3. A doctor whom you wish to consult for a bad head-ache.
4. A shop-keeper from whom you wish to buy a pair of boots.
5. A visitor who has called to see you.

英語解釋 (配點百)

(注意) 答案ハ答案紙ニ認書スベシ

1) It has been well said that, if we would study the subject properly, we must study it as something that is alive and growing and consider it with reference to its growth in the past. As most of the vital forces and movements in modern civilization had their origin in Greece, this means that, to study them properly, we must get back to Greece.

(2) The world we live in is a fairyland of exquisite beauty, our very existence is a miracle in itself, and yet and yet few of us enjoy as we might, and none as yet appreciate fully, the beauties and wonders which surround us.

(3) My heart was beating fiercely, when we two set forth in the cold night upon this dangerous venture. A full moon was beginning to rise and peered redly through the upper edges of the fog, and this increased our haste, for it was plain, before we came forth again, that all would be bright as day, and our departure exposed to the eyes of any watchers.

(4) He never smiled, he never frowned, he never betrayed the slightest suspicion of enthusiasm; but all through the interminable narrative there ran a vein of impressive earnestness and sincerity, which showed me plainly that, so far from his imagining that there was anything ridiculous or funny about his story, he regarded it as a really important matter.

〈그림 2〉 경성제국대학 예과 입학시험
문제(《조선일보》 1928년 3월 25일, 1931년 5월 15일)

〈그림 3〉 백선모를 쓴 경성제국대학 학생들(創立75周年記念事業實行委員會, 《寫眞集 城大 75周年》, 京城帝國大學 豫科 同窓會, 2000)

는 각오로 시험공부를 할 수밖에 없었다. 경성제국대학 합격은 곧 경성제국대학 예과 모자를 쓰는 것이었다. 경성제국대학 예과 교모에는 흰 줄 두 개가 그어져 있었는데, 이를 '백선白線'이라 했다. 백선은 경성제국대학 예과 학생임을 알려주는 표식으로, 경성제국대학 입학의 상징으로 사용됐다.

나의 압폐는 두 가지 길이 난오여 잇다. 하나는 광명으로 나가는 길, 하나는 암흑으로 나가는 길이다. 지금 나는 이 두 길의 기점에 서 잇다. 오날의 내 몸은 행락行樂을 꿀 그런 한가한 몸은 안이다. 환고향還故鄉이 다 무엇이냐. 학약불성學若不成이면 사불환死不還이라고 고인古人은 말하지 안엇는가. 도라가자. 다시 경성으로 도라가자. 그리고 명년明年에 백선을 치고 다시 도라오자.[5]

죽을 정도로 입학시험을 준비했다는 회고는 수두룩하다. 두서너 달 동안 방 안에만 처박혀 공부하다 코피를 사발로 쏟았다거나 폐가 상했다는 이야기는 입시 준비 이야기에서 흔해 빠진 스토리가 될 정도였다. 백선을 치고 고향으로 돌아오는, 백선모를 쓴 경성제대 학생은 입시생이 꿈에 부풀어 그리는 미래의 모습이었다.

# 3

# 학교 수업과
## 조선인 학생

## 학교 풍경과 수업

경성제대 예과의 교육과정과 수업은 대체로 일본의 고등학교와 비슷
했다. 다만 일본 고등학교는 3년제지만 경성제대 예과는 2년제였다.
교육과정은 외국어 과목이 강조되고 전체 수업 시수의 3분의 1 정도
를 차지했다. 대학교육을 준비하는 예비 과정이니 외국어가 강조되는
것이 당연한 것처럼 여겨질 수 있다. 하지만 당시 일본의 교육과 연구
의 중심이 외국의 학문 수용과 전달에 있어 외국어를 강조했다고 볼
수 있다.

　대학은 3학기제였다. 1학기는 4월 1일부터 8월 20일까지, 2학기는
8월 21일부터 12월 31일까지였다. 3학기는 다음 해 1월 1일부터 3월

| 교과목 \ 학년 | 매주 교육 시수 | | | |
|---|---|---|---|---|
| | 1학년 | | 2학년 | |
| | 문과 | 이과 | 문과 | 이과 |
| 수신 | 1 | 1 | 1 | 1 |
| 국어 및 한문 | 5 | 2 | 5 | |
| 제1외국어 | 8 | 10 | 10 | 10 |
| 제2외국어 | 4 | 2 | 4 | 2 |
| 라틴어 | | | | 1 |
| 역사 | 4 | | 4 | |
| 철학개론 | | | 3 | |
| 심리 및 논리 | 2 | 2 | 2 | |
| 법제 및 경제 | 2 | | 2 | |
| 수학 | 2 | 4 | | 3 |
| 자연과학 | 2 | | | |
| 물리 | | 3 | | 5(강의 3, 실험 2) |
| 화학 | | 3 | | 5(강의 3, 실험 2) |
| 식물 및 동물 | | 3(강의 2, 실험 1) | | 4(강의 2, 실험 2) |
| 도화圖畵 | | 1 | | |
| 체조 | 3 | 3 | 3 | 3 |
| 계 | 33 | 34 | 34 | 34 |

출전: 정선이, 《경성제국대학 연구》, 문음사, 2002, 81쪽.

31일까지였다. 방학은 여름방학이 40여 일로 가장 길고, 겨울방학과 봄방학은 20여 일이었다. 그리고 수업료는 개설 당시부터 1934년 3월 개정 전까지는 1학기와 2학기가 각각 30원이었고, 봄학기에는 이보다 적었다.

반 편성은 예과의 경우 법학부 지망의 문과 A반과 문학부 지망의 문과 B반, 이과 A반과 B반의 네 개 반으로 나뉘었다. 반 편성과 좌석

배열 모두 철저하게 성적순이어서 성적에 따른 구별과 차별을 당연시하는 풍조였다.

## 문우회 활동과 《신흥》 발간

정규 수업 외에도 과외 활동으로 검도부, 유도부, 궁도부, 정구부, 탁구부, 야구부, 축구부, 럭비부, 조정부, 수영부, 빙상부 등의 체육부 활동이 활발했다. 또 대학 설립 초기에는 다소 자유로운 분위기에서 조선인 독자의 문예 활동이나 각종 연구회 활동이 가능했다.

경성제대 예과에 재학 중인 조선인 학생이 '문우회'라는 모임을 만들고 잡지 《문우文友》를 발간했다. 《문우》는 1927년 11월 5호 발행으로 폐간됐다. 6호 발간을 위해 원고를 수집하던 중 학교의 해산 지시로 1928년 기념사진을 찍는 것을 끝으로 더 이상 모임을 가질 수 없었다.[6] 문우회는 원래 조선인 학생들이 친목 도모를 목적으로, "군자는 글로 벗을 모으고(以文會友), 벗으로 인을 보충한다(以友輔仁)"라는 《논어》의 글귀를 따서 이름을 짓고 만든 것이다. 회칙을 보면 "본회는 조선 문예의 연구와 장려를 목적으로 하고 본회의 목적을 달하기 위해 매학기 1회씩 조선 문예 잡지를 발간한다"라고 하여 일종의 문예 동아리임을 표방했다. 그러나 사실상 경성제대 예과에 재학 중인 조선인 학생을 총망라한 조선인학생회였다. 문우회 해산 이후에는 축구부가 조선인 학생회 역할을 했다.

〈그림 4〉 조선인 학생단체 문우회 해산 기념사진, 1928(《인천일보》 2013년 8월 20일)

　　문우회 해산 이후 경성제대 법문학부 1회 졸업생이 배출된 1929년 법문학부 출신 졸업생과 재학생이 중심이 되어 잡지 《신흥新興》을 창간했다. 《문우》가 문예지라면, 《신흥》은 조선에 대한 과학적 연구를 목표로 하는 학술 잡지였다.

　　경성제대 조선인 학생의 교양과 문화를 이루는 한 축에 문학이 있었다면, 다른 한 축에는 과학이 있었다.[7] 조선을 세계 대열에 합류시키는 수단이자 동시에 교양인, 세계인으로서의 내면을 채워주는 것으로 문학과 과학을 이해했다.

# 4

# 우월과 특권 의식,
## 방칼라와
# 하이칼라문화

경성제대 학생의 특징을 한마디로 말한다면 우월의식일 것이다. 실력
으로 경쟁해 어려운 시험의 관문을 통과한 조선인 학생은 조선 최고
의 수재라는 자부심을 가졌다. 이러한 우월의식은 교양과 과학이라는
지성적 대학문화의 한 축으로 나타나기도 했지만, 바버리즘Barbarism
(야만스럽고 미개한)이나 방칼라식蠻カラ式(품위 없고 거친)이라는 독특한
학생문화를 이루기도 했다. 방칼라식이란 일반인과는 지성이나 도덕
성 등 모든 면에서 비교할 수 없이 탁월한 수준을 갖추고 있어 일반인
의 상식적 가치 체계로는 도저히 이해할 수 없을 정도로 독특한 경성
제대 학생의 행동 표현을 일컫는 말이었다. 우월의식을 숨기느라 다
소 우악스럽고 이색적이며 나아가 야만적인 겉모습과 행동을 보였던
것이다. 당시 언론은 경성제대 예과의 풍경과 학생문화의 특성을 다

음과 같이 묘사했다.

근검질박을 숭상하야 무엇이든지 사내답게 하라는 표어 아래 학생 그들의
기질은 와살스럽고 방칼라식이다. 보병 구두를 조금 개량한 듯한 구두에
발을 담고 구주대전 때 영국 군사의 유물 같은 모자를 얹고 서로 두뇌의
비평을 할 때, 그들의 꿈은 현실을 물론 초월한다.

등하교 때 두 줄 흰 테 모자가 전차에 주절주절 열리면 헐떡이는 모터도
장래의 문학가, 장래의 철학가, 장래의 정치가, 무슨무슨 가를 담은 영광에
무거운 줄 모르고 전속력을 낸다.

경기를 초월한 그들의 운동은 몸만 건강하게 하면 그만이다(라는 식이다).
야구도 정구도 사내답게… 일광욕을 겸한 그들의 캐취뽈은 마름쇠깐 전
선으로 달음질할 준비를 한다.

격검은 성대 예과 건아의 자랑거리, 격검이면 누구든지 덤비렴우나! 허리,
손목, 낫작, 어대를 맞고 싶은가? 맞고 싶은 대로 내노려므나. 격검의 격문
이라면 경성의 조히를 모아도 오히려 좁은 느낌이 있는 면밀하고 비장하
게 격려하는 모양.[8]

경성제대 예과생이 이렇듯 엘리트의식을 방칼라식으로 표현했다
면, 연희전문학교 학생은 하이칼라풍의 정돈되고 학문 연구의 기반을
갖춘 모습으로 자신들을 드러내고자 했다. 1934년 교장으로 취임하
면서 H. H. 언더우드가 자랑스럽게 스케치한 연희전문학교의 모습은

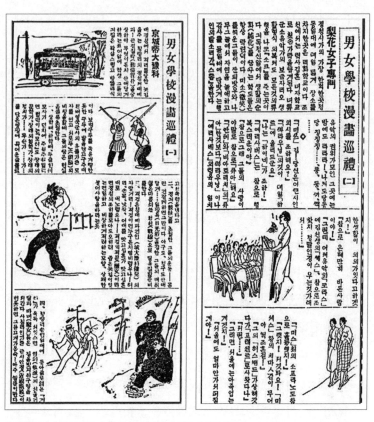

〈그림 5〉 남녀 학교 만화 순례 기사, 경성제대 예과와 이화여전(《동아일보》1927년 7월 7, 9일)

다음과 같다.

여러분께서 우리 학교를 방문하신다면 여러분은 문과, 상과, 수물과 과정에서 공부하는 젊은이들을 만나실 수 있을 것입니다. 여러분이 언더우드 관 위로 올라가시면 여러분은 1000여 년 전 신라 왕조에서 그랬던 것과 같이, 망원경으로 별을 관찰하는 학생들을 만나실 수 있을 것입니다. 같은 건물에서 당신은 음대 건물로부터 흘러나오는 음악 소리를 들으실 수 있을 것입니다. 3만 5000권 이상의 장서를 보유하고 있는 저희 도서관에서 여러분은 동·서양의 문학서를 탐독하고 있는 학생들을 찾아보실 수 있을 것입니다. 문과대학 연구실에서는 조선 왕조에 대한 기록을 검토하거나 다른 고대 문학에 대해 연구하는 학생들을 만나보실 수 있습니다. 여러분이 상과대학 연구실에 가신다면 국민들의 경제적 여건을 향상시키기를 기원하면서, 조선 경제의 문제에 관해 연구하는 학생들을 만나보실 수 있습니다. 홀을 따라가시면 상과대학 실습실에서 경제적으로 더 나은 생활을 영위하기 위한 방법을 강구하고 있는 학생들을 만나보실 수 있습니다. 캠퍼스의 건물 한편에서 여러분은 찬송가를 들으실 수 있을 것이며, 다른 한편에서는 물리학 등의 과학에 대한 연구를 하고 있는 학생들을 만나보실 수 있습니다. 그곳에서 꽤 떨어진 건물에서는 조선의 농촌 문제를 연구하는 학생들과 온돌을 연구해 조선의 모든 방을 더 따뜻하게 만들고자 연구하는 학생들을 만나보실 수 있습니다.[9]

〈그림 6〉기숙사에서 행해진
'스톰'(創立75周年記念事業實行委員會,
《寫眞集 城大 75周年》, 京城帝國大學 豫科 同
窓會, 2000)

〈그림 7〉기숙사 축제(創立75周年記念事業實行委員會,《寫眞集 城大
75周年》, 京城帝國大學 豫科 同窓會, 2000)

경성제대의 방칼라식 학생문화는 하이칼라의 반대적 의미다. 방칼라문화는 일본 고등학교문화의 아류였다. 방칼라식 행동은 주로 일본인 학생을 중심으로 옷이나 모자를 찢는 '폐의파모敝衣破帽', 기숙사에서 신입생을 난폭한 방법으로 환영하는 '스톰', "마실 줄도 모르는 술을 퍼마시고, 나중에는 〈박사냐, 대신이냐〉는 노래를 소리쳐 부르면서 머리를 길게 하고 찢어진 망토를 걸치고 대로를 활보하는 것"[10] 등으로 나타났다. 특히 방칼라문화는 예과 기숙사의 생활과 축제에서 자주 볼 수 있었다.

이러한 행동은 주로 일본인 학생이 했지만 조선인 학생도 "달리는 전차 세우기 내기를 걸어 한 조선인 학생이 선로에 누워 달리는 기차를 세우"거나 "파출소 앞에서 일본인 경찰관의 발에 오줌을 누는"[11] 등의 만용적 행동을 보이기도 했다. 이러한 행동에 대해 학교에서는 "학생들의 호연지기를 길러준다고 해서 학생들을 치켜 올리고 학생들의 언동을 대범하게 대해"주었고 "호랑이 같은 일본인 경찰도 학생에게는 비교적 관대했다"[12]라고 조선인 졸업생은 회고했다. 식민지 사회였지만 경성제대 조선인 학생은 특별한 대우를 받았다.

경성제대 학생의 우월의식, 특권의식은 식민지 제국대학이라는 제한된 공간 안에서만 허락된 것이었으나 그들의 우월의식과 특권의식은 때때로 왜곡된 모습을 보여주기도 했다. 이른바 '달밤의 소동' 사건이 대표적이다.

예과에 다니던 한 조선인 학생이 버스 안에서 여차장에게 "고것 참 예쁜데" 하고 농담을 했는데, 운전사와 차장이 합세해서 "경성제대에 다니면 제일이냐, 버릇 좀 고쳐야겠다"라고 큰 소리로 외치는 바람에 많은 승객 가운데 크게 망신을 당했었다. 이 소문이 예과에 퍼지자 순식간에 60여 명의 조선인 학생이 모여 당시 운전사와 차장들의 합숙소가 있는 청량리 역전으로 몰려가 몽둥이와 돌멩이로 숙소를 완전히 때려 부쉈다.[13]

# 5

# 출세와
# 고시 열풍

경성제대에 입학하면 누구나 한 번쯤 졸업 후 학자로서 대학에서 교수로 일하고 싶다는 생각을 해볼 것이다. 하지만 조선인이 경성제대 교수가 되기는 현실적으로 힘들었다. 교수, 조교수 자리는 일본인이 독점하고, 조선인은 겨우 조수나 시간강사 자리에 몇 명 임용됐다. 일제강점기 말인 1942년 당시 경성제대 교수와 조교수 151명은 모두 일본인이었고, 조수 81명 중 20명만이 조선인이었다. 경성제대 혹은 일본 본토의 제국대학을 졸업하고 구미 유학을 다녀와도 학문과 교육의 중심부로 조선인이 진출하기는 불가능했다. 학자로서의 꿈은 일찌감치 접어야 했다.

수재로 추앙받으며 성장한 대학생이 주변의 기대에 부응하는 방법의 하나는 고시를 준비하는 것이었다. 법문학부 졸업생은 주로 관공서, 학교, 은행과 회사에 취업했다. 이 세 분야에 취업한 학생이 전체 학생의 78.2퍼센트를 차지했다. 그런데 조선인 졸업생은 관공서, 학교, 은행과 회사의 순으로 취업했는데, 특히 관공서에 많이 취업한 것은 이 때문이다. 반면 법문학부를 졸업한 일본인은 학교, 은행과 회사, 관공서의 순으로 취업했다. 법문학부 1회부터 13회(1929~1941)까지의 졸업생 취업 현황을 보면 〈표 8〉과 같다.

조선인 학생이 관공서에 많이 취업한 것은 대학 당국이 식민지 조선에 세워진 제국대학, 즉 경성제대 법문학부 법학과의 성과를 보여주기 위해 일본의 고등문관시험(고문)을 보도록 조선인에게 강하게 권한 것과도 관계가 있다. 그리고 당시의 심각한 취업난, 특히 고등교육

**〈표 8〉 경성제국대학 법문학부 졸업생 취업 현황 (1929~1941)**

(단위: 명, 괄호 안은 %)

| 취업 분야 | 일본인 | 조선인 |
|---|---|---|
| 관공서 | 120(24.9) | 108(33.4) |
| 학교 | 150(31.2) | 71(22.0) |
| 은행·회사 | 136(28.3) | 44(13.6) |
| 금융·조합 | 6(1.2) | 5(1.5) |
| 신문·잡지사 | 4(0.8) | 5(1.5) |
| 기타 | 37(7.7) | 83(25.7) |
| 사망 | 28(5.8) | 7(2.2) |
| 합계 | 481(99.9) | 323(99.9) |

출전: 정선이, 《경성제국대학 연구》, 문음사, 2002, 152쪽.

이수자의 취업난으로 인해 학생 사이에 고시 열풍이 불었다. 그 결과 1942년까지 법문학부 졸업생의 약 20퍼센트인 130여 명이 고등문관 시험에 합격했다.

고등문관시험에 합격한 조선인이 관공서에 취직하더라도 민족적 차별을 받았음은 물론이다. 한 법문학부 1회 졸업생은 이렇게 회상한다.

> (조선인은) 고문에 합격해 군수가 됐기에 일본인 서무과장의 시기와 질투를 받지 않을 수 없었으며, 도지사는 조선인의 눈가리개로서 8도에 한두 명을 임명했는데, 상징적인 존재로 별다른 권한은 맡기지 않았다. 총독부 관리로 들어가도 수입이 일본인의 반에 불과했으며, 승진 때에도 차별대우를 받았다.[14]

하지만 고등유민, 문화예비군, 지능노동후보군 등으로 고등 실업 인력이 사회적 조롱을 받는 상황에서도 경성제대 출신자는 취업 특혜를 받았다. 경성제대 법문학부를 졸업하면 고등문관시험 응시 자격이 주어졌고, 고등문관시험을 거치지 않고도 추천으로 관직에 나아가는 것이 가능했으며, 중등학교 교원자격증도 주어졌다. 중등학교 교원을 양성하는 고등사범학교가 조선에 없었던 상황에서 제국대학 출신자의 사범학교, 고등보통학교 교원 취업은 손쉬웠다. 게다가 제국대학 졸업자와 구미 유학, 일본 사립대학 출신, 조선 내 전문학교 출신 조선인 간에는 경쟁이 되지 않는 차별의 구조가 만들어져 있었다.

취직, 취직. 이것은 교문을 나서는 수천, 수만 학생의 합창하는 노래다. 그래서 만일 그가 재학 당시의 투자액을 보상할 만한 '훌륭'하고 '점잖'은 자리에 취직을 못한다 하면 그의 인격과 재능은 그의 부모와 처자와 친지와 동료와 후배에게 그만 의심을 받게 된다. 나는 어떤 시골 친구가 변호사 시험에 낙제하고 모 신문사에 입사 운동을 하다가 그도 안 되니까 한강에 빠진 사람을 보았다. 또 나는 어떤 사람이 대학을 졸업하고 어떤 상점 외교원을 하면서 누가 물으면 그저 놀고 잇노라고 얼굴을 붉히고 답하는 것을 보았다. 그는 놀고 있는 부끄럼이 상점에 다니는 부끄럼보다 덜하다고 생각한 것이다. 어떤 구라파 유학생이 포목전을 시작했다. "에끼, 미친 사람" 이렇게 시비하는 사람, "부끄러운 생각은 없겠지" 이렇게 동정하는 사람….[15]

조선인의 취업 상황에 대한 사회의 시선을 잘 보여주는 글이다. 이에 비해 경성제대 졸업자는 물론 내실 여부는 따져봐야 하지만 일단 졸업 직후 '훌륭하고 점잖은' 자리에 취직했다. 법문학부 1회 조선인 졸업자 25명 중 24명의 취업처는 〈표 9〉와 같다.

또 관공립전문학교 졸업자에 대한 정책적 배려도 있었다. 1927년부터 조선총독부는 정무총감 내훈을 내려 각 군청에 가능한 한 조선 내 졸업자를 채용하라고 지시했다. 이조차 조선 내 학교를 졸업한 일

**〈표 9〉 법문학부 1회 조선인 졸업생의 취업처 (1929)**

| 전공 | 이름 | 취업처 | 전공 | 이름 | 취업처 |
|---|---|---|---|---|---|
| 법학과 | 김처순金處洵 | 식산국 | 철학과 | 김계숙金桂淑 | 경신학교 |
| | 홍일룡洪一龍 | 전남도청 | | 조용욱趙容郁 | 중동학교 |
| | 최병헌崔秉憲 | 도쿄 유학 | | 박동일朴東一 | 대구고보 |
| | 주병환朱秉煥 | 경기도청 | | 한제영韓悌泳 | 평양사범 |
| | 박영배朴永培 | 체신국 | | 권세원權世元 | 경성제대 |
| | 강성태姜聲邰 | 체신국 | 문학과 | 신석호申奭鎬 | 조선사편수회 |
| | 전승범全承範 | 식산은행 | | 최창규崔昌圭 | 매일신보 |
| | 이득영李得永 | 내무국 | | 박충집朴忠集 | 춘천고보 |
| | 유진오兪鎭午 | 경성제대 | | 이종수李鍾洙 | 목포상업 |
| | 이민희李民熙 | 조선상업은행 | | 채관석蔡官錫 | 경성제일고보 |
| 사학과 | 배상하裵相河 | 경성제대 | | 조윤제趙潤濟 | 경성제대 |
| | 김창조金昌釣 | 학무국 | | 이재학李在鶴 | 오사카건강보험소 |

출전: 〈일제시기 대학졸업자의 취업상황과 그 성격 연구〉, 《교육사학연구》 12, 2002, 175쪽.


본인에게 우선권이 있었음은 두말할 필요도 없다.

# 6

# 대학가
# 주변문화

## 하숙촌

대학가 근처에는 으레 하숙촌과 대학가가 형성됐다. 경성제대 예과가 위치한 청량리 근처에는 하숙 치는 여염집이 늘었다. 서울에 따로 하숙촌이 있었던 것은 아니지만 전차선이 닿는 창신동도 하숙촌으로 인기가 있었다.

하숙비는 독방이 한 달에 20원이고, 둘이 한 방을 쓰면 15~17원 정도였다. 예과 기숙사인 진수료進修寮는 한 방에 여섯 명이 사용했는데, 월 22원으로 비싼 편이었다.

## 대학생의 취향

청량리 예과 주변의 논은 겨울이 되면 좋은 스케이트장이 됐다. 체육
시간에 배운 스케이트를 타는 학생이 많았고, 빙상부 학생의 놀이터
가 되기도 했다. 여름이면 조선인 학생은 삼삼오오 모여 천렵 가기를
좋아했는데, 천렵은 감시의 눈을 피해 조선인끼리 모여서 민족적 불
만을 이야기하거나 우정을 나누기에 좋은 기회가 됐다.

　하숙방이나 기숙사에서는 토론 모임도 자주 열렸지만, 화투놀이도
벌어졌다. 당시에는 주로 육백을 쳤는데,《삼국지》에 나오는 제갈량의
칠종칠금七縱七擒을 흉내 내어 내기를 했다고 한다.

　1938년 경성제대 학생과에서 실시한〈학생생활조사보고〉에 따르
면, 87퍼센트의 학생이 서양 음악을 선호하고, 운동은 테니스를 가장

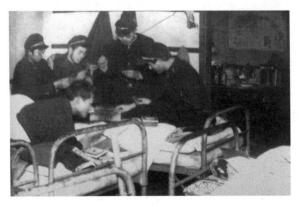

〈그림 8〉예과 기숙사에서 화투놀이를 하는 학생들(創立75周年記念事業
實行委員會,《寫眞集 城大 75周年》, 京城帝國大學 豫科 同窓會, 2000)

좋아하며, 여가 시간에는 주로 영화를 많이 보는데 평균 일주일에 한 편은 봤다고 한다.

## 노래와 문화

학생이 부르던 노래 가운데 가장 일반적이었던 것은 〈데칸쇼〉였다. "데칸쇼, 데칸쇼, 한 반년 지내보세. 그다음 반년은 누워서 지내세"라는 가사인데, 대철학자인 데카르트, 칸트, 쇼펜하우어를 자신들과 동일시하는 허세 가득한 노래였다. 엘리트, 인텔리 특유의 허장성세와 허무함이 표현된 노래로 애창된 것이다.

경성제대 조선인 학생은 "곤베키 하루카니(푸른 하늘 저 멀리)"로 시작하는 공식 교가 외에, "먼동은 새 힘으로 닥쳐왔으니 우리의 할 일은 태산 같도다, 동무여, 나오라, 우리의 일터로. 상아탑 기만을 발길로 차고"라는 조선어 교가를 따로 만들어서 은밀히 부르고 다니기도 했다.[16]

## 경성제대 입학자 수 순으로 중등학교의 서열이 매겨지다

경성제대 합격자를 많이 배출한 중등학교는 어디였을까? 1924년부터 1939년까지 경성제대 예과 입학생의 출신 학교를 살펴보면 우선 일본인 학교인 경성중학교(현 서울고등학교)와 용산중학교가 가장 많았다. 경성중학교는 매년 30명이 넘는 경성제대 합격생을 배출했고, 용산중학교(현 용산고등학교)도 매년 20명 내외의 합격생을 배출했다. 조선인 입학생의 경우 경성제일고등보통학교(현 경기고등학교)가 매년 15명 내외의 합격생을 내어 1924년부터 1939년까지 16년 동안 총 216명의 합격생을 배출했다. 졸업생 대비 경성제대 합격률은 10퍼센트 정도였다. 다음으로 합격생을 많이 배출한 학교는 경성제이고등보통학교(현 경복고등학교)로 총 95명이었다. 다음으로 지방의 관공립학교인 평양고등보통학교 총 62명, 대구고등보통학교 총 46명, 청주고등보통학교 총 37명, 함흥고등보통학교와 신의주고등보통학교 각각 총 25명의 합격자를 배출했다. 서울의 사립 중등학교는 보성고등보통학교 총 22명, 중앙고등보통학교 총 19명, 휘문고등보통학교 총 18명, 양정고등보통학교 총 17명, 배재고등보통학교 총 16명의 합격생을 배출했다.[17]

경성중학교와 용산중학교는 중학교라는 학교 명칭에서 보듯이 일본인 대상의 학교였고, 경성제일고등보통학교는 제2차 조선교육령에 따르면 일본어를 상용常用하지 않는 조선인 대상의 학교였다. 앞에서 언급한 경성제대 입학자 수는 경성제대 입학에 일본어를 상용하는 일본인 대상의 학교가 제도적으로 유리했음을 잘 보여준다. 또 경성제대 입학자 수를 기준으로 조선인 중등학교가 서열화되는 석차문화, 차별문화가 확산되고 있었고, 그 중심에 경성제대가 있었음을 보여준다.

## 천재의 영광과 좌절

열악한 공부 환경과 지적 서열화문화 속에서 천재 이야기가 탄생하는 등 천재 담론이 활발히 전개됐다. 그러나 천재 담론의 이면에는 자살 이 횡행했다. 왕성한 지식욕은 놀라운 학업 성취나 학문적 업적으로 연결되기도 했지만, 청년기 특유의 염세관이나 능력에 대한 자괴감은 자살 욕구를 불러일으키기도 했던 것이다. 당시 〈동경東京의 고등학 교는 자살의 집〉이라는 노래가 생길 정도였고, 심지어 이광수는 조선 에 자살자가 적은 것은 사상이 저열하고 치열함이 부족함을 보여주는 수치스러운 현상이라고 말할 정도였다.

좌절은 연애지상주의로 나타났다. 자유연애 풍조가 만연했다. 〈학 생생활조사보고〉에 따르면, 조선인 학생의 절반 정도가 기혼자였음 에도 자유연애로 번민하는 학생이 많았고, 조강지처와 이혼하지 못하 고 이중생활을 하는 학생도 많았다.

## 여학생과 여대생

교육받은 남학생에 대한 선망과 동시에 교육받지 않은 여성에 대한 경멸의 시선이 형성되고 있었다. 한편으로 여성 유학생, 공부한 여성, 전문학교 출신 여성에 대해서는 선망과 조롱의 이중적인 시선이 존 재했다.

경성제대의 경우 여학생은 1931년부터 선과생, 청강생으로 입학이 가능했다. 이화여자전문학교를 졸업하고 모윤숙, 이남덕 등이 선과생으로 입학했고, 배화여자고등보통학교를 졸업한 신진순이 선과생으로 입학했다. 1936년 이후 여성도 본과생으로 입학이 가능했으나 본과에 입학한 사람은 없었다. 이화여자전문학교의 경우 1920~1930년대 약 100명의 학생을 선발했는데, 경쟁률이 1.2 대 1 정도로 높지 않았다. 여성 고등교육의 목적을 현모양처 양성으로, 전문학교나 대학 다니는 여학생은 '좋은 시집'을 가 며느리가 되려는 사람으로 이해했다. 여성 스스로도 직업 진로나 활동을 계획할 때도 여성계에 한정되는 경우가 많았다. 이러한 분위기에서 스웨덴으로 유학하여 스톡홀름 대학에서 경제학을 공부하고 1931년 돌아온 최영숙은 기자와 교원으로 일하기를 희망했지만 소규모 식료품 가게를 운영하는 것으로 자신의 생계를 유지할 수밖에 없었다. 그녀는 공부한 여자는 '팔자가 거세다'는 통설과 비혼 출산 여성에 대한 사회적 조롱에 맞서 싸우다 짧은 생을 마감했다.

# 미군정기: 대학, 부실하게 출발하다

# I

# 대학은 4년제
## 종합대학교로

해방 이후 새 국가, 새 사회 건설을 위해 고등교육 분야에서도 제각기 힘을 다했다. 학술계 인사는 '신정부의 국책안을 준비하려고' 조선학술원을 만들었다. 학생은 1945년 8월 29일 유학생과 국내의 전문학교, 대학 재학생을 중심으로 대동단결해 정치적 색채 없이 치안 유지에만 서로 협력하자는 취지로 조선학도대를 결성하여 학교가 소재한 인근 지역의 치안을 맡았다. 또 1945년 9월 10일 서울의 각 전문학교와 대학 교직원 약 7000명은 전문·대학교육응급대책협의회를 조직해서 교직원과 학생이 협력해 설비와 기구를 확보하는 등 학교 관리를 담당하고자 했다. 경성제국대학은 '제국' 두 자를 지우고 경성대학으로 수업을 재개했다.

그러나 미군이 진주하자 조선인의 노력은 점차 힘을 잃었고, 미군정 주도하에 교육이 재개되기 시작됐다. 미군정은 조선인 교육자의 자문을 얻기 위해 조선인교육위원회를 만들었고, 조선인교육위원회에 참여한 조선인은 학교 재개에 필요한 조언과 학교장 임명 등에 영향력을 행사했다. 그러나 본격적인 교육제도 개혁은 1945년 11월 조선교육심의회가 구성되고 난 이후 시작됐다. 조선교육심의회는 수차례 회의를 거쳐 6-3-3-4 학제를 채택하도록 건의하고 대학과 학위에 대한 규정을 제안하는 등의 내용을 담은 최종 보고서를 1946년 3월 7일 학무국에 제출했다. 이 보고서에서 건의한 내용은 다음과 같다.

① 대학은 4년 이상의 수업 과정을 설치한 교육기관으로서 고등학교나 사범학교 졸업자를 대상으로 특별한 자격시험을 거쳐 입학시킨다.

② 종합대학은 두 개 이상의 학부가 있는 대학이고, 단과대학은 한 개의 학부가 있는 대학이 될 것이다.

③ 학무국이 대학의 규칙과 규정에 대한 최종 승인을 해야 한다.

④ 남녀공학은 대학별로 선택하지만, 학무국이 남녀 대학을 구별해 정한다.

⑤ 국어, 역사와 문화, 자연과학, 체육 과목의 이수는 모든 대학에서 필수적이다.

⑥ 대학원 과정의 시설을 갖춘 대학에 1년 또는 그 이상의 대학원 과정을 설치한다.

⑦ 대학은 다음 세 가지 학위를 수여한다. 즉 학사학위는 4년 이상의 대학

졸업자에게 수여하고, 석사학위는 합당한 논문을 제출하고 소정의 모든 시험에 합격한 1년 또는 그 이상의 대학원 과정을 이수한 자에게 수여하며, 박사학위는 3년 이상의 대학원 과정을 수료하고 합당한 논문을 제출하고 소정의 모든 시험에 합격한 자에게 수여한다.[1]

조선교육심의회가 건의한 고등교육 정책의 구체적인 실시안을 연구, 토의하기 위해 문교부[2]에서는 문교부 관리를 중심으로 1946년 4월 고등교육분과위원회를 구성했다. 문교부의 고등교육분과위원회는 새로운 대학제도를 순조롭게 정착시키기 위한 몇 가지 임시 조치를 심의했다. 이렇게 하여 미군정 초기에 '대학의 수업 연한은 4년으로 한다', '전문학교와 대학 예과는 폐지한다', '현존하는 모든 전문학교는 대학으로 승격한다'는 세 가지 특색을 갖는 새로운 대학제도, 즉 4년제 대학으로 단일화하는 정책이 성립됐다.

미군정기에 시도된 고등교육제도 재편의 원칙은 한마디로 일제강점기의 복선형 교육제도에서 이원적으로 운영되던 고등교육제도를 '4년제 대학으로 단일화하는' 것이었다. 이는 6-3-3-4 학제 시행과 보조를 맞춘 것으로, 대학의 수업 연한을 1년 늘리고 전문학교와 예과 등의 제도를 폐지하며, 학부 수에 따라 종합대학과 대학으로 구별한다[3]는 것이 주요 내용이었다. 이 정책에 따라 1946년 5월 기존의 전문학교를 모두 4년제 대학으로 승격하기로 결정했고, 신규로 설립하는 대학도 4년제로 할 것을 권장했다. 그리고 대학 입학 자격도 6년 이상 중등교육을 이수한 자로 규정했다.

　그러나 4년제 대학으로의 단일화 정책은 시행 과정에서 완화되기 시작했다. 1946년 12월 임시조치안을 발표해 대학 여건의 구비 정도에 따라 대학을 대학교, 대학, 대학관, 학관으로 나눔으로써 수업 연한 1~2년의 각종 학교도 고등교육기관으로 인정되기 시작했다. 또 후기 중등교육제도의 미비로 인해 6년 이상 중등교육을 이수하지 않은 고등교육기관 재학생을 위해 또 당시 대학 승격 이전의 전문학교 재학생을 위해 3년제 대학 전문부를 한시적으로 운영할 수 있게 허용했다.

　1948년 대한민국정부 수립 당시 한국의 고등교육기관은 모두 42개였으며, 교원은 1265명, 재학생은 2만 4000명에 달했다. 이 가운데 종합대학교는 4개교로 서울대학교, 연세대학교, 고려대학교, 이화여자대학교였고, 대학은 23개교(국립 3개, 공립 4개, 사립 16개), 초급대학은 4개교, 각종 학교는 11개교였다.[4] 해방 당시 남한 지역에 19개교의 고등교육기관이 있었고 여기에 모두 908명의 교원과 6948명의 재학생이 있었던 것과 비교해보면, 3년 동안 학교 수는 221퍼센트, 교원 수는 139퍼센트, 학생 수는 345퍼센트나 증가했다. 조선인 교원과 학생 수 증가를 보면 교원은 485퍼센트, 학생은 780퍼센트 증가했다. 그야말로 해방 이후 3년 동안 고등교육 기회가 획기적으로 확대됐고, 대학생이 지게꾼보다 많다고 할 정도로 너도나도 대학생이었다.

# 2

# 국대안을 둘러싼 갈등이
#   대학의 분단으로
# 이어지다

미군정기 고등교육제도 개혁에서 핵심은 관공립학교에 대한 정책과 조치였다. 즉 기존의 관공립학교를 통합해 한 지역에 하나의 종합대학을 설립한다는 것이다. 대표적으로 국립서울대학교설립안(이하 국대안國大案)이 있다. 미군정이 통합을 통한 종합대학 설립안을 하나의 정책 원칙으로 공표한 것은 아니었다. 그러나 이 정책은 미군정기 내내 지속적으로 추진됐다. 대구의 종합대학설립운동과 부산의 부산대학 설립이 그 사례다. 이외에도 경성의학전문학교와 경성대학 의학부를 통합하려는 시도처럼 직종별 관공립학교 통합도 추진됐다. 결과적으로 관공립학교 통합을 통해 종합대학이 된 것은 국립서울대학교뿐이었다. 그러나 통합 정책에 따른 국립서울대학교 설립은 그 영향력과 규정력 면에서 볼 때 미군정기 고등교육제도 재편의 완결판이었다.

서울 지역의 관공립학교를 통폐합해 국립서울대학교라는 하나의 종합대학을 만들려는 국대안이 미군정 초기부터 구상된 것은 아니었다. 1945년 12월경 미군정 학무국의 미국인 장교에 의해 경성대학을 확장해 종합대학을 만들려는 계획(이하 종대안)이 제출됐다.[5] 이 안은 기존의 경성대학을 기반으로 학부 수를 늘려 종합대학을 건설하는 것으로 총장, 부총장, 행정위원회, 교무위원회, 교수회의를 두어 대학 관리를 담당하도록 했다. 미국식 대학 모형을 도입하려는 미군정이 신학제 실시 이후 후속 조치로 행정적 편의에 입각해 계획한 종합대학 설립안이었다고 볼 수 있다. 그러나 종대안은 그대로 시행되지 못하고 국대안으로 변경돼 시행됐다.

국대안은 1946년 3월경 발의됐다. 국대안은 종대안과 달리 경성대학과 서울 주변의 각종 관립전문학교를 전부 폐지하고 하나의 종합대학교를 신설하는 것으로, 이사회제도를 두어 대학을 관리하도록 했다. 그리고 일제 잔재 청산을 내걸고 고등교육의 전면적 개혁을 시도했다.[6]

국대안이 추진된 이유는 설립 취지서에서 밝혔듯이 일제 잔재 청산, 정부 재정의 효율적 사용, 종합대학의 교육적 이점, 학교 운영의 패권주의 극복을 위해서였다. 그리고 이면에는 좌익 배제, 고등교육에 대한 효율적 통제, 교육 개혁 주도권 장악 등 국대안 추진 세력의 숨은 의도도 있었다. 하지만 학무국의 미국인 관료가 계획한 종대안이 한국인이 발의한 국대안으로 바뀌어 시행되게 된 배경에는 안정 지향적인 미군정 관료의 업무 방식에 대한 한국인 관료의 반발, 통일 정부의 수립 가능성 희박, 한국인 관료의 주도권 강화, 재정 효율화와 행정 편의성 등 현실 논리 우선, 일본의 고등교육 개혁의 영향 등이 있었다.

국대안은 여러 논란에도 불구하고 1946년 8월 22일 전문 10개조로 구성된 법령 제102호 〈국립서울대학교설치법〉 공포로 현실화됐다. 하지만 법령 공포 이후 약 1년간 이른바 '국대안 파동'이라 불리는 격렬한 갈등이 전개됐다. 반대의 논리는 〈국립서울대학교설치법〉 공포 이전과 이후에 조금씩 달라졌다. 설치법 공포 이전에는 학생 수용 능력 감소와 교수 부족 초래, 경제 논리에 입각한 교육 재정비의 비교 육성, 관선 이사회의 독선적 운영과 그로 인한 학원 자유 침해 등이 반대 논리의 핵심이었다.[7] 그 대안으로 통폐합을 철회하고 경성대학을 확충해 종합대학으로 발전시키고, 각 전문학교는 독립적인 단과대학으로 발전시키자는 주장이 제기됐다.

그러나 설치법이 공포된 이후에는 국립서울대학교에 새로 도입된 학사 행정 절차와 규정에 대한 반대, 구교수의 전원 복직과 한국인 총장 및 처장 임명, 경찰의 학원 간섭 반대, 이사회제도 비판과 교수 자치 실현 등이 주요 쟁점이 됐다.[8] 이 중 핵심 쟁점은 문교부 관료로 이사회를 구성하는 것과 이사회 권한 과다에 대한 우려 및 교수 자치 실현 요구였다.

이사회제도는 사학의 공공성과 교육의 질 제고를 위해 학외 인사로 구성된 이사회에 대학 운영의 전권을 부여하는 제도로, 당시 미국의 사립대학과 주립대학에 널리 도입됐던 제도다.[9] 그러나 국대안에서 도입된 이사회제도는 학내 구성원의 참여를 완전히 배제하고, 이사진을 당분간 미군정의 한국인, 미국인 고위 문교 당국자로 구성하도록 규정되어 대학에 대한 관료 통제를 제도화하려는 의도가 엿보였다. 국대안 반대자는 이사회제도를 폐지하고 인사 결의권을 포함해 학사 운영 전반에 대한 교수의 참여를 보장하는 교수자치제도를 시행할 것을 대안으로 제시했다. 이사회제도와 교수자치제는 현실적으로 절충 불가능한 것이 아니었으나 끝내 절충되지 못했다. 다만 국대안 반대가 극렬하게 지속되고 고등교육 운영이 파행으로 치닫자, 이사회를 민간 한국인으로 구성한다는 수정만이 이루어졌다. 즉 관료 이사 임명을 포기함으로써 관료적 통제 의도는 약화시켰으나 학내 구성원의 대학 운영 참여는 여전히 배제됐다.

미군정이 교수자치제도를 거부하고 이사회제도를 고집한 것은 당시 문교부장 오천석이 주장했듯이, 학교의 패권적 운영을 막고, 교수 양성에서의 동종교배 현상을 막아 학문의 발전을 꾀하고자 했거나, 이사회제도의 본래적 기능인 대학 운영의 공공성 제고를 위해서였다고 볼 수도 있다. 그러나 국대안 반대 세력이 주장한 것처럼 좌익 세력을 척결하고, 이사회제도를 통해 고등교육에 대한 지속적인 통제를 확보하고자 하는 면이 오히려 강했다.

국대안 파동으로 인해 학생 등록률이 저조하고 학교 운영이 어려워지자 미군정의 미국인 고문에 의해 영어로 수업하는 미국 대학을 한국에 만들자[10]는 또 하나의 안(미국대학안)이 제기되기도 했다. 이 제안은 재정적 이유로 실현되지 못했지만, 미군정이 한국에 그들의 의도와 기준에 적합한 대학을 설립하고자 지속적으로 시도했음을 보여준다.

국대안으로 가시화된 관공립고등교육기관의 통폐합 정책은 이후 대학 사회에 엄청난 상흔을 남겼다. 가장 두드러진 문제는 교수와 학생이 대학을 떠나게 된 것이다.

국립서울대학교 설치가 법으로 확정되자, 각 관립학교 재직 교직원의 경우 2개월분의 급료 지불 후 일단 해고한 뒤 재임명했고, 한편으로 각 학부장을 새로 내정해 임명했다. 그러나 각 단과대학에서는 교직원과 학생을 중심으로 국립서울대학교로의 통합을 거부하며 반대 성명을 내거나 사직 결의를 표명했다.

학생은 등록을 거부하기 시작했다. 국립서울대학교로 통합되자 학생은 학기마다 등록을 실시해야 하고 등록 시에는 간단한 서약을 해야 했는데, 이 제도를 역이용해 등록거부운동을 전개한 것이다. 그리하여 등록을 호소하는 오천석 문교차장의 재촉에도 예정된 등록 기일인 1946년 9월 12일과 13일이 다 지나도록 등록률은 등록 예정자의 10퍼센트에 불과했다.[11] 총장 해리 앤스테드Harry Bidwell Ansted는 결국 등록일을 하루 연기해 14일까지 등록을 받을 것이고, 그 후에도 등록률이 저조하면 등록하지 않은 학생 수만큼 유자격자를 다시 모집할 것이며, 모집 방법은 원서 접수 순서대로 개별적으로 전형하겠다고 발표했다. 그러나 등록일 하루 연기에도 14일까지 등록한 학생은 얼마 되지 않았다. 결국 14일부터 18일까지 선착순으로 신규 신입생 등록과 재적생의 재등록을 받아 재적자 8217명 가운데 5000명이 등록한 가운데 1946년 9월 18일 국립서울대학교는 역사적인 개강을 맞이했다.[12] 그러나 준비 부족으로 수업을 곧바로 시작할 수는 없었고,

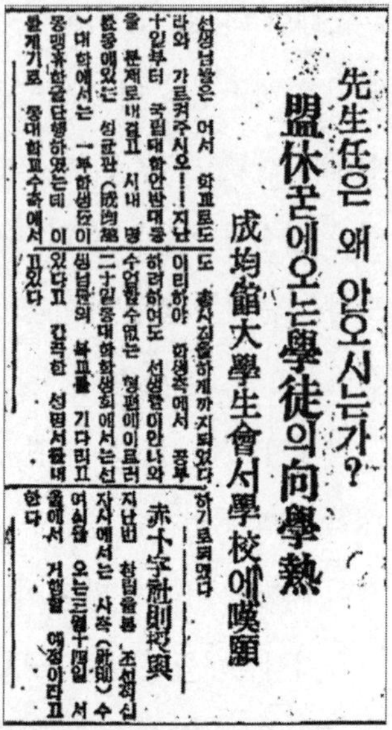
先生任은 왜 안오시는가?
盟休꾼에오는學徒의向學熱
成均館大學生會서學校에嘆願

〈그림 9〉 "선생님들은 어서 학교로 돌아와 가르쳐주시오."(《동아일보》 1947년 2월 22일)

등록 인원 부족으로 인해 미달된 재적 정원은 각 전문학교로부터의 편입생으로 채워 나가[13] 9월 말까지 6671명의 등록 학생[14]을 받아들였다.

국대안은 서울 지역의 관공립학교 통폐합이라는 문교부의 고등교육 정책이지만, 한국 대학사에 미친 영향은 크다. 국대안은 국립서울대학교만의 문제가 아니었다. 우선 국대안을 반대하여 자퇴하거나 퇴학 또는 면직을 당한 교수와 학생이 북으로 올라가 북한에서 김일

성종합대학 창설에 관여했다.[15] 국대안을 계기로 결과적으로 남과 북에 각각 최고의 대학이 설립되어 대학의 분단으로 이어졌다. 한편 국대안 반대에 동조하여 서울의 다른 대학에서도 학생의 수업 거부와 교수의 사직 사태가 발생했다. 성균관대학에서는 "선생님들은 어서 학교로 돌아와 가르쳐주시오"라는 학생들의 탄원이 신문에 실리는 진풍경이 벌어지기도 했다.

# 3

# 사립대학
##   설립 붐이
# 일어나다

4년제 대학으로의 단일화 정책에 따라 기존의 사립전문학교를 대학으로 승격하기로 하자, 한국 역사상 최초로 사립대학 설립이 제도적으로 가능해졌다. 그리하여 '대학 설립 붐'이라고 할 만큼 전례 없는 대학 설립 열기가 나타났다. 정부 수립 이전인 1946년 10개교, 1947년 8개교, 1948년 6개교가 사립고등교육기관으로 인가받았다. 여기에 미인가 운영 고등교육기관을 포함하면 미군정기 3년 동안 적어도 30개 이상의 사립고등교육기관이 설립됐다.

  사립대학은 1947년 12월 말 당시 학교 수의 74퍼센트, 교원 수의 42퍼센트, 학생 수의 58퍼센트를 차지했고, 미군정기 고등교육 기회 확대를 주도하게 됐다. 여기에 당시 운영되던 고등교육기관의 3분의 2만 인가된 상태였고 3분의 1은 미인가 상태에서 학생을 모집해 수

### 〈표 10〉 미군정기 대학 승격과 대학 설립 현황

| 설립<br>인가 | 1946년 5월 | 1946년 12월 | 1947년 12월 |
|---|---|---|---|
| 서울 | 경성대학(관) | 국립서울대학교(국) | 국립서울대학교(국) |
| | 경성법과대학(관) | | |
| | 경성의과대학(관) | | |
| | 경성경제대학(관) | | |
| | 경성광산대학(관) | | |
| | 경성공과대학(경성고공)(관) | | |
| | 수원농림대학(수원고농)(관) | | |
| | 경성사범대학(관) | | |
| | 경성여자사범대학(관) | | |
| | 경성치과대학(사) | | |
| | 연희대학(사) | 연희대학교(사) | 연희대학교(사) |
| | 세브란스의과대학(사) | 세브란스의학전문학교(사) | 세브란스의과대학(사) |
| | 고려대학(사) | 고려대학교(사) | 고려대학교(사) |
| | 이화대학(사) | 이화여자대학교(사) | 이화여자대학교(사) |
| | 혜화대학(사) | 동국대학(사) | 동국대학(사) |
| | 숙명여자대학(사) | 구 숙명여자전문학교(사) | 숙명여자대학(사) |
| | 경성약학대학(사) | 구 경성약학전문학교(사) | 서울약학대학(사) |
| | 경성여자의과대학(사) | 구 경성여자의학전문학교(사) | 서울여자의과대학(사) |
| | | 구 중앙여자전문학교(사) | 중앙대학(사) |
| | | 성균관대학(사) | 성균관대학(사) |
| | | 국민대학관(사) | 국민대학(사) |
| | | 국학학교(사) | 국학대학(사) |
| | | 건국기술학교(사) | 한양공업대학관(사) |
| | | 경성신학교(사) | 경성신학교(사) |
| | | 감리교신학교(사) | 감리교신학교(사) |
| | | 천주공교신학교(사) | 성신대학(사) |

| | | | 조선신학교(사) |
|---|---|---|---|
| | | | 단국대학(사) |
| | | | 한국대학관(사) |
| | | | 조양보육사범학교(사) |
| 지역 | 부산수산대학(관) | 국립부산대학교(국) | 국립부산대학교(국) |
| | 광주의과대학(공) | 광주의과대학(공) | 광주의과대학(공) |
| | 대구의과대학(공) | 대구의과대학(공) | 대구의과대학(공) |
| | | 대구사범대학(국) | 대구사범대학(국) |
| | | 대구농과대학(국) | 대구농과대학(국) |
| | | 청주상과대학(사) | 청주상과대학(사) |
| | | | 춘천농과대학(공) |
| | | | 이리농과대학(공) |
| | | | 동아대학(사) |
| | | | 대구대학(사) |
| 학교 수 | 21개교 | 23개교 | 31개교 |

출전: 강명숙, 《미군정기 고등교육 연구》, 서울대 박사학위논문, 2002. 51쪽.

업했음을 감안하면 사립대학 중심의 고등교육 기회 확대 경향은 훨씬 더 강했다. 그러나 학교 수에 비해 학생 수, 교수 수의 비율이 낮은 것을 보면 사립대학은 소규모로 운영됐고, 교수 1인당 학생 비율이 높았음을 알 수 있다. 또 지역별로 보면 고등교육기관은 학교 수의 68퍼센트, 교수 수의 84퍼센트, 학생 수의 90퍼센트가 서울에 위치해 서울 편중 현상이 심각했다. 성별로 보면 남성 편중이 극심해 남녀공학 대학이더라도 교수 수의 1퍼센트, 학생 수의 16퍼센트만이 여교수, 여

|  |  | 학교 | | 교수 | | 학생 | |
|---|---|---|---|---|---|---|---|
|  |  | 수 | 비율 | 수 | 비율 | 수 | 비율 |
| 설립별 | 국립 | 4 | 13 | 977 | 49 | 8,007 | 39 |
|  | 공립 | 4 | 13 | 184 | 9 | 742 | 4 |
|  | 사립 | 23 | 74 | 853 | 42 | 11,980 | 58 |
|  | 계 | 31 | 100 | 2,014 | 100 | 20,729 | 100 |
| 지역별 | 서울 | 21 | 68 | 1,682 | 84 | 18,639 | 90 |
|  | 지방 | 10 | 32 | 332 | 16 | 2,090 | 10 |
|  | 계 | 31 | 100 | 2,014 | 100 | 20,729 | 100 |
| 성별 | 남(공학) | 28 | 91 | 1,993 | 99 | 17,327 | 84 |
|  | 여 | 3 | 9 | 21 | 1 | 3,402 | 16 |
|  | 계 | 31 | 100 | 2,014 | 100 | 20,729 | 100 |

출전: 조선은행조사부, 《경제연감》 1949년판, 1949, Ⅳ-221쪽 근거로 재작성.

학생이었다. 결과적으로 서울 중심, 사립 중심, 남성 중심의 고등교육 기회 제공과 확대 현상이 두드러지게 나타났다.

사립대학 중심으로 고등교육 기회가 확대된 것은 무엇보다도 사립 대학에 대한 우호적 시선 때문이었다. 미군정의 한 미군 관료는 사립 대학 설립 붐을 기묘한 현상으로 보면서 이해하기 힘들다는 투로 다음과 같이 말했다.

부산에서는 많은 부유한 사람들이 자기 돈을 새 인문계 대학 설립을 위한 기금에 기부했다. 하지만 관공립대학이 이미 존재하고 있다. 문교부는 왜 시민들이 정부의 편에 서지 않고, 재정적 지원을 매우 필요로 하는 새로운 교육기관의 설립을 돕는지 의아해했다. 일제강점기에는 사립학교는 박해받았으며, 정부로부터 지원을 받는 관공립교육기관은 싫어했다. 지금 그들은 국가기구 같은 모양의 관공립교육기관을 싫어하고 그들을 돕고자 하지 않는다. 관공립교육기관 혹은 대학은 시민들에 의해 지원되지 않으며…. [16]

즉 사람들이 정부 주도의 관공립학교를 두고 군이 사립학교 설립을 위해 기성회를 만들고, 여기에 거액을 투자하는 이유를 이해하기 어렵다며, 그 원인을 일제의 영향으로 파악했다. 당시 문교부장 유억겸은 대학 설립 열기에 대해 국가가 못하는 일을 대신하는 것이라며 오히려 감격해했다.

해방이 되자 우후죽순과도 같이 대학설립기성회를 각 시도에서 조직해 그 설립인가서가 문교부에 쇄도했던 것이다. 이러한 현상은 오늘날에 있어서는 무감정적일지 모르나 그 당시에는 매우 감격적이었다. 왜냐하면 일제의 압박 아래 36년간 우리말도 쓰지 못하고 우리글도 쓰지 못하고 우리 역사도 배우지 못하다가 이제 그 철쇄가 단절돼 우리 마음대로 자유롭게 교육할 수 있고 또 교육을 받을 수 있다는 감격이었으며 또 일제하에 온갖 압박과 착취를 당해 가면서 푼푼히 축재한 존귀한 현금과 토지를 해방된 조국의 민족교육을 위해 투척하는 그 성스러운 심정에 대한 감격이었다. 유지들이 정재淨財를 갹출해 우리 손으로 우리 교육기관을 설립하려고 하는데 국가가 못할 바에야 어떻게 억제하겠느냐, 시작이 반이니 시작만 해 놓으면 교육기관 경영자인 만큼 양심적으로 육성할 것이다.[17]

조선교육심의회 고등교육분과에 위원으로 참석했던 백남훈 역시 고등교육분과의 활동을 회상하면서 사립학교 설립을 규제하기 위한 몇 가지 제한 조치가 필요하지 않을까 생각하면서도 제한을 두지 않기로 했다는 분위기를 다음과 같이 전했다.

학교를 신설할 때에 어떠한 제한을 두는가 하는 문제에 대해 총독부 당국은 사립고등보통학교를 설립하려면 50만 원의 재단법인이라야만 한다는 매우 어려운 제한이 있었던 까닭에 학교 설립은 생각지도 못한 쓰라린 경험에 비추어 아무런 제한도 둘 필요를 느끼지 않았다. 그러나 그들은 학교를 세우지 못하게 하기 위해 제한을 두었지만 우리는 잘 경영하게 하기 위해 약간의 제한을 두는 것도 무방하지 않을까 하면서도 제한을 두지 않기로 했다.[18]

미군정이 대학 설립과 승격 기준을 강화해 사립대학 설립과 대학의 승격을 규제하고자 한 것은 아니었다. 그렇다고 사립대학 설립을 권장하는 것도 아니었다. 다만 인가 기준의 엄격한 설정과 적용보다는 인가권을 문교부가 장악하고 인가 절차를 거쳐야 한다는, 즉 대학에 대한 국가 통제권을 당연시했다. 결과적으로 사립대학 중심의 고등교육 기회가 확장된 것은 미군정기 문교 당국의 지속적인 고등교육 통제 정책하에서 미군정과의 친화 관계나 적산을 이용해 사립학교를 설립함으로써 사회정치적 주도권을 확보하려는 세력의 움직임이 결정적이었다.

미군정은 사립대학에 대한 통제권 확보를 지속적으로 추구했다. 미군은 한국에 진주하기 전에 초등 이상 학교에 대한 잠정 폐쇄 방침을 정했으며, 이에 따라 사립고등교육기관의 재개도 유보됐다. 그러나 미군정이 시작되고 학무국 업무가 본격화되면서 '사립학교는 인가 후 재개교할 수 있으나 신설, 확장은 금지한다'[19]고 방침을 바꾸었다. 사립전문학교의 대학 승격에 대해서는 유보 조치를 취하다가, 1946년 5월 이후 승격을 인가하기로 결정했다. 사립대학의 승격과 설립에 대한 인가 정책은 인가 권한을 누가 가지며, 어떠한 기준으로 인가와 불인가를 결정하느냐에 따라 인가제도의 기본 취지인 사학의 공공성과 교육의 질 제고가 가능하다. 미군정기에는 인가권을 문교 당국이 장악했고, 학교 설립에 소요되는 재정 규모 기준이 인가 기준으로 중시됐으며, 인가권 행사는 온정적인 방식으로 행해졌다. 재정 규모 중심의 인가 기준 적용은 사립대학의 질 제고에 기여하지 못했고, 인가 기준의 온정적 적용은 사립대학에 대한 통제를 강화했다. 사립학교 통제의 대표적인 사례로 법정학교 폐쇄를 들 수 있다.

사립고등교육기관의 대학 승격과 설립 인가는 대학 당국과 미군정 행정 당국의 친화 관계에 의존하는 경향이 강했고, 대학 승격과 인가에 필요한 교사와 교지 확보를 위해 적산을 이용하는 일이 많았으며, 복잡한 서류 준비와 까다로운 절차로 인해 대학 승격과 설립 인가 과정에서 정실 관계의 영향력이 크게 작용했다.[20]

사립대학 중심의 고등교육 기회 확장은 국가의 재정 부담 없이 해방 후 증폭된 고등교육 진학 열기를 흡수할 수 있는 것이었다. 미군정은 사립대학 인가 권한을 행사함으로써 사립대학에 대한 통제권을 확보했고, 사립대학 설립자를 체제 내로 포섭할 수 있었다. 한편 사립대학 설립자는 대학 운영을 통해 사회정치적 영향력을 확대해 나갈 수 있었다. 하지만 대학교육의 실상은 형편없었고, 대학과 대학생에 대한 부정적 이미지가 형성되고 있었다.

> 대학생이 지게꾼보다 많다고 어떤 사람이 웃음의 소리로 한 말이지만 사실 해방 후 대학은 우후의 죽순같이 속속 생겼으며, 그래서 교사 없는 대학, 실력 없는 대학생이란 말이 흔히 들려오고 또 이런 말은 어느 정도 진실을 반영하고 있다.[21]

# 4

# 허울뿐인 대학:
## 겸업 학생, 혼자 하는 공부,
## 도둑 청강

**'미제米製 면접'과 정원 외 초과 모집**

교수와 학생을 선발해 충원하고 그들에게 적절한 사회경제적 지원을 하며 또 교육과 연구의 여건을 갖추도록 하는 것은 고등교육제도나 교육과정을 정비하는 것 못지않게 중요한 과제다. 해방 직후 학생 선발은 일제의 패망으로 일본인 학생이 물러간 자리나 전쟁 동원으로 비어 있던 자리를 채우는 형식으로 이루어졌다. 경성대학 예과의 경우 1945년 10월 8일 기존 학생으로 수업을 재개하고, 이어 10월 15~18일 제1차 편입시험을 실시해 학생을 충원했다. 이어 1946년 1월 25~26일 제2차 편입시험을 시행해 학생을 보충했고, 4월 14~19일 다시 한 번 보결생을 선발했다.[22] 1946년 6월 1946학년도 제1학년 신입생 선발 실시 이전에 수시로 편입생과 보결생을 받아들인 것이다. 이러한 사정은 전문학교나 경성대학 본과도 마찬가지였다. 편입생과 보결생을 뽑기 위해 신문에 광고를 내기도 했지만[23] 주로 학교 차원의 공고로 모집을 알렸다. 그래서 연고가 있거나 해당 학교의 직원 혹은 학생과 친분이 있는 사람에게 응시 기회가 집중돼 지방 학생에게는 다소 불리했다.

선발은 서류심사, 필기시험, 면접으로 이루어졌고, 필기시험 과목은 국어나 국사가 주종을 이루었다. 동경제국대학을 다니다 1946년 2월 경성대학 본과 2학년에 편입했던 고병익은 당시의 편입시험에 대해 다음과 같이 회고한다.

**면접자**: 편입할 때 뭐 특별히 시험이라든가 그런 게 있었습니까?

**고병익**: 시험이 있었지. 그때 이병도, 김상기, 손진태, 이런 분들이 시험관이 돼 가지고, 뭐 서류에 대한 심사도 있었고, 면접도 있었고, 또 필답시험도 있었던 것으로 기억하는데, 필답시험도 있었을 게야. 국사에 관한 거. 면접이라는 게 정말 대학을 다니고 있(었느냐), 가짜 학생이냐, 그 다니지도 않고 일본에서 무슨 대학을 다녔음네 하고 할 때, 모두가 조회할 통신기관도 없고 하니까, 그러니까 그게 미제(면접)이지. 그러면 그 당시에 무슨 과목을 들었소, 그때 선생은 누구였소, 뭐 이런 걸 이렇게 해 가지고, 또는 그때 친구 같이 있었던 사람 누가 없었나, 뭐 이런 것 가지고 뭐 확인하는 게 주지.[24]

서류심사, 필기고사, 면접 가운데 특히 흥미로운 것은 앞의 구술자가 '미제'라고 한 전형 방식이다. 미제 면접은 해방 전 여러 지역에서 다양한 단계의 학교에 다니던 학생을 수용하기 위해 고육지책으로 고안한 방법일 것이다. 당시는 신분을 조회하거나 증명할 타당한 기관이나 통로도 없었고, 나아가 다양한 단계에서 서로 다른 교육과정을 이수한 사람에게 동일한 시험을 부과하기에는 무리인 상황이었다. 해방된 국가에서 선발한다는 점을 고려해 국어나 국사 위주로 시험을 치렀으나, 국어나 국사 같은 경우 1938년 제3차 조선교육령 이후에는 교육과정에 포함돼 있던 과목이 아니다. 게다가 교수 용어마저 제대로 확립되지 않은 상태였으니 입학시험의 공식 언어조차 제대로 정하기 어려운 실정이었다. 앞의 구술자는 '미제'라고 야유하듯이 표현했지만, 재학 사실과 수학능력을 무슨 수업을 들었는지, 같이 다닌 친구가 누구인지 등을 물어 확인하는 미제 면접은 어쩔 수 없이 애용된 방식이었다. 그러나 이러한 학생 선발 방식은 이후 대학 운영의 질곡으로 작용하게 된다.

신입생 선발제도는 1946년 4월 26일 현행 고등교육제도에 대한 임시조치 요항으로 정비됐다. 이는 대학입학시험 수험자자격규정인데, 구제도하의 학생이 신제도의 어느 수준에 지원할 수 있는지를 자세하게 규정했다. 수험생은 6년 이상의 중등교육을 이수한 자여야 하고, 같은 계통의 두 학교에 한해 지원할 수 있으며, 이에 따라 입시는 두 그룹으로 나누어 실시한다. 시험 과목은 문과와 이과 공통으로 국어,

수학, 외국어(영어를 원칙으로 하되, 사정에 따라 독어, 불어, 로어, 중어 중 택 1), 상식이 필수과목이며, 선택과목으로 학교에 따라 세 과목을 자유롭게 선택할 수 있으나 총 일곱 과목을 넘지 않아야 한다. 그리고 졸업 학교 최고 2개년의 학업 성적을 적은 출신 교장의 내신서를 참조하고, 구두 시험과 신체검사를 실시[25]하는 것이 주요 핵심 내용이었다.

해방 후 첫 신입생 선발시험은 1946년 7월에 시행됐는데, 학교별 입학 지원자와 합격자 현황은 〈표 12〉와 같다.

해방 후 처음 실시된 고등교육기관 입학시험과 그 결과는 몇 가지 점에서 흥미롭다. 첫째, 전문부의 입학 경쟁이 학부의 입학 경쟁보다 치열했다. 전문부는 한시적으로 설치된 것이었는데, 그런데도 전문부에 입학 지원이 몰렸던 것은 학부에 입학 가능한 대상자가 적었기 때문이다. 학부 입학자는 전문부 2년 이상 수료 학력을 소지해야 했는데, 일제하의 고등교육 기회 제한으로 이 정도의 학력을 소지한 자가 많지 않았을 뿐만 아니라, 전문부 2년을 수료하고 대학 학부에 진학하려는 사람[26]도 많지 않았기 때문으로 보인다.

둘째, 관·공·사립 간의 입학 경쟁률 차이가 두드러지지 않는다. 관공립학교에서 먼저 입학시험을 치르고 사립은 2차로 선발하던 일제의 관행을 극복하고, 관·공·사립 학교를 적절히 양분해 동시에 지원하도록 한 입시제도의 변화에 기인한 것이다.

셋째, 입학 정원을 초과한 모집이 이루어졌다. 의과계와 사범계를 제외하고는 관·공·사립을 막론하고 입학 정원을 훨씬 초과하는 입

## 〈표 12〉 1946학년도 학교별 신입생 입학 전형 결과

(단위: 명, 경쟁률과 정원 초과율은 %)

| 대학 | | 정원(A) | 지원자 수 (B) | 수험자 수 (C) | 합격자 수 (D) | 경쟁률 (B/D) | 정원 초과 율(D/A) |
|---|---|---|---|---|---|---|---|
| 경성대학 예과 | 문과 | 120 | 1,612 | 1,217 | 338 | 4.77 | 2.82 |
| | 이과 갑 | 160 | 1,329 | 1,065 | 436 | 3.05 | 2.73 |
| | 이과 을 | 120 | 528 | 421 | 131 | 4.03 | 1.09 |
| | 계 | 400 | 3,469 | 2,703 | 905 | 3.83 | 2.26 |
| 경성법과 대학 | 전문부 | 150 | 1,250 | 1,059 | 200 | 5.43 | 1.53 |
| | 학부 | | | 80 | 30 | | |
| 경성공과 대학 | 전문부 | n | n | 1,409 | 340 | 4.14(C/D) | |
| | 학부 | | | 113 | 82 | 1.37(C/D) | |
| 경성의과대학 | | 100 | 990 | 850 | 91 | 10.88 | 0.91 |
| 경성사범대학 | | 100 | 425 | 71 | 33 | 12.88 | 0.33 |
| 경성경제 대학 | 전문부 | 300(2학년 약간 명) | 1,993 | 1,400 | 338 | 5.90 | 1.13 |
| | 학부 | 학년별 약 간 명 | 106 | 80 | 54 | 1.96 | |
| 경성여자 사범대학 | 전문부 | 350 | 1,000 | n | 206 | 4.46 | 0.64 |
| | 학부 | | | n | 18 | | |
| 서울여자 의과대학 | 예과 | 100 | 134 | 150 | 98 | 1.53(C/D) | 0.98 |
| | 전문부 | n | n | 139 | 81 | 1.72(C/D) | |
| 세브란스 의과대학 | 예과 | 180 | 1,200 | 703 | 100 | 6.67 | 1 |
| | 전문부 | | | 320 | 80 | | |

출전: 강명숙, 《미군정기 고등교육 연구》, 서울대 박사학위논문, 2002, 160쪽.

학생을 받아들였다.[27] 그런데 특이한 점은 당시 언론에서 정원 외 초과 모집에 대해 교육의 부실을 초래하는 원인으로 비판하기보다는 교육 기회 확대라는 면에서 오히려 환영했다[28]는 점이다. 이처럼 고등교육 기회 확대는 당시 거부할 수 없는 시대적 과제로 인식됐기 때문에 초과 모집이 가능했던 것이다.

넷째, 지원자와 수험자 수 간에 격차가 심했다. 이것은 입학시험 당시 전국적인 장마와 전염병이 심해 응시가 곤란한 사람이 많았기 때문이다. 이 때문에 미수험자를 대상으로 재시험 논의가 있었고, 이후 추가 시험이 한 차례 시행됐다. 한편 한 언론사는 1946학년도 입시를 분석해 다음과 같이 그 특징을 세 가지로 정리했다.

첫째, 지원자 수에 있어 법문과 계통이 평균 9 대 1의 거센 경쟁률을 보이고 그다음이 이공학부와 의학 계통이다. 둘째, 남자 대학에 여자들의 대량 지원이 있었다. 셋째, 시험 과목에 있어서 전에 보지 못하던 우리말시험을 비롯해 국사에 관한 것이 등락의 주요점으로 채점된다. 국어시험에는 우리 고전문학에 대한 것과 시조와 "사나운 개 콧등 아물 날이 없다"는 등의 속담이 출제된 것 또한 금후 시험 문제의 새로운 경향을 보이는 것이다.[29]

법문 계통의 경쟁률은 해방 이전과 마찬가지로 높았다. 하지만 해방 이전과 달리 여학생의 지원이 증가하고 국어와 국사의 비중이 높아진 것은 주목할 만한 사실이다. 여학생의 지원 증가는 해방 후 새로 남녀공학제가 실시돼 이전에는 남성의 기관이었던 곳에 여성이 진학하는 것이 제도적으로 가능해졌기 때문이다.

1947학년도에는 신학제가 실시돼 의학, 약학, 치학, 수산학 계통 학과를 제외하고는 입학시험이 실시되지 않았다. 이들 학과의 입학시험은 1947년 6월 13~15일 경기중학교에서 실시됐는데,[30] 1946학년도처럼 지원 학교별로 보는 개별 시험이 아니라 문교부 고등교육국에서 검정시험을 본 후 개별 학교로 지원하는 형태로 이루어졌다. 시험 과목은 남녀별로 차이가 있었는데, 남녀 모두 공민·국어·영어·역사·지리·수학을 보되, 남성에게는 한문·물리·화학·박물·도화가 추가됐고, 여성에게는 이과·가사·재봉이 추가됐다.

한편 일반 계통에서는 신입생을 모집하지 않았지만, 동일 학교의 야간부 혹은 전문부 2학년에서 학부 1학년으로 편입하는 형식의 대학 입학은 학교가 정한 특별시험[31]을 통해 이루어졌다. 또 예과 혹은 전문부 2학년 이상의 보결생 모집도 전 계통에 걸쳐 학교별로 이루어졌다.[32]

대학입학 검정시험과 편입학시험의 과목이 고정되고 입시 방법이 정해지자 당시 입학시험 준비를 위해《전문학교 입시 예상 문제집》같은 책이 출판되기도 했다.

1948학년도부터는 신학제에 따라 중등교육 6년을 이수한 자를 대상으로 대학 입학생을 선발하기 시작해 입시제도는 본궤도에 오르게 됐다.

이렇게 입시제도는 점차 정착돼 갔지만 여자대학은 학생 선발에 곤란을 겪기도 했다.[33] 또 각 대학은 재정 충당을 위해 전문부 혹은 야간부를 계속 존치해 6년제 중등교육을 이수하지 않은 사람도 받아들였다. 그리고 국대안 파동으로 미등록자, 미복적자가 다수 발생하자 선착순으로 면접을 봐서 학생을 충원하는 등의 편법적인 학생 충원이 만연했다. 게다가 정원을 초과해 수시로 학생을 모집하는 일부 사립대학도 있었다. 이로 인해 대학생 선발에 관한 세간의 평은 다음에서 보듯 그리 좋은 편이 아니었다.

서울대학은 교수 없고 학생 없는 대학이 돼버리고 문교 당국은 궁여지책으로 자격 없는 학생을 심지어 테로 분자를 학생으로 불러드리는 실로 참담한 사태를 빚어내었다.[34]

해방 후 도하都下 및 남조선 일대에 걸쳐 각 전문대학교들은 무제한하고 소학교를 졸업했건, 고등여학교를 졸업했건 안 했건, 중도에 퇴학했건 말았건 불문하고 막 입학시켜놓았다.[35]

대학생들 가운데는 중학 졸업도 못한 자들이 많다. 중학 졸업도 못하고 대학생, 대학도 못 졸업하고 대학원생, 이러고 보니 사제의 도리, 학교의 질서가 있을 수 없다.[36]

결국 미군정기 고등교육기관의 학생 선발은 제도의 정비에도 불구하고 법정 정원에 아랑곳없는 무자격자의 대량 선발로 이루어졌다. 이는 고등교육 기회 확대라는 면에서는 긍정적으로 평가할 수 있지만, 학생의 출석률이 40퍼센트 정도에 불과해[37] 확대된 교육기회 안에서 배움이 없는, 그야말로 고등교육 부실로 이어졌다.

## 등록금 부담으로 겸업하는 학생

신학기 초가 되면 총 통화량의 4분의 1이 학교 납입금일 정도로 등록금은 국민경제에서 차지하는 비중이 컸다. 특히 대학 등록금은 물가 상승 억제, 수업 연한 1년 연장 실시, 대학교육 기회의 균등한 보급 등 미군정기 당면 과제의 해결과 관계가 깊었다.

당시 대학 등록금은 어느 정도였을까? 연희대학교의 납입금은 1946년 8월 학칙에 따르면 입학금이 50원, 수업료가 연액 720원이었다. 수업료는 학기마다 분납했는데, 학기 초에 반액인 360원을 납입하면 됐다. 그러나 심한 인플레이션으로 1948년 9월 신학기에는 1학기에 4000원의 수업료를 냈고, 2학기에는 8800원을 냈다. 그러다 1950년부터는 학기당 6000원으로 하향 조정됐다.[38] 국립서울대학교는 학칙에 따르면 1948년 2학기 당시 매학기 3000원의 수업료를 납입하면 됐으나, 실제 납입 총액은 단과대학별로 상이했다. 1948년도에는 신입생과 재학생의 한 학기 납입금 총액이 각각 치과대학 2만

1600원, 1만 1000원, 문리대학 1만 1900원, 6400원, 의과대학 1만 5750원, 1만 100원, 미술부 1만 7090원, 1만 1500원이었다.[39] 이렇게 납입금이 차이 나는 것은 단과대학마다 독자적으로 운영한 후원회비가 학생 수에 따라 차이가 있었기 때문이다. 납입금 내역을 보면, 1948년 2학기 공과대학 3학년 학생은 용지대 500원, 학생회비 500원, 실험비 1000원, 후원

〈그림 10〉 1948학년도 대학 납입금 영수증(서울대학교 기록관 소장)

회비 5000원, 수업료 1800원, 학도호국단비 300원으로 총 8750원을 냈다.[40]

연희대학교와 국립서울대학교 공과대학의 1948학년도 2학기 납입금이 각각 8800원과 8750원으로 비슷했던 것으로 미루어보면, 당시 사립학교와 관립학교 간의 납입금 총액 차이는 크지 않았던 것 같다. 한편 국립서울대학교의 경우 납입금 가운데 수업료보다 후원회비를 비롯한 각종 경비의 비중이 훨씬 높았다. 이는 국립이지만 학교 운영에 필요한 국가의 재정 지원이 미약했음을 보여준다.

학생의 6개월분 납입금 규모는 교수의 약 세 달 치 급여와 맞먹는 수준이었다. 납입금 외에 하숙비[41] 등의 생활비도 필요했으므로 학생 1인당 월 총 경비는 전임강사급 대학교수 1인의 한 달 급료와 비슷했

다. 당시 어느 한 대학의 학자금 출처에 대한 조사[42]에 따르면, 부모 66퍼센트, 친척 6퍼센트, 타인 3퍼센트, 자력 25퍼센트로, 4분의 1 정도의 학생이 스스로 학자금을 마련했다. 부모가 학자금을 부담한다 해도 학자금이 가정경제에 미치는 영향이 막대했기에 생활비는 자력으로 구해야 하는 학생이 많았다. 따라서 4분의 1 이상의 학생은 일을 하며 학비와 생활비를 마련해야 했다. 그리하여 직장에서 일하며 학교 공부를 병행하는, 즉 공부를 부업으로 하는 이른바 '겸업 학생'이 다수 나타났다. 이러한 상황은 학생으로 하여금 학업에 전념하기 어렵게 만들었다.

이러한 문제를 조금이나마 덜어주기 위해 교수단연합회에서는 1946년 5월 학생소비조합을 만들어 식량 우선 배급, 생필품 직접 양여, 학자금 보조 및 기숙사 주선 등의 편의를 제공하자며 문교 당국에 건의했다.[43] 하지만 실행되지는 못했다. 또 미군정도 장학금 형태의 보조금을 학생에게 지급하는 것이 미군정 통치에 효과적이라고 권장했으나, 실제 어느 정도 규모로 행해졌는지는 의문이다. 결국 학생은 납입금 부담을 고스란히 안은 채 스스로 해결할 수밖에 없었다. 비싼 등록금 때문에 학기마다 12퍼센트의 학생이 거리로 몰려나오는 실정이었다.[44]

## 학사 관리 소홀과 독학의 공부문화

당시에는 교원 수 부족과 행정적 지원 체제 미정비, 사회적 혼란 등으로 교육과정 운영을 비롯한 학사 관리가 제대로 이루어지지 않았다. 강좌는 교육과정 계획표대로 개설되지 않았고, 개설됐다 하더라도 정상적인 강의가 진행되지 못했다. 이러한 사정은 관·공·사립 혹은 서울과 지방을 막론한 현상으로, 1946년 2월의 〈학무국사〉에서도, 1947년 이후 미군정 고등교육고문관의 학교 시찰 보고서에서도 자주 지적됐다.

> 관공립대학들은 교육과정을 마련해 학무국에 제출했다. 이를 검토한 결과 대학에서 균형을 잘 이룬 교수 계획을 세우고 있는 것으로 돼 있으나 현재로서는 실천되고 있지 않다. 군정과 한국인 책임자가 공립학교에 대해 감사한 결과 대학에서는 교육과정의 강의 측면만이 수행되고 있음이 밝혀졌다. 이학부는 실질적이고 실험적 연구를 수행하는 적절한 실험 시설을 갖추고 있지 못하다. 실험실의 수도관이나 연료 선이 파손되거나 제거돼 있으며, 실험 도구가 파괴돼 있고, 실험 재료를 현재로서는 구할 수 없는 상태이다.[45]

교과과정이 완전하게 설정되지는 않았으나 한 해의 교육과정 목록에 올라 있는 과목 수는 많아 보였다. 그러나 특정한 과목이나 수업에 대해 질문해

보면 그것이 학기 중에 개설돼 있지 않다는 것을 알 수 있다. 왜냐하면 교수가 없기 때문이다. 그리고 학생들은 대체 수업을 듣고 있었다. 목록에 있는 유일한 상업 과목은 경제원론과 부기였다. 하여튼 서울과 청주에 있는 상과대학은 우리가 알고 있는 바의 대학교에 있는 상과대학과는 다르다. 개선의 여지가 많이 남아 있다. 학교에서 가르치는 각 수업은 한 과목으로 그의 강의를 제한하고 1주 8시간 강의가 보통이라고 생각하는 방식으로 교직원은 훈련돼왔다. 교원들은 미국에서 하는 것만큼 열심히 일하지 않는다. 봉급이 너무 낮고, 주위 사정은 보잘것없으며, 학생들은 너무 많다. 그리고 학생들은 교원들처럼 출석이 불규칙적이다. 중학교에서보다 대학에서 더욱 더 그렇다.[46]

'교육과정을 제대로 운영하지 않는다', '기본적인 출결 상황마저 제대로 확인하지 않는다', '학생은 많고 연구 시설도 갖추어지지 않았는데, 설상가상으로 교수는 유능하지도 성실하지도 못하다' 등의 학사관리 부실 혹은 소홀에 대한 지적은 미군정 내내 제기됐다.

신학제가 실시되고 미군정 고등교육고문관의 지속적인 지도와 조언이 있었는데도 도저히 이해되지 않는 일이 학교에서도, 교수와 학생에게서도 빈번하게 일어나고 있었다. 아닌 게 아니라 교수는 결강이 잦았고, 학생의 출석률은 저조했다. 당시 국립서울대학교 학칙에는 3분의 1 이상 결석 시 해당 과목의 시험을 치를 수 없다는 규정이 있었는데도 관행적으로 교수는 출석을 거의 체크하지 않았고 학생은 시험만 보면 됐다.[47] 심지어 시험도 없이 학점을 주기도 했다. 예컨대 국대안 파동으로 정상적인 학사 운영이 이루어지지 않았던 1946학년도 1학기의 경우, 국립서울대학교는 정해진 학점을 이수하지 않고 또 학기 내내 수업 출석을 비롯해 학점 인정에 요구되는 조건을 수행하지 않은 학생에게도 한 학기 학점을 주기로 결정했다. 그러자 미군정 고등교육고문관은 경악하면서, 이러한 사실을 세계의 대학에 알려 국립서울대학교에 불이익과 불명예를 주어야 한다[48]고 강하게 항의하는 일이 벌어졌다.

한편 학사 관리가 엄격하게 수행되지 못하자 대학 내외에는 여러 가지 부수적인 문화 현상[49]이 나타났다. 첫째 청강생제도가 있는데도 '도둑 청강'이 만연했다. 둘째 학생 취업이 성행했다. 셋째 공부는 알아서 혼자 하거나 스스로 모임을 만들어 한다는 독학문화가 생기기 시작했다.

대부분의 학교가 교육 기회를 확대한다는 차원에서 청강생, 위탁생 제도를 두고 있었다. 예컨대 국립서울대학교의 경우 당시 학칙에 따르면 "청강생은 학기 시작 후에 교무처장의 수강 인가를 받아 학점당 100원의 청강료를 내고 1년 이내의 기간 동안 강의를 수강할 수 있다"라는 청강생제도가 있었다. 그러나 청강생 등록을 하지 않고 수업 청강을 하는 도둑 청강이 많았다. 나아가 대리시험도 종종 행해졌다.

1947년 그 한 해 동안 나는 그날그날의 식생활이 더할 수 없이 궁핍한 가운데서도 서울 문리대에서 불어와 노어를 배웠다. 물론 정식 등록한 학생의 신분으로서가 아니라, 이를테면 도둑 청강생이었다. 처음 한동안은 강의가 시작할 때면 양심의 가책으로 가슴이 뜨끔했으나 들킨 적은 한 번도 없었다. 당시에는 정치적, 사회적 혼란만큼이나 대학 행정도 엉망이어서 나처럼 도둑 청강생이 가능했다. 도둑 청강 정도가 아니라 대학의 대리시험도 성행했던 시절이다. 그리고 정식 학생도 그처럼 엉터리일 수가 없었다. 나는 시험 때가 되면 친구들의 부탁으로 서울 사범대 등 몇몇 대학에 가서 영어와 불어의 대리시험을 쳐주었다. 그런데 한번은 고려대(그때는 전문부였다)의 졸업 영어시험을 친구 대신 치르다가 교수한데 들켜 심하게 타박 받고 쫓겨난 일이 있다.[50]

한 대학이 아니라 여러 대학을 다니면서 청강하고 대리시험을 보았다는 것은 도둑 청강이 상당히 만연했음을 보여준다.

학사 관리의 부실과 소홀은 한편으로 겸업 학생의 존재를 가능하게 했다. 출결 확인도 없고 시험만 보면 되는 상황인데다 결강되는 수업도 잦고 비싼 학비와 물가 상승으로 인한 생활의 어려움 등이 겹치자, 취업해 공부를 부업으로 하는 이른바 겸업 학생이 늘어났다.

당시 학생의 취업 상황을 정확히 파악하기는 어렵다. 그러나 "많은 학생이 취직한 결과 사실 학교는 텅 비었다 해도 과언이 아니다"[51]라는 한탄이 나올 정도로 심각한 수준이었음은 분명하다. 국립서울대학교의 경우 8000여 명의 등록 학생 중에 약 8퍼센트가 취업한 상태였으며, 이러한 겸업 학생은 인플레이션과 빈곤으로 점차 증가하고 있었다.[52] 정부 수립 이후인 1949년에 발표된 문교부의 전문 및 대학의 실태 조사에 따르면 주간 재적 학생으로서 한 달에 한두 번, 심지어 학기시험 때만 학교에 나오는 학생이 대학마다 수백 명에 달해 서울에만 1200~1300명이 있었다.[53] 그러나 대학생의 실질적인 취업 규모는 이보다 훨씬 높았다. 자력으로 학비를 충당하는 학생이 4분의 1이었다는 점은 이들이 어떤 형태로든 공부 외에 무엇인가를 하고 있었다는 것을 의미한다. 당시 직장 생활을 하면서 국립서울대학교에 다녔던 한 구술자의 다음과 같은 말은 겸업 학생의 규모가 좀 더 방대했음을 보여준다.

거기서(경신고등학교) 교편을 먼저 잡으면서, 꼬박 선생 노릇 하면서 서울대학엘 다닌 거죠. 그러니까 학교 강의라는 걸 별로 얼마 나오질 못하고. 당시에 대학문화는 거의 없었어요. 뭐 돈도 없고, 학생들이 모일 수도 없고, 음악회 같은 게 있는 것도 없고, 거의 없었어요. 다 바쁘고 어려울 때입니다. 그때 하여간 서울대학 학생의 8할은 고등학교 선생이니까요. 전부가 하고, 또 신문사 현역 기자도 있고. 김성열이라고 동아일보 사장 하던 그는 학생 때부터 신문기잡니다. 또 공무원 하던 사람도 있어요. 가령 이한빈 씨 같은 이가 아마 학교 댕길 적부터 공무원이었을 거예요.(하하하)[54]

이 구술자는 자조적인 웃음을 터뜨리면서 대부분의(구술자는 '전부'

라고 표현했지만) 학생이 취업을 했고, 주로 교사로 일했음을 밝혔다. 그 외에도 공무원, 언론사 직원 등 학생의 취업처는 다양했다고 말한다.

겸업 학생이 늘어나면서 학교가 텅 비어 가는데도 미군정은 이런 상황을 개선하기 위해 특별한 조치를 취하지는 않았다. 일제강점기에 제한된 교육 기회로 인해 고등교육을 받을 수 없었고, 해방 이후에는 생활 문제로 생업에 종사해야만 하는 사람에게 엄격한 학사 관리를 적용해 배울 기회를 제한하는 것은 무리였기 때문이다. 그리고 균등한 교육 기회의 보장과 기회 확대라는 미군정 최대의 명분과 상반되기 때문이었다. 국립서울대학교 설립 추진 시 이북 출신 학생은 수업 일수의 3분의 1 이상을 출석해야 한다는 규정을 보고 이북 학생에 대한 차별대우라며 반대[55] 주장을 제기했다. 이러한 반대 주장은 겸업 학생이 많은 현실을 감안해 교육 기회 균등과 확대 차원에서 그들을 배려해야 한다는 분위기가 있었기 때문에 가능했다. 결국 학사 관리의 부실과 소홀은 당시 사회경제적 환경과 더불어 학생의 취업을 가능하게 하는 제도적 허점이었고 또 겸업 학생에 대한 규제의 어려움은 학사 관리, 나아가 교육 부실을 더욱 부추기는 악순환의 과정을 낳았다.

그러면 교육 부실의 악순환 속에서 학생은 어떠한 방법으로 배움의 욕구를 해결하고 필요한 지식을 습득했을까? 수업이 그나마 정상적으로 운영된 몇 과목을 제외하면 대부분의 학습은 개인적인 독서나 동료끼리의 학습 소모임을 통해 이루어졌다. 이는 직장에 다니건, 아니건 간에 공통된 현상이었음을 다음의 글을 통해 알 수 있다.

출석은 오랫동안 없었죠, 우리나라. 소홀했었는데 그러니까 나는 학교(근무지인 고등학교)에 있으면서 그저 가끔 이렇게 고(그) 시간에만 나오고, 또 시간이 없어요. 하니까 어, 정식으로 댕길 수도 없고, 나와 봐야 그 공부를 할 수가 없고. 해서 그렇게 해서 독학이지. 책은, 공부 많이 했죠. 또 선생이 없어요, 선생이. 정치학과를 내가 들어갔는데 정치학과에 전임 선생이 하나도 없었으니까. 사람이 없어요. 그럼 정치학은 뭘 했느냐 할 것 같으면 그 당시에 가끔 미군 뭘 통해 가지고 외국 서적이 들어와요, 영어 서적이. 그리고 일본 책이 좀 있고, 다 숨었던 게 나와요. 그거 가지고 독학이지, 말하자면.[56]

교수래야 몇 분 없었고, 4년간 줄곧 근속한 교수는 한 분도 없었으니 교수와 학생 간에 인정으로서의 관계가 맺어질 만한 분위기가 아니었다. 영어의 황찬호 교수도 도중에 서울의 타 대학으로 떠나버렸다. 그같이 무미건조한 학교생활을 보상해준 도서관에서 대출한 영문학 작품들과의 친교가 없었더라면 그 분위기는 정말 견디기 어려웠을 것이다.[57]

해방 후에 대학이라고 다녔지만 선생도 없는 대학에 가서 무엇을 배웁니까? 그래도 한인섭 선생 등 권위 있는 양반을 모셔놓고 어찌하기는 했지만, 대부분은 내가 자습한 것입니다. 해방 직후의 레벨은 이루 말할 수 없었습니다. 그리고 해방 직후 대학을 나온 교수들이 서울대학에 많았지만 그 권위자라는 사람들은 매일같이 술이에요. 그러니 강의 준비는 언제 합니까? 밤낮 휴강이지요.(웃음) 그 유명한 이상백 선생은 한 학기에 두 번쯤 강의했다고 해요. 정순택 선생이 그렇게 강의를 잘합니다. 그분께 함수론을 듣는데, 잘하면 뭐합니까? 한 달에 강의를 몇 번 못합니다. 교무과장을 하느라고 밤낮 술 마시고 이리저리 끌려 다니다 보면 휴강이지요. 또 동경물리학교 나온 모 선생이 있는데 함수론을 강의한다고 하여 일주일에 네 시간씩 한 학기를 했으나 무엇을 배웠는지 생각이 나지 않습니다. 박혁재 선생은 경도대학에서 학위를 하고 강의를 하는데 학생들과 싸움만 했습니다. 일본어 책을 가져와서 번역하며 읽듯이 하니 학생이 무엇을 알겠습니까? 서울대학이 이 모양이니 여타 대학은 어떠했겠어요.[58]

교수에게 배운 것이 없고, 배운 것이 있다면 독학과 독서, 자습을 통해서였다는 한결같은 회고 내용은 미군정기 고등교육의 부실을 단적으로 드러내준다. 이 아이러니한 상황은 학교에 재학 중이면서도 '자학자습', '독학'을 하는 독특한 배움의 문화 형성으로 연결됐다. 결국 독학문화는 학생으로 하여금 균형감 있게 학문 체계에 접근할 수 없게 만드는 요인으로 작용했다. 그들이 사용한 교재는 주로 일본 서적과 미군이 사용하던 통신대학용 교재, 즉 이엠북[59]이었다. 이 또한 균형 있는 학문의 도입에는 장애 요인이 됐다.

대학교육 기회가 늘어나는 만큼 대학 졸업자도 해마다 늘어났지만

〈그림 11〉 경성대학 이공학부 제1회 졸업사진(1946년 7월 3일)

취업은 어려웠다. 해방 후 새로운 사회를 건설하는 데 필요한 고등 인력 수요가 늘어날 것이라는 기대와는 달리 현실은 냉혹했다. 인문사회 계통의 취업은 특히 어려웠다.

금년도 서울시내 국립서울대학교 및 각종 사립대학의 각 학부 및 전문부 졸업 예정자 수는 3599명이다. 즉 법문과 계통이 2414명, 상경과 계통이 460명, 의과 계통이 379명, 농공과 299명, 이수과理數科 47명인데, 그네들을 따져보면 전 졸업 예정자 수의 약 5.5할이 법문과 계통이고, 상과와 이수과가 각각 1.8할, 의과가 1.4할, 농공과가 1.1할의 순위를 보여주고 있어

사회적 요구인 이공, 기타 기술 교육 부문이 여전히 적다는 것은 주목되는 현상이다. 그런데 세브란스 의과대학의 6월 5일의 졸업식을 '톱'으로 시내 대학은 오는 8월 초순까지 이들 졸업생을 모두 사회에 내보낼 것이라 하는데, 각 대학 교무 당국자의 말에 의하면 이공과 계통을 제외한 법문상경과 졸업생의 취직률은 매년 체감돼 그 성적이 나빠지고 있다 하며 금년에도 역시 아직 이렇다 할 구인처도 없고 또한 졸업하는 학생들도 학교 당국에 취직을 의뢰하는 사람은 극히 적다 한다.[60]

당시에는 학교에 구인, 구직을 요구하는 것 모두 드물었으며, 졸업과 취업은 마치 별개의 문제처럼 여겨졌다. 그러나 어려운 사회 상황에서도 대학 졸업은 희망에 찬 새 출발의 신호탄이었다. 미군 군복을 입은 외국인 행정가와 함께 양복을 입거나 경성제대 시절의 교복을 그대로 입고 찍는 졸업 사진 촬영이지만 말쑥한 차림은 희망을 담고 있었다.

# 1950년대: 대학이 나라를 망친다

3

# I

# 대학,
## 질보다 양이
## 우선이다

고등교육기관은 고등교육 자원의 특성상 다른 교육기관에 비해 단기간에 학생이나 교수, 시설 등이 확장되기 어렵다. 그러나 한국전쟁을 치르는 동안에도 고등교육 기회는 지속적으로 확대됐다. 1954년 고등교육 규모는 〈표 13〉과 같다.

1954년 남한의 고등교육 규모는 51개 기관에서 3965명의 교원이 6만 2388명의 학생을 가르치는 규모로 팽창했다. 고등교육기관과 교원 및 학생 수 증가라는 물적 조건의 획기적 증대는 교육인구 동태의 변화를 가져왔다. 대학이라는 제도적 공간의 확대와 대학생 인구의 양적 팽창은 여러 가지 새로운 현상을 초래했다.

1950년대 중반에 이르자 대학의 부실을 지적하는 목소리가 점차 높아졌고, 이른바 대학망국론까지 제기됐다. 1955년 8월 4일 대학이

〈표 13〉 1950년대 중반 고등교육 현황 (1954년 12월 말)

| | | 학교 수 | 학과 수 | 교원 수 | 학생 수 |
|---|---|---|---|---|---|
| 학교 급 | 대학교(종합) | 15 | 267 | 2,661 | 42,144 |
| | 대학(단과) | 30 | 161 | 1,207 | 19,183 |
| | 초급대학 | 6 | 29 | 97 | 1,061 |
| 공사립 | 국립 | 8 | 164 | 1,823 | 26,214 |
| | 공립 | 5 | 47 | 311 | 2,906 |
| | 사립 | 38 | 246 | 1,831 | 33,268 |
| 소재지 | 서울·경기 | 30 | 270 | | 31,258 |
| | 강원·제주 | 2 | 12 | | 1,240 |
| | 충청권 | 4 | 28 | | 4,600 |
| | 호남권 | 5 | 59 | | 9,900 |
| | 영남권 | 10 | 88 | | 15,390 |
| 합 계 | | 51 | 457 | 3,965 | 62,388 |

출전: 문교부, 《단기 4287년 12월 31일 현재 교육기관 통계》, 1954, 2쪽.

갖추어야 할 교육 시설과 교원 등에 관한 소정의 기준을 정한 〈대학설치기준령〉(대통령령 제1063호)이 공포됐다. 그 결과 1950년대 후반 대학의 신설은 줄었다. 하지만 1950년대 대학은 대학의 난립, 너무 많은 대학생, 정원 외 초과 모집과 입시 부정 등으로 이미지가 형성됐고, 1950년대 말 한국 실정에 맞는 대학제도의 수립과 운영을 위해 학교 수와 학생 수를 제한하자는 이른바 '대학정비론'이 제기되는 빌미가 됐다.

대학생의 규모는 자연 계열 중심으로 대학교육 기회를 늘리려는

| 계열 | | 인문 계열 | | | | | 자연 계열 | | | | | | 총계 |
|---|---|---|---|---|---|---|---|---|---|---|---|---|---|
| | | 어학·문학 | 예술 | 기타 인문 과학 | 사회 과학 | 계 | 이학 | 공학 | 의약 학 | 농림 학 | 수산 학 | 계 | |
| 학 과 수 | 대학교 | 31 | 10 | 46 | 49 | 136 | 63 | 32 | 18 | 25 | | 138 | 274 |
| | 대학 | 28 | 6 | 12 | 38 | 84 | 19 | 17 | 9 | 14 | 4 | 63 | 147 |
| | 초급대학 | 6 | 2 | 2 | 1 | 11 | 4 | | | 5 | 3 | 12 | 23 |
| | 계 | 65 | 18 | 60 | 88 | 231 | 86 | 49 | 27 | 44 | 7 | 213 | 444 |
| | (%) | 14.6 | 4.1 | 13.5 | 19.8 | 52 | 19.4 | 11 | 6.1 | 10 | 1.6 | 48 | 100 |
| 학 생 수 | 대학교 | 3,820 | 1,120 | 5,400 | 13,400 | 23,740 | 7,340 | 5,060 | 4,960 | 4,320 | | 21,680 | 45,420 |
| | 대학 | 4,560 | 640 | 1,480 | 8,440 | 15,120 | 3,120 | 2,640 | 1,820 | 2,480 | 800 | 10,860 | 25,980 |
| | 초급대학 | 760 | 200 | 200 | 120 | 1,280 | 480 | | | 400 | 300 | 1,180 | 2,460 |
| | 계 | 9,140 | 1,960 | 7,080 | 21,960 | 40,140 | 10,940 | 7,700 | 6,780 | 7,200 | 1,100 | 33,720 | 73,860 |
| | (%) | 12.4 | 2.7 | 9.6 | 29.7 | 54.3 | 14.8 | 10.4 | 9.2 | 9.7 | 1.5 | 45.7 | 100 |

출전: 문교부, 《단기 4287년 12월 31일 현재 교육기관 통계》, 1954, 232쪽.

정부 정책의 시도와 달리 인문 계열 중심으로 늘어났다. 〈표 13〉에서 볼 수 있듯이 인문 계열 학생이 전체 학생 수의 54.3퍼센트를 차지해, 자연 계열 학생 수 45.7퍼센트보다 약 9퍼센트 많았다. 자세히 살펴보면 사회과학 계열 학생이 전체 대학생 수의 약 20퍼센트를 차지하고, 다음으로 이학 계열이 14.8퍼센트, 어학·문학 계열이 12.4퍼센트, 공학 계열이 10.4퍼센트를 차지했다. 다음으로 기타 인문과학 계열, 농림학 계열과 의약학 계열이 9퍼센트 이상을 차지했다.

그리고 사회과학 계열은 법학과, 경제학과, 정치학과, 상학과 중심

〈표 15〉 1950년대 중반 인문 계열 학과 및 학생 수 현황 (1955년 3월 말)

| 계열 | | 학과 구성 현황 | | | | | | | | | | | | | | 계 |
|---|---|---|---|---|---|---|---|---|---|---|---|---|---|---|---|---|
| 어문 | 학과명 | (국어)국문 | (중어)중문 | (영어)영문 | (불어)불문 | (독어)독문 | 언어학 | 기타어문학 | 노어학 | | | | | | | |
| | 학과 수 | 33 | 2 | 23 | 3 | 2 | 1 | 3 | 1 | | | | | | | 68 |
| | 학생 수 | 3,941 | 68 | 2,791 | 144 | 97 | 46 | 632 | 28 | | | | | | | 7,747 |
| 인문과학 | 학과명 | 사학 | 사회학 | 철학 | 불교학 | 보육학 | 신학 | 지리학 | (교육)심리학 | 교육학 | 교육행정학 | 사회(생활) | 종교학 | 신문학 | 사회사업학 | |
| | 학과 수 | 16 | 3 | 13 | 1 | 2 | 3 | 1 | 5 | 9 | 1 | 2 | 2 | 1 | 1 | 60 |
| | 학생 수 | 1,760 | 320 | 1,260 | 120 | 200 | 480 | 120 | 520 | 1,400 | 60 | 500 | 120 | 120 | 300 | 7,280 |
| 사회과학 | 학과명 | 정치학 | 법학 | 행정학 | 경제학 | 상학 | 무역학 | 정치외교학 | 농업경제학 | 정법학 | 정경학 | 수산경제학 | | | | |
| | 학과 수 | 16 | 29 | 4 | 18 | 12 | 2 | 3 | 1 | 1 | 5 | 1 | | | | 92 |
| | 학생 수 | 3,520 | 7,160 | 1,480 | 4,400 | 3,120 | 560 | 640 | 160 | 280 | 1,200 | 240 | | | | 22,760 |

출전: 강명숙, 〈대학의 제도적 기반 형성과 학술 여건(1945~1955)〉, 《한국근현대사연구》 67, 2013, 15쪽 재인용.

으로 설치, 운영됐는데, 법학과가 학과 및 학생 수에서 압도적으로 많
았다. 인문 계열 학과는 어문 계열에서 국문과와 영문과 설치가 압도
적으로 많았는데, 어문 계열의 전체 65개 학과 중 56개에 달했다. 비
어문 계열의 인문 계열은 사학과, 철학과, 교육학과 위주로 설치, 운영
됐다. 1950년대 인문 계열의 학과 설치 현황을 구체적으로 살펴보면
〈표 15〉와 같다.

인문 계열 중심으로 대학교육 기회가 늘어났는데, 국문, 영문, 사학,
철학, 교육, 법, 상경, 정치학 등 몇몇 학문 분야의 학과 중심으로 편중

돼 확대됐다. 이들 학과 위주로 설치가 편중된 것은 시대적 특수성이 반영된 것으로 볼 수 있다. 해방 후 신국가 건설에 필요한 인력에 대해 형성된 사회적 기대가 반영된 것이다. 특히 국어국문학과 설치가 주목되는데, 법학과보다 국문학과가 더 많이 설치됐으며, 국문학과 학생 수가 정치학과나 경제학과 학생 수와 맞먹었다. 해방 후 일본어 대신 우리말과 우리글을 사용하게 되자 이에 대한 학문 연구와 교육에 대한 관심, 국어 교사 등 일자리에 대한 기대가 커졌기 때문이다. 사학과의 설치, 운영 또한 비슷한 맥락에서 이루어졌다.

대학의 교육과정 편성은 특정 전공 학문의 학문적 정체성 확보와 발전 정도나 경향을 드러내준다. 당시의 교육과정은 학문적 정체성이 강하다거나 분과 학문 내 하위 영역 분류 체계의 분화와 정착이 뚜렷하다고 해석하기 어렵다. 강의, 연습, 특강, 강독, 개론, 개설 등 두루뭉술하게 교과목명이 부여되고 담당 교수의 재량에 따라 실제 교육이 이루어졌다. 서울대학교 인문 계열의 학과별 교육과정 편성 사례를 보면 〈표 16〉과 같다.

해방 후 대학의 수업 연한이 3년에서 4년으로 늘어남에 따라 3년제 교육과정을 4년제 교육과정으로 확대 개편하는 과정에서 학습할 내용의 분량 조정과 세분화가 이루어졌고, 교과목도 대폭 늘어났다. 교과목 편성의 특징을 보면 우선 학과를 불문하고 공통적으로 강의, 연습, 특강, 강독 과목이 여전히 많은 비중을 차지한다. 그다음으로 개론과 개설, 원론 등의 입문적이고 종합적인 성격의 교과목이 적지 않다.

### 〈표 16〉 서울대학교 문리과대학 학과별 교과목 구성의 변화

〔 〕안의 숫자는 단위 수

| 학과 | 경성제국대학 (1943) | 국립서울대학교(1946) | 서울대학교(1955) |
|---|---|---|---|
| 사학 (조선사학) | 조선사학 강의 및 연습〔7〕 조선사학, 동양사학, 서양사학 〔각 1단위 이상, 합 7단위〕 사학개론〔1〕 고고학〔1〕 지리학〔1〕 문학과 과목〔3〕 | 문화사, 사학개론, 조선사학개설, 중국사학개설, 서양사학개설, 조선고대사, 조선중세사, 중국고대사, 중국중세사, 서양사(1500~1815), 서양사(1815~1914), 서양사(1914~), 세계사의 조류, 미국사 개설, 사적해제, 근대동양사, 서양과 동양의 관계사, 조선근대사, 중국근대사, 영국사, 불국사, 독일사, 이태리사, 로서아사, 스페인사, 화란 및 백의이사, 스칸디나비아사, 인도사, 몽고사, 서양고대사, 서양중세사, 조선사상사, 조선제도사, 동서양의 정치발전, 사학연구법, 조선사연습, 동양사연습 | 문화사, 사학개론, 국사개설, 동양사개설, 서양사개설, 한국시대사, 동양시대사, 서양시대사, 미국사개설, 한국문화사, 고고학개론, 한국고고학, 인류학개론, 인문지리학, 외국사, 한국제도사, 한국미술사, 한국사상사, 중국사상사, 구주사상사, 대외교섭사, 국사연습, 동양사연습, 서양사연습, 국사특강, 동양사특강, 서양사특강, 동서교섭사, 사적해제, 사학사 |
| 국어국문학 (조선어조선문학 전공) | 조선어학 조선문학 강의 및 연습〔7〕 언어학〔1〕 문학개론〔1〕 문학과 과목〔11〕 조선어 이수 필요자 조선어〔3〕 | 국어(강독, 문법, 작문), 변론, 현대국어학강독, 국문학사개설, 국어학개론, 고전문학(강독, 감상), 조선의 시가, 조선의 소설, 조선어음운론, 고대조선어, 국문학연습, 국어학연습, 현대국문학개설, 창작 및 평론 | 국어학개론, 국문학개론, 국어학사, 국문학사, 국어음성학, 국어문법론, 국어학강독, 문학개론, 국문학사조, 시조론, 국문학강독, 국식한문, 국어계통론, 국어방언학, 소설론, 민요연구, 국문비평, 국문학특강, 국어형태론, 한자음연구, 국어문장론, 국어학연습, 국어학특수강의, 고대시가연구, 영정시대의 국문학연구, 신문학사, 국문학연습 |
| 철학 (철학철학사 전공) | 철학철학사 강의 및 연습〔9〕 희랍어, 라전어 | 철학사연습, 논리학, 윤리학개론, 철학개론, 중국철학사개설, 서양고대철학사, 인도 | 철학개론, 논리학, 윤리학개론, 서양고대철학사, 서양중세철학사, 인식론, 형이상학, 서양근세 |

| | | | |
|---|---|---|---|
| | 중[1]<br>문학과 과목[10] | 철학, 형이상학, 인식론, 논어, 유교윤리학, 중용, 송대철학, 근대철학사(헤겔까지), 철학연습, 종교철학, 미학, 교육철학, 현대철학의 기본과제, 현대철학의 체계, 철학특수강의, 철학연습 | 철학사, 서양윤리학사개설, 중국철학사, 미학, 철학연습, 교육학원론, 영미철학, 현대철학, 인도철학, 윤리학연습, 중국철학강독, 교육사개설, 수학적 논리학, 과학철학, 교육방법론, 윤리학특수강의, 중국철학연습, 교육학연습, 교육학특수강의, 중국철학특수강의, 인도철학특수강의, 교육행정, 현대윤리학 |
| 사회학<br>(사회학<br>전공) | 사회학 강의 및 연습[8]<br>문학과 과목[12, 이 중 3단위는 법학과 과목으로 가능] | 사회학개론, 농촌사회, 도시사회, 사회인류학, 사회문제(제도, 빈곤, 정신적·육체적 결함, 사회사업), 사회기구(현대 아세아의 사회기구, 국가, 교육, 산업, 종교, 사회사업 등의 구조), 범죄학 및 형벌학, 가족제도(사회기관으로서의 가정과 그 발전 및 직능), 교통통신(특히 라디오, 신문 및 활동사진 등이 사회에 끼치는 영향, 통신의 기계화에 일어나는 제 문제), 인종 및 국적, 사회통계학, 사회연구재료모집방법, 후생행정조직 및 방법, 다음 중 하나의 개인담임조사(공동사회, 사회병리학, 인구 및 생태학인종 및 문화접촉) | 사회학개론, 사회학사, 사회심리학, 가족, 사회경제사상, 사회사상사, 문화인류학, 사회통계학, 사회사, 근대사회, 사회집단론, 사회변동론, 사회의식론, 사회조사론, 농촌사회학, 도시사회학, 문화인류학, 사회생태학, 매스커뮤니케이션, 사회사업, 사회정책, 사회학방법론, 사회문제, 사회계획, 사회병리학, 사회조사연습, 영문사회학강독, 제2외국어사회학강독, 특수사회학설, 사회학특수연습 |

출전: 강명숙, 〈대학의 제도적 기반 형성과 학술 여건(1945~1955)〉,《한국근현대사연구》 67, 2013, 28~29쪽 재인용.


또 분과 학문 내의 하위 영역 분류 체계가 아직 일관성을 보이지 않는다. 사학과의 경우 해방 직후 동양사를 중국사로 명칭을 바꾸고 각국 역사 교과목을 대량 편성하는 등 일제강점기의 방식을 벗어나려는 노력을 시도했다. 그러나 1955년 교육과정에서는 다시 중국사가 동양사로 바뀌고 사상사, 제도사, 문화사, 교섭사 등의 문제사적 관점에서 편성한 교과목이 늘어났다. 국어국문학과의 경우 문학 교과목이 늘어나는 경향이 있으나 현대문학 관련 교과목이 두드러지지는 않았다. 철학과의 경우 1955년 교육과정에서는 윤리학과 교육학 교과목이 각각 다섯 과목, 여섯 과목으로 두드러지게 늘어났다.

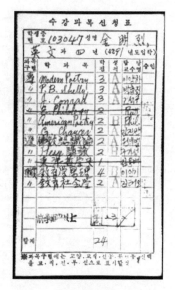

〈그림 12〉 1958년 서울대학교 영문과 수강 과목 신청표(서울대학교 기록관 소장)

대학교육 부실을 우려하는 목소리가 높아지자 대학에서는 이수 학점수를 내리고 교양교육을 강화하는 방향으로 교육과정을 개편했다. 1954년에는 졸업 이수 학점을 180학점에서 160학점으로 하향했으나 교양과목은 40학점에서 49학점으로 상향했다. 교양교육이 전체 교육과정의 30퍼센트 이상을 차지했다. 그러나 교양교육의 강화는 윤리, 교련, 국사, 체육 같은 국책과목 강화로 나타났고, 교양교육의 부실한 운영이 개선되지 않자 교양교육 무용론이 제기됐다.

신입생 선발 권한은 대학에 있었는데, 마치 이는 대학에 부여된 전

〈그림 13〉 1954년 대학별 국가연합고사 실시 광경(국가기록원 소장)

통처럼 여겨졌다. 그러나 이 제도를 악용한 무적격자 입학이 많았고, 한국전쟁 중에는 대학생 병역 특전을 노린 부정 입학 등이 큰 사회문제가 됐다. 전쟁이 끝나자 1954년 신입생을 대상으로 일종의 자격고사라 할 수 있는 국가연합고사를 실시했다. 대학 정원의 140퍼센트를 국가연합고사로 선발한 뒤 본고사를 치르는 방식이었다. 국가연합고사는 무적격자의 대학 입학을 걸러내고 대학 입시의 공공성을 높인다는 명분으로 추진됐다. 시행 첫해에 국가연합고사 결과가 발표되자, 합격자 규모가 적어 대학 정원을 다 채우지 못하는 사태가 발생할 가능성이 있다고 각 대학이 반발하고 나섰다. 일부 권력층은 자녀가 국가연합고사에 탈락해 대학 지원조차 하지 못하는 일이 벌어지자 불만을 제기하기 시작했다. 게다가 국가연합고사를 관리 운영하는 능력도 제대로 갖추어지지 않았다. 대학의 사정에 따라 좁은 교실이나 심지어 책상도 없는 간이 벤치 같은 곳에서 시험이 치러지는 등 환경이 열악했다. 연세대학교에서는 노천강당에 입시생이 줄지어 앉아 마치 군대 사열을 받는 듯한 분위기 속에서 시험을 치렀다.

입시제도에 대한 국가 통제의 길을 열었던 국가연합고사는 1954년 한 해만 시행되고 폐지됐다. 1955년 신입생부터는 대학별 단독 시험을 실시하거나 고교 내신 성적을 반영해 무시험으로 전형하는 방법을 병행하는 것으로 전환됐다. 그리하여 1960년대 초 대학입학자격국가고시제도가 도입되기 전까지 대학이 학생 선발권을 가지고 있었다. 1950년대에 내신을 반영하는 대학입학제를 도입한 것은 고등학교교육에 긍정적인 영향을 미치기도 했으나, 대학의 만성적인 정원 외 초과 모집을 묵인하는 것으로 연결됐다. 한편 청강생제도는 정원 외 입학생을 최대한 뽑아 사립대학의 재원을 확보하는 방편으로 활용되기도 했다. 학생 선발제도가 자격자의 선발이나 질 관리에 기여하지 못하고, 오히려 대학이 '놀고먹는 학생'의 집합소라는 이미지 형성에 한몫하게 된 것이다.

# 2

# 원조와 유학,
## 미국에서 배운
# 그대로 하다

한국의 대학제도와 학문이 발전하는 과정에서 미국의 원조는 중요한 계기가 됐다. 한국전쟁으로 대학은 강의실의 59퍼센트가 일부 혹은 전부 파손됐고, 실험 시설이나 도서 등의 피해도 막심했다. 대학사 연구에서는 전후 대학의 복구와 재건 과정에 미국의 원조가 있었음을 적극적으로 언급하지 않는 경우가 많다. 하지만 인적 원조를 통해 대학의 교육과정과 교수법 개발 등 미국식 대학 모델이 도입되고, 물적 원조에 의해 건물 건설 계획, 즉 캠퍼스 플랜 등이 서서히 정착돼 오늘날과 같은 한국 고등교육의 특색을 형성하게 됐다. 한국전쟁 이후 미국 유학 그리고 미국의 직접 원조에 의한 한국 대학의 제도적, 문화적 변화는 그 공과 평가와는 별개로 1950년대 이후 한국 대학문화와 학생 생활의 구조적 조건으로 작용했다.

교육 원조는 1956년부터 1960년 사이에 집중적으로 이루어졌다. 대표적인 원조가 '서울대-미네소타 프로젝트'로, 1954년부터 시작해 서울대학교에 고등교육 부문 원조의 86퍼센트에 해당하는 양이 집중적으로 지원되었다. 1955년에는 외국 원조액이 서울대학교 예산 지출 구성의 34퍼센트를 차지했고, 1957년에도 33.2퍼센트를 차지했다. 원조는 건물 신축, 실험실 확충이나 도서관 건립, 장서 확대[1] 등과 같은 물적 원조뿐만 아니라, 교수 연수 프로그램이나 자문관 파견 활동과 같은 기술 원조도 이루어졌다.

1950년대 미국은 외국의 대학을 원조하면서 그 방법으로 대학 간 원조 방식을 택했다. 미국의 한 대학과 지원국 대학을 연결해 지원국 대학의 특정 학문 한 분야에 지원하는 방식이었다. 미네소타대학과의 협약, 즉 서울대-미네소타 프로젝트를 통해 서울대학교는 주로 농학, 공학, 의학 분야에 집중 지원을 받았다. 그리고 피바디대학과 연결된 피바디 프로젝트를 통해 연세대학교는 1957년 도서관학과를 설립하고, 도서관학 전공 교수 한 명과 전공 도서 및 시청각 기재 등의 교육 설비를 지원받았다. 이화여자대학교는 유아교육 분야에 지원을 받았다. 교원 양성 분야에서는 서울대학교 사범대학이 전폭적인 지원을 받았다.

경영학 분야에서는 워싱턴대학과의 협약을 통해 연세대학교와 고려대학교가 지원을 받았다. 극동 지역에서 근무한 경험이 있고 대학에서 경영학 교육과정을 운영해본 다섯 명의 경영학 교수가 한국에 파견돼 연세대학교와 고려대학교에서 영어로 시범 강의를 하고, 도서와 교수 자료, 기자재를 제공했다. 그리고 두 대학의 교수 22명이 워싱턴대학에 유학했다.

서울대학교의 경우 서울대-미네소타 프로젝트 지원을 받아 미국 대학에 파견된 교수는 217명이었는데, 그들의 단과대학별 소속 상황은 〈표 17〉과 같다.

이 프로젝트에 참여했던 서울대학교 교수의 85퍼센트는 귀국 후에도 여전히 교수직을 유지했다. 그들은 미국 대학에서 보고 배운 대로의 교수법과 교재로 강의함으로써 일제강점기 제국대학식 관행을 극복하고 교육과정 개선과 교육 방법 개선에 큰 역할을 했다. 교수의 회고도, 학생의 회고도 이 부분에 대해서는 일치했다.

**〈표 17〉 서울대-미네소타 프로젝트 참여 서울대학교 교수 현황**

(단위: 명)

| 구분 | 교수 | 부교수 | 조교수 | 전임강사 | 강사 | 조교 | 비교수직 |
|------|------|--------|--------|----------|------|------|----------|
| 농대 | 4 | 4 | 6 | 9 | 2 | 20 | 0 |
| 수의대 | 1 | 1 | 1 | 5 | 1 | 3 | 0 |
| 공대 | 7 | 8 | 14 | 9 | 9 | 17 | 0 |
| 의대 | 17 | 12 | 4 | 9 | 1 | 27 | 8 |
| 행정대학원 | 0 | 0 | 3 | 2 | 7 | 6 | 0 |
| 계 | 29 | 25 | 28 | 34 | 20 | 73 | 8 |

출전: 김명진, 《1950년대 고등교육 협력에 관한 연구: 서울대-미네소타대 프로젝트 사례》, 서울대 박사학위논문, 2009, 59쪽.

내 개인적으로 생각할 적에는 내가 너무 한국에서 공부 못하고 가 가지고 미국서 너무 고생을 했기 때문에, 공부하느라고. 내가 돌아와서 굉장히 호랑이같이 가르쳤어. 이 ○○이 같은 친구도 중간시험 본다 하는데 빠졌거든. 가차 없이 F 줬어. 내가 호랑이였다고. 아마 물어보면 알 거야. 미국에서 배운 그대로를 여기서 하려고 내가 무척 노력을 했거든요. 원래 없던 과목이 내가 미네소타대학 대학원에서 코스워크한 과목 그런 것을 여기 와서 나는 여기서 전혀 못 배운 과목들이니까 또 아직도 없는 과목이니까 전부 개설을 해가지고, 말하자면 그쪽 학문을 이쪽에다가 다 전달한 셈이죠.[2]

이분들이 다녀오셔서 강의를 하시는데, 거기서 보고 배우신 대로 하신 거지요. 교재도 원서 그대로 쓰시고 아주 열심히 하시고. 또 숙제도 주시고 시험도 자주 보시고 이렇게 해서. 제가 2학년 때 ○○○ 박사님이 오셨고 3학년 때 ○○○ 박사님, ○○○ 박사님 오셔서 아주 온전하게 새 커리큘럼에 의한 교수법 교재를 가지고 공부를 잘 했다고 생각을 해요.
○○○ 교수님이라고, 그분이 이 프로그램으로 가서 원래는 단기 비지팅으로 가셨는데 석사학위를 하고 오셨지요. 거기서 석사 하실 때에 장치를 꾸민 게 있는데, 그거를 서울대학교에 와서도 다시 만들어서 학생들이 실험하고 그랬습니다.[3]

그리고 대학생의 공부문화나 대학 생활 전반에 대해서도 미국 대학의 모습을 본받아야 할 표준으로 제시하는 것에 주저하지 않았다. 서울대-미네소타 프로젝트 지원으로 미국 연수나 유학을 다녀온 교수는 교내 신문인《대학신문》에 종종 글을 기고했는데, 자신의 경험을 일반화해 미국 대학생의 모습을 알렸다. 1955년 9월부터 1956년 8월까지 1년간 연수를 다녀온 공과대학의 한 교수는 '내가 본 미국인의 풍속-명령 하나로 움직이는 미국 대학생, 지각도 없고 복도에서 담배 안 피우고'라는 제목의 글을 실었다.

> 내가 갔던 학교에선 대부분의 교수들은 학기 초부터 매주 한 차례씩 퀴즈라고 하여 약 10분 전후 간단한 시험을 보았는데, 물론 이 퀴즈 자체의 효과나 기타의 검토, 즉 학생들 보고 공부하라고만 하며 그 자각심에 맡긴다는 것보다 학생들로 하여금 공부하지 않고는 배길 수 없게 만든다는 것도 있겠지만, 그보담도 내가 논하고자 하는 것은 퀴즈를 할 때에 퀴즈 용지를 학생 자신들이 지참했는데 그 지참한 퀴즈 용지가 하얀 종이 그대로더라이 말이다. 전주에 배운 얼마 안 되는 범위에서 시험을 보고 학생 자신들이 시험용지를 지참하기로 한다면 이 나라에서도 학생들이 하얀 종이 그대로를 다들 지참할 것인가 말이다.[4]

어떤 교수는 미국의 대학교육에 대해 '동경'이라고 표현하면서, '한국의 교수는 생활비를 더 벌려고 대학에서 강의만 마치면 타 직장으로 달아나고, 학생은 학점만 따면 그만이라고 시간 많이 걸리는 실험실습은 하지 않는 형편'이라며 한국도 미국의 공학교육 현실을 배워 유용하게 활용해야 한다[5]고 주장했다.

한편 서울대-미네소타 프로젝트를 통해 미국 유학을 다녀온 교수가 해외 유학 경험 교수의 80퍼센트 이상을 차지하면서 이공 계열에는 독특한 연구문화가 생겼다. 대학원생이나 대학생이 무급으로 교수의 연구와 실험을 돕는 것을 당연시하는 분위기가 형성된 것이다.

보수가 없었지요. 그건 아예 으레 보수가 없다고 당연시된 거고. 보수 준다는 것은 요즘 개념이지. 그 당시에 대학원 학생한테 보수 준다는 건 꿈에도 생각을 못했던 거지. 교수님 일 도와주는 걸 당연하게 생각했지. 자기네들은 티에이니 뭐니 해가지고 이런 제도가 있으니까 이상하게 봤을는지 모르지만 우리 입장에서 보면 그건 뭐 100퍼센트 당연한 거라고 생각을 했는데. 그때는 대신 대학원 학생들을 무급 조교라는 신분을 줬어요. 조교인데 월급을 하나도 안 받고 그냥 무급이라고. 급료가 없는 조교. 무급 조교라고 그래 가지고 있었고.[6]

새로운 실험 장비와 기구 등을 사용하는 수업을 따라가기 위해서는 무급이라도 조교로 일하며 배우는 것이 불가피한 선택이기도 했다. 대학생은 미국의 국기 바탕에 악수하는 마크가 붙어 있는 원조 물자 사용을 통해 표준으로 제시되는 미국식 대학교육과정과 교육 방법을 큰 거부감 없이 수용했고, 나아가 그것이 대학교육 현대화에 기여한다고 보았다.

실험 기구 이거 전부 미제입니다. 모든 게 다 미제입니다. 그러니까 우리
가 전부 장비에 원조하는 표시 있지 않습니까? 악수하고 미국기 바탕에
악수하는 그런 마크가 전부 장비마다 다 붙어 있었습니다. 스티커처럼 장
비에 아예 원조 물자라는 게 붙어 있는데, 그게 아마 미네소타 플랜 기간
에 들어왔던 게 아닌가 싶어요. 그러니까 우리가 실험 장비가 상당히 고급
이지요. 그것뿐만 아니고요, 비커 같은 소모품도 전부 미제입니다. 왜 그
러냐면 우리나라에서 생산되는 게 없잖아요. 그러니까 완전히 서울대학
을 미네소타 플랜을 통해 가지고 현대화했다, 이렇게 보면 거의 틀림이 없
을 겁니다.[7]

# 3

# 반공의 물결과
## 군사문화가
# 판치다

나라가 분단돼 남과 북이 서로 이념적으로 대치하는 상황이 전개되자, 교육 현장에서는 반공교육을 강화했다. 대학에서도 학도호국단을 조직해 반공 이념 교육을 강조하고, 군대식 학생 조직을 만들어 유사시에 활용하고자 했다. 학도호국단 조직은 1949년 초대 문교부 장관 안호상의 일민주의 교육 이념에 근거해 조직됐다. 그러나 한국전쟁을 거치면서 학생자치조직을 대신해 1950년대 학생의 활동 조직으로 그 기반을 굳혀갔다.

"민주 대한을 공산 침략으로부터 보호하고 민족의 통일을 달성하기 위한 내일의 역군이 될 학도들의 사상 통일과 그들의 유기적 조직, 단체 훈련을 통해 정신을 연마하고 신체를 단련해 학원을 수호하고 국토를 방위하며, 나아가서는 국가를 위해 헌신, 봉사할 수 있는 실력을 함양"[8]하는 것을 목적으로 중앙학도호국단 산하에 전국의 중등학교와 고등교육기관에서 지방별, 학교별로 학도호국단이 조직됐다. 각 학교의 학도호국단은 총장이나 학장을 단장으로 하고, 교수와 학생 모두가 속하는 준군사적 조직이었다. 전국의 각 학교에 학도호국단이 조직되자, 이승만 대통령을 대한민국 학도호국단 총재로, 안호상 문교부 장관을 단장으로 하는 중앙학도호국단 결성식이 1949년 4월 22일 서울운동장에서 거행됐다.

당시 학도호국단 결성식 소식은 언론에 대대적으로 보도됐는데, 그 내용을 보면 학생 조직이라기보다는 이승만 정권의 학생 동원 기구로 기획, 활용됐음이 여지없이 드러난다.

전국 전문대학 학도들을 총망라해 지난 4월 22일 발족을 보게 된 호국학도대에서는 현하 여러 가지 긴박한 내외 정세에 비추어 조국 광복을 위해 학도들의 궐기를 부르짖으며 호국학도비상궐기대회를 하기로 했는데, (6월) 10일 이른 아침부터 성동원두 서울운동장에서 시내 남녀 대학생 만여 명이 사기도 높이 각종 플래카드를 들고 시간 전에 전원 집합한 가운데 (…) 오전 10시 반 개회 선언이 있자, 단국대학의 안승경 군의 이날 모인 취지에 대해 간단한 개회사가 있은 후 상대 최찬영 군의 결의문 낭독과 미국 국무장관과 유엔에 보내는 메시지를 연대 안경득 군이 낭독하자, 이어서 "현하 긴박한 내외 정세에 비추어 공산 반역도들의 갖은 악독한 음모 술책이 있더라도 우리 국군이 반석 같고 강력한 경찰을 가지고 있는 우리는 조금도 염려할 바 없으며 또한 학도들의 사상만 철저하면 아무것도 두려울 바 없다"라는 안 문교부 장관의 축사에 이어 서울대학 교무처장 이선근 씨의 축사가 있은 후 세전 김정환 군의 구호 선창과 만세삼창으로 이날 대회의 식은 마치고, 곧 이어서 시가행렬이 있었다. 그런데 이날 채택된 결의 5개조는 다음과 같다.

① 미국은 한국에 대한 군사원조를 즉시 실행한다.

② 태평양 연안 전 국가의 안전과 세계평화를 보장하는 태평양 방위 문제의 결과를 촉진하자.

③ 민족의 독소인 민족 도배의 무리를 숙청하고 민족은 갱생하자.

④ 남북 학도는 총궐기해 살인, 방화, 강도, 동족상잔의 원흉인 적구赤狗를 타도 추방하고, 남북통일을 완수하자.

⑤ 맥아더 라인 확대, 결사반대하자.[9]


1951년 이후 학도호국단은 개별 대학 중심의 학생대표기구 성격을 강화했으나, 여전히 문교부 장관이 중앙단장을 맡는 구조였다. 학도호국단의 깃발 아래 1950년대 내내 국경일이나 정부의 각종 행사에 대학생이 수시로 동원됐다. 학생의 날 기념식에서도 주로 군사훈련 사열을 하는 것으로 행사를 치렀다. 1955년 학생의 날에는 학생 10만 명이 모여 서울운동장에서 기념식을 열고 유엔중립국감시위원회의 즉각 철수를 요구하는 가두시위를 벌였다. 학도호국단이 정치적으로 동원된 대표적인 사례는 다음과 같다.

- 학생 출정 계몽선전운동 및 전시 학도 궐기대회(1953년 2월)

- 북진 통일 학도 총궐기대회(부산 1953년 4월 22일)

- 휴전회담 반대 데모(1953년 6월 12일)

- 미군 철수 반대 국민 총궐기대회(1954년 9월 26일)

- 적성 휴전 감위 축출 국민대회(1955년 8월 6일)

- 이 박사 대통령 재출마 요청 데모(1956년 3월 10일)

- 대한학도 반공 궐기대회(1956년 10월 20일)

- 신의주학생의거사건 기념 대회(1956년 11월 23일)

- 감군 반대 데모(1957년 9월 24일)

- 인도네시아 반공혁명군 지원 궐기대회(1958년 5월 24일)

- 재일교포 북송 반대 데모(1959년 2월 13일)

- 아시아 반공 민족 대표 환영 및 반공 총궐기대회 학도 참가 시가행진

(1959년 6월)[10]


이처럼 1950년대에는 대학생이 각종 행사에 나가 정치적 구호를 외치는 것이 일상적이었다. 1960년 4·19혁명 당시 학생 데모대를 학도호국단 동원 행사로 착각하고 경찰이 호위하는 웃지 못할 일이 벌어질 정도였다.

# 4

# 대학생,
## 교양과 문화의 표준으로
# 포장되다


1950년대에는 대학문화라 할 만한 것이 형성되기 어려웠고 1970년대 이후에야 비로소 한국에 대학문화가 형성됐다고 보기도 한다. 그러나 대학문화를 대학 구성원이 공유하는 생활양식과 인식의 총체로 보고, 특히 대학문화를 대학에 적을 둔 학생의 행동과 사고의 경향으로 이해한다면 1950년대에도 대학생의 독특한 문화를 그려낼 수 있다. 축제, 체육대회, 웅변과 토론대회, 봉사활동 등의 교내외 활동과 대학생에 대한 자신들의 생각 그리고 사회적 시선, 대학가 주변의 삶과 일상생활, 취향 등을 중심으로 대학가문화를 이야기할 수 있다.

1950년대에는 10만 대학생으로 불릴 만큼 대학생 수가 인구학적으로도 유의미하게 늘어나 대학생은 하나의 사회적 집단을 형성했고 사회적 주체로 등장했다. 대학생에 대한 부정적인 이미지가 있었음에도 한편으로는 상업적 마케팅의 표적이 되기도 했고, 여론 수렴의 통로가 되기도 했다. 학교에서도 학생의 소속감, 집단 정체성, 공동체성, 유대감을 형성하기 위해 다양한 행사를 기획하고 지원하기 시작했다. 대학마다 개교기념식을 성대하게 열었고, 이어서 축제나 체육대회를 등을 통해 학교애를 고취하려고 했다.

서울대학교에서는 1953년 처음으로 단과대학별이 아닌, 대학 차원에서 개교기념식을 성대하게 치렀다. 이후 매년 거행되다 개교 10주년을 기념해 1956년에는 각종 웅변대회, 전시회, 학술강연 등 다채로운 행사를 동시에 진행해 축제의 면모를 갖추어 나갔다. 이를 계기로 1957년에는 학도호국단 주최로 대학축제 성격인 '서울대학교 문화제'가 열렸다. 학술강연회, 합창단, 공연, 연극제 등을 진행했는데, 특히 연극제가 관심을 끌었다. 그리고 1949년부터 열린 종합체육대회는 단과대학별로 자존심을 건 경기가 돼 종종 패싸움으로 끝나기도 했으나, 한국전쟁 와중에도 열릴 정도로 호응이 좋았다. 이후 서울운동장이나 효창운동장에서 매년 가을 열린 종합체육대회는 종합대학으로서의 일체감을 형성하는 데 기여했다.

연세대학교와 고려대학교에서도 개교기념식은 성대하게 치러졌다. 특히 연세대학교 개교기념식 행사의 하나로 매년 노천강당에서 진행된 연극은 1만 명 이상의 청중이 모여들어 대학 연극의 시대를 여는 계기가 됐다. 당시 연극은 서구의 교양문화를 대표하는 것으로, 대학생이 선호하는 문화로 퍼져 나갔고, 연극 구경은 대학생을 표상하는 문화 아이콘이 됐다. 또 개교 기념행사의 일환으로 진행된 이화여자대학교의 메이퀸 대관식이나 중앙대학교의 중앙퀸 선발대회는 대학축제의 하이라이트를 이루었다.

분단과 한국전쟁을 거치면서 대학생은 허무주의에 빠지게 됐는데, 이때 그들의 관심을 끈 것은 외국문화였다. 특히 전쟁과 부도덕한 전후 사회의 모습을 경험한 이후인지라 사르트르나 카뮈의 실존주의 같은 철학 사조가 학생들 사이에 급속하게 퍼져 나갔다. 데카당Décadent은 1950년대 대학생의 우울하고 다소 퇴폐적인 내면세계를 표현하는 용어로 유행했다. 체념과 무기력한 내면세계는 사치와 향락의 겉모습으로 나타나 사회적 비난을 받기도 했다.

외국문화에 대한 동경과 수용은 문학, 미술, 음악, 연극 등 예술 분야에서도 활발했다. 연세대학교에서 교수들은 한글학이나 한국고전문학, 한국사 중심의 인문학적 분위기로 학문적 전통을 만들어가려고 노력했다. 하지만 학생은 영문과 중심의 연극 공연이나 문학 등 미국 중심의 서구문화 취향으로 구체화되는 대학문화를 만들어 1950년대 대학문화를 선도해가고 있었다.[11] 서구의 교양문화를 대표하는 외국문화로 미국의 대학문화를 수용하고, 그것을 서구문화의 모던함으로 이해하고 있었다. 이런 대학생을 보며 일부 지식인은 "서구를 모방하고 유행에 부화뇌동하는" 의식 없는 대학생, "미국으로의 도피"만 생각하는 무기력한 대학생이라며 우려와 탄식을 토해내기도 했다.

대학생의 대표적인 사회활동은 봉사였다. 대학생의 농촌계몽활동은 대학과 사회의 공감을 얻었으며, 이후 학생과 농민 연대 활동으로 성격과 내용이 변화하면서 중요한 학생 활동으로 성장하게 된다.

한편 대학교 주변에는 하숙촌이 형성되면서 이른바 대학가가 만들어지기 시작했다. 막걸리집, 저렴하게 한 끼 식사 해결이 가능했던 중국집, 당구장, 다방 등이 학생이 자주 가는 단골집이었다. 또 음악감상실은 차 한잔을 시켜놓고 서양의 고전음악을 들으며 문학과 인생을 논하는 대학생의 낭만적인 공간으로 여겨졌다. 1950년대 대학생의 대표적인 이미지는 데모와 같은 사회적 저항 행위, 농촌계몽운동과 같은 봉사활동 등을 통해서가 아니라, 연극 구경을 다니고 음악감상실을 드나들며 우울하고 퇴폐적인 분위기를 연출하는 나약하고 현실 도피적인 모습을 낭만, 순수라고 포장하는 데서 형성됐다. 다방과 음악감상실은 그런 이미지를 표상하는 대표적인 공간이었다.

5

# 대학생 풍기 문란,
##   교복을
# 강제하다

## 대학생 특혜를 상징하는 전시학생증

징병제를 실시하는 나라에서, 그것도 전쟁 중인 나라에서 대학생은 당장 군대에 가지 않아도 된다고 하면 어떤 일이 벌어질까? 사실 한국전쟁 때 학생들은 비상학도대, 의용학도대 등을 조직해 실전에 나가거나 선전대에 들어가 전쟁 승리에 도움이 되고자 했다. 서울대학교에서는 22명의 학생이 학도의용대로 참전했고 한 명이 전사했다. 그러나 1950년 2월부터 〈재학자징집연기잠정령〉이 내려져 대학생은 전시 소집이나 징집 검문을 피할 수 있었다. 대학에서 매주 6~8시간 학생군사훈련을 받으면 징집이 보류됐다. 1951년 12월 학생군사훈련에 대한 규정이 제정됐고, 1952년 5월 문교부와 국방부의 징집 보류

원칙에 따라 대학생은 전시연합대학에서 학업을 받으며 징집을 피할
수 있었다.

1952년 10월 10일부터 전시학생증이 발급됐다. 전시학생증은 만
25세까지 징집을 연기할 수 있는 학생임을 증명하는 것이었으나, 전
시 상황에서 여러 가지 편의를 제공받을 수 있는 만능 신분증이었다.
전시학생증은 등록 후 며칠만 강의실에 얼굴을 내밀면 발급됐는데,
전쟁 중의 허술한 학생선발제도와 전시연합대학 운영으로 학생이 대
거 편입하여 너도나도 전시학생증을 발급받으려고 했다. "전쟁 통에
공부는 무슨"이라며 시큰둥한 반응을 보이던 사람도 전쟁이 장기화
되면서 많은 사람이 목숨을 잃게 되자 너도나도 자식에게 전시학생증
을 발급받도록 했다. 대학은 전시 중에도 활기를 띠었고 학생 수도 오
히려 늘어났다.

전시학생증은 당시 특혜의 상징처럼 각인됐고, 전쟁 후에도 대학
진학은 병역 의무를 회피하는 기회로 여겨졌다. 이때부터 대학은 '병
역 기피자의 소굴'이라는 부정적 이미지가 쌓이기 시작했다. 군대에
가지 않으려는 이들이 모여드는 곳이 대학이었고, 일반인에게 대학생
은 다방 출입이나 하며 미국 갈 생각만 하는 사람, 공부할 생각이 없
는 사람으로 비쳐졌다.

대학과 대학생의 과잉은 전시체제가 빚어낸 병든 꼴이요, 비뚤어진 타락
상이요, 시정을 요하는 혼란에 불과하다. 요즘 대학생은 도무지 실력이 없

다는 둥, 옛날 중학생만도 못하다는 둥, 속에 든 것이 하나도 없으면서 건방지고 불신하고 책임 관념이 없다는 둥, 영화나 다방 출입으로 세월을 보내고 공부는 꿈도 안 꾼다는 둥, 미국 도피행만 꾀한다는 둥, 군대 기피하기 위해서 대학에 온 것이지 공부하러 온 것이 아니라는 둥, 정열과 양심과 기백이 다 죽어버렸다는 둥, 일언이폐지하면 대학생의 지성의 빈곤과 덕성의 부족과 생활의 타락을 찌르는 말들이다.[12]

사회적 차별의 상징이었던 대학생 징집 보류 조치는 1956년 11월 폐지되고, 대신 대학생의 복무 기간을 1년 6개월로 단축하는 것으로 병역법 개정이 이루어졌다. 하지만 대학생 병역 특혜에 대한 사회적 시선은 곱지 않았다. 사람들은 "돈 없는 죄로 자식을 대학에 못 보냈다. 공부도 못 하고 천대를 받고 그 위에 차별대우까지 받으란 말이냐? 걸핏하면 인재 양성이라고 한다. 그러나 백성과 같은 평면平面에서 의무를 다하고 고초를 똑같이 하지 않는 인재가 우리에게 무슨 소용이 있는가"라며 대학생에 대한 병역 특혜를 강하게 비판했다.

대학생 징집 보류가 폐지되자 1950년대 중반 이후 재학 중 군대에 입대하는 이른바 '학보병'이 생겨났고, 입대하는 동기생을 환송하는 모임이 서울역에서 열리는 진풍경이 벌어졌다.

3학년 때 이른바 '학보병제도'가 처음 실시된 때였다. 6·25의 쓰라린 체험에 대한 기억이 아직도 생생한 우리 세대에 갑자기 단행된 재학생 징병은 캠퍼스 내에 굉장한 동요를 불러일으켰던 걸 기억한다.

아마 동급생 중 거의 3분의 1 이상이 일시에 학업을 중단하고 군에 입대했는데, 지금은 고인이 되신 김증한 교수님의 인솔하에 여학생 거의 전원을 포함한 상당수의 동급생이 서울역까지 그들을 전송 나갔다. 우리는 머리에 흰 띠를 두른 입대생들을 배웅하고 저녁노을이 붉게 비낀 서울역 하늘 밑에서 서울대 교가랑 이별가를 소리 높이 합창했다.[13]

## 재학생 취업 금지, 그러나 공부보다 생계가 급하다

대학생의 낮은 강의 출석률과 실력 저하가 사회문제가 되자 문교부는 겸업 학생을 문제로 삼았다. 겸업 학생이 1950년대에도 여전하자 문교부는 1952년 3월 각 대학에 직업을 가진 학생의 취학을 금지했다. 그러나 1952년 3월의 한 조사에 따르면 직업을 가진 학생이 전체의 50~60퍼센트에 이르렀다. 군인이나 경찰 같은 관공서 공무원을 비롯해 교원, 은행원, 기자, 개인 사업가 등 다양했다. 심지어 부두 노동자도 적지 않았다.[14] 학교에 이름만 걸어놓고 수업에 나오지 않는 엉터리 학생도 많았지만, 생계를 유지하면서 학교를 다녀야 하는 학생이 적지 않았던 시대적 현실을 반영한 것이기도 하다. 따라서 대학생 취업 금지, 대학생 과외 금지 등의 정책적 조치는 열악한 대학생의 경제 현실로 인해 효과를 거두기가 어려웠다. 사실 대학생의 겸업이나 가정교사 등의 부업은 학생을 위한 장학제도가 잘 구비돼 있지 않은 한국 대학 제도의 특징을 역설적으로 드러내주는 일면이다.

## 여대생, 파마와 립스틱 사용을 금지당하다

1950년대 대학생에 대한 또 하나의 이미지는 사치, 향락, 퇴폐와 같은 부정적인 것과의 연결이었다. 특히 부정적인 이미지는 여대생 문화와 선택적으로 연결됐다. 대학생의 풍기 문란을 우려하며 1952년 10월 문교부는 다음과 같은 조치를 취했다. 학생의 다방과 요정 출입 금지, 사교댄스 금지, 자가용 이용 금지, 여학생의 파마와 립스틱을 포함한 짙은 화장 금지, 나아가 학생의 정치운동 참가와 정당 또는 사회단체 가입 금지[15] 등이었다. 파마머리와 립스틱 사용을 사치의 대명사로, 다방과 요정 출입을 타락과 퇴폐의 상징으로 인식했던 것이다. 1955년 여름방학 기간에 극장 출입, 요정 출입, 미성년자 흡연 등의 학생 풍기 문란을 단속해 대학생 83명을 적발했다고 신문에 보도됐다. 풍기 문란 단속은 그저 말뿐이 아니었던 것이다.

## 교복을 입히다

대학생의 사치 풍조를 막기 위해 이들에게 교복을 입히려는 시도가 여러 번 있었다. 해방 직후인 1947년부터 서울대학교는 교모와 교복을 정해 학생들에게 착용하도록 했다. 교모는 남녀 모두 베레모를 쓰

〈그림 14〉 여대생의 복장, 이화여자대학교, 1951(국가기록원 소장)

도록 했고, 교복은 남학생의 경우 더블 단추의 감색 옷을, 여학생에게
는 감색이나 검은색의 투피스 혹은 흰색 블라우스를 입게 했다. 그러
나 학생은 교복 천이 비싸다는 이유로 선호하지 않았고 군복이나 작
업복을 염색해 입었다. 다른 한편에서는 고급 외국산 천으로 만든 양
복을 입고 다니는 학생도 있었다.

1950년 이승만 정권은 신경제생활 건설을 위해 국민소비생활의 자숙과 긴축이 필요하다면서 전 국민의 복장간소화운동을 추진했는데, 고급품 사용을 제한하고 국산품과 색깔 옷을 장려했다. 학생복에도 기준을 제시했는데, 특히 고급 나사품 사용을 금지했다. 남학생의 여름 상의로는 짧은 소매와 노타이셔츠, 하의로는 검은색 긴바지를 장려했고, 겨울 상의로는 선깃 코트와 검은색 긴바지를 장려했다. 여학생은 여름에는 흰색 블라우스와 검은색 스커트, 겨울에는 코트와 검은색 바지를 입도록 권장했다.[16]

그러나 고급 옷감이나 비싼 가격으로 옷을 만들어 입는 학생은 줄지 않았다. 고학년으로 갈수록 양복에 넥타이를 매고 윗주머니에 손수건까지 꽂는 정장 차림으로 다니는 학생도 많았다. 그러자 문교부는 1953년 3월 각 대학교에 교복 착용을 강제하는 공문을 보냈다.

신학기부터는 일체 전국 각 대학생들에게 학부형의 부담을 경감하고 질실강건한 학도기풍을 양성하기 위해 동 제도를 실시한다.

① 색과 질: 학교 측의 자유 선택으로 하되 검박 위주로 할 것.

② 복지服地: 모직도 가하나 사지, 세무 정도로 할 것.

③ 여학생에 대해 각 학교 측에서 당국 취지를 몰각지 않을 정도의 의복으로 할 것.

실시 방법은 우선 신입생부터 우선적으로 실시하고, 재학생은 점진적으로 착용하되, 모자는 학기 초부터 일제히 쓰도록 한다.[17]

1955년 문교부에서 제복과 제모 착용 실태를 조사해 보고하라는 지시[18]가 내려오자, 실제로 몇몇 학교에서는 학생처 주관으로 몇 차례에 걸쳐서 교복 착용 검사를 실시했다.[19]

　대학생의 사치와 퇴폐에 대한 부정적 시선은 특히 여대생에게 심했다. 대학에서 남녀공학을 실시하자 사회 일각에서는 대학생끼리의 풍기 문란을 우려하는 목소리가 높았다. 그러나 학교 현장에서는 예상외로 풍기 문제 같은 것은 들어보려고 해도 들을 수 없다며 우려를 불식하고자 했다. 질적으로 약간 뒤떨어진 것같이 보이던 여학생의 출석률은 남학생보다 훨씬 상위에 있으며, 현재와 같이 계속 발전한다면 앞으로 남학생의 성적을 능가할 것[20]이라는 긍정적인 시선도 적지 않았다. 하지만 1955년 박인수 사건이 일어나 여대생 중에 처녀가 없다는 유언비어가 공공연히 나돌았다. 여대생에 대한 사회적 편견은 여성에게 대학교육 기회를 제공하던 초기부터 만들어지고 있었다.

# 1960년대:
# 대학을
# 정비하자

4

I

# 4·19혁명,
## 대학생이 새롭게
보이다

## 대학생에 대한 인식 변화

1960년 4·19혁명은 한국의 대학과 대학생, 대학교수의 사회적 정체성과 역할 면에서 하나의 전환점이었다. 해방 이후 한국 사회에는 대학의 설립과 운영, 대학생과 교수의 양적인 증가 과정에서 나타난 현상으로 인해 대학이 나라를 망친다는 이른바 대학망국론이 제기될 정도로 대학에 대한 부정적 인식이 팽배했다. 4·19혁명 초기 중고등학생의 시위에서 기성세대 물러가라는 플래카드에 '대학생부터'라는 문구가 괄호 안에 부기될 정도로 대학생은 '놀고먹는 대학생'이라는 이미지, '대학생에게는 희망을 걸 수 없다'는 인식이 일반적이었다. 4월 25일 대학교수단의 시국선언문에도 "곡학아세하는 사이비 학자와 정치 도구화된 이른바 문화예술인을 배격한다"라는 내용이 들어 있었듯이 1950년대까지만 해도 대학, 대학생, 교수에 대한 사회적 시선은 곱지 않았다. 4·19혁명 직전에 개최된 한 잡지의 부정선거와 3·15마산항쟁을 둘러싼 좌담에서도 대학생의 움직임에 대한 노골적인 불신이 그대로 드러난다.

중고등학생에 대해서는 기대를 가질 수 있는데 대학생 이후는 기대를 가질 수 없습니다. 선배는 썩었다고 지적했으니까. 이번 사건(3·15 1차 마산항쟁)에 대학생이 개재했다면 문제는 더 크게 정치화했겠는데 중고등학생이기 때문에 이 정도까지 됐다고 봐요. 또 대학생은 방학 시기이고 또 리더로 나서는 놈도 없거든요. 전부 맹장이 중고등학생뿐입니다. 그래서 중고등학생들이 대학생은 썩었다고 할밖에 없어요. 또 대학생 정도면 너무 사회 이면을 알아서 약아빠져서 자기가 희생되는 일은 안 합니다. 그러니까 우리가 기대를 가질 수 있는 사람은 20세 전 세대까지이지 20세 이후는 썩었다고 볼 수 있어요.[1]

그런데 4·19혁명을 계기로 대학생에 대한 인식이 달라지기 시작했다. 썩었다고 볼 수밖에 없고, 약아빠져 손익을 계산하면서 자기희생을 모르는 대학생이 무기력에서 벗어나 비판 의식을 갖고 사회운동의 전면에 대두했다. 4·19혁명에서 대학생과 대학교수단의 시위가 마지막 국면을 압도함으로써 대학생과 교수는 한국 사회에서 사회문화적 주도권을 획득하게 됐다.

이후 대학생은 '4·19세대'라는 사회문화적 주체로 등장했다.[2] 이후 한국 사회에서 국가 근대화 프로젝트의 주요 추진체로 대학, 대학생, 교수의 가능성이 주목받기 시작했다.

## 부정과 불의에 대한 분노가 대학생을 거리로 이끌다

썩고 무기력하고 무비판적이라고 평가받던 대학생이 4·19혁명을 계기로 사회문제 해결의 전면에 나서게 된 이유는 무엇일까? 4·19혁명 이후 서울대학교와 이화여자대학교 학생을 대상으로 실시한 '4·19혁명을 일어나게 하는 데 영향을 준 지도적 이념의 유무'에 대한 설문 조사 결과를 보면 의미 있는 논의를 할 수 있다. 지도적 이념이 '있었다'고 답한 학생은 응답자 전체의 44.5퍼센트였는데, 구체적으로 4·19혁명은 '불의와 부패에 대한 항쟁', '자유사회로의 갈구', '보다 나은 살림살이로의 지향' 등이었다고 답했다. 이에 비해 4·19혁명을 유발한 지도 이념이 '없었다'고 응답한 학생은 28퍼센트였는데, 4·19혁명은 '불의와 부패에 대한 반항일 뿐, 이것을 4·19학생운동의 지도 이념이라고는 말할 수 없다'[3]는 것이 주요 이유였다. 자유와 민주주의 추구 등 거창한 이념적 지향에 동의하든, 그렇지 않든 간에 부정선거, 부패한 정치 등 사회 전반의 부정과 불의에 대한 대학생의 분노가 주요 원인이라고 본 것이다.[4]

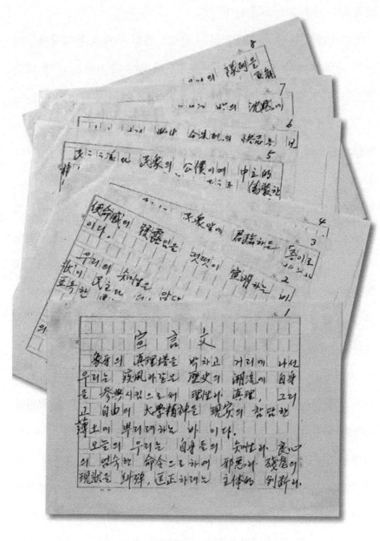

〈그림 15〉 서울대학교 학생의 4·19혁명선언문(4·19혁명기념도서관 소장)

이외에도 해방 이후 대학과 대학생이 처한 현실, 즉 대학 내부의 요인도 만만찮게 작용했다. 이는 4·19혁명 이후 학원민주화운동이 추동력을 가지고 전개될 수 있는 배경이 됐다. 첫째, 고등교육기관 취학률이 높지 않은 시기에 대학생이 가진 엘리트의식을 지적할 수 있다. 1960년 4월 19일 서울대학교 문리대학 학생은 4·19혁명선언문에서 '현실의 참담함으로 인해 이성과 진리의 상아탑을 벗어나 대학 정신에 기반한 자유의 횃불을 들고자 궐기한다'고 밝혔다.

상아의 진리탑을 박차고 거리에 나선 우리는 질풍과 같은 역사의 조류에 자신을 참여시킴으로써 이성과 진리 그리고 자유의 대학 정신을 현실의 참담한 박토薄土에 뿌리려 하는 바이다. (…) 보라! 우리는 기쁨에 넘쳐 자유의 횃불을 올린다. 보라! 우리는 캄캄한 밤의 침묵에 자유의 종을 난타하는 타수의 일익임을 자랑한다.

엘리트의식에 기반한 대학생의 참여는 민중성과 연대의 결여 등이 한계로 지적되기도 한다. 교수들이 "이번 4·19의거는 이 나라의 정치적 위기를 극복하기 위한 중대한 계기다. 이에 대한 철저한 규정 없이는 이 민족의 불행한 운명을 도저히 만회할 길이 없다. 이 비상시국에 대처해 우리는 이제 전국 대학교수들의 양심에 호소해 아래와 같이 우리의 소신을 선언한다"라며 지식인의 사명이 아니라 양심에 호소하며 참여를 선언한 것과는 대조적이었다.

〈그림 16〉 4·19혁명 당시 대학생 데모대(4·19혁명기념도서관 소장)

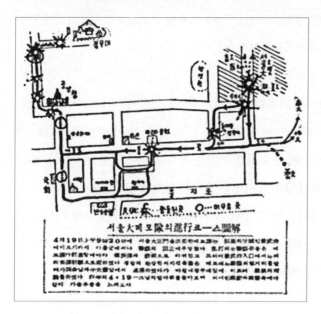

〈그림 17〉 서울대학교 데모대의 행진 코스(서울대학교 기록관 소장)

둘째, 대학교육의 현실을 지적할 수 있다. "학생의 능력 여하를 묻지 않고 입학시키고, 저렴한 봉급으로 직원을 고용해 되는 대로 강의와 사무를 행하게 하고, 등록금만 납부하면 졸업시키는"[5] 대학의 부실한 운영, 이에 반해 비싼 등록금과 생활비 부담으로 대학 구성원에겐 불만이 내재돼 있었다. 4·19혁명 이전에도 산발적이나마 등록금을 둘러싸고 각 대학에서 수업 거부, 동맹휴업 등 대학생의 단체행동이 있었는데, 이러한 경험이 4·19혁명 당시 대학생의 집단행동에 영향을 미쳤다. 이런 면에서 본다면 4·19혁명 직후 각 대학에서 등록금인하와 반환 투쟁이 전개되는 것은 당연한 순서였다.

이승만 정권이 무너지자 대학생은 "학생은 살아 있다. 시민은 안심하라", "남은 것은 건설이다. 질서를 잡자", "우리의 목적은 달성됐다. 이성으로 돌아가자", "고귀한 피의 대가, 곱게 거둬들이자" 등의 구호를 외치며 곧바로 질서회복운동에 들어갔다. 시민에게 질서를 호소했으며 도로를 청소하고 민간 차량에 대한 불법적 횡포를 막았다. 심지어 동대문경찰서의 소화 작업도 도왔다.

연세대학교 학생은 서대문경찰서, 성균관대학교 학생은 시경찰청, 서울대학교 학생은 남대문경찰서, 고려대학교 학생은 중부경찰서, 건국대학교 학생은 성북경찰서, 이화여자대학교 학생은 영등포경찰서, 한양대학교 학생은 성동경찰서, 경희대학교 학생은 마포경찰서에 본부를 두고 질서 유지와 청소, 치안 확보, 호소문 배포 등의 활동을 전개했다. 곳곳에 "구급 환자에게 피를 제공하실 분은 대학병원

으로 오시오"라는 벽보가 나붙자 이를 본 대학생은 주저 없이 헌혈에 나섰다.[6]

## 4·19 이후 전개되는 대학민주화운동

4·19혁명 이후 대학 내부에서도 자율적인 대학민주화운동이 전개돼 학교 분위기가 달라지기 시작했다. 우선 학도호국단이 폐지되고 학생회가 부활했다. 과도정부도 학원 안정화 노력을 기울여 1960년 5월 10일 자로 대한민국 학도호국단 규정 폐지에 관한 건을 대통령령으로 공포해 학도호국단을 폐지했다. 이에 서울시내 20개 대학의 학생지도 책임자 스물네 명이 모여 새로운 학생 자치 조직의 명칭을 '학생회'로 통일하기로 합의했다. 이를 토대로 각 대학은 학생회를 만들었다. 1960년 5월 10일 서울대학교 문리대학 학생 600여 명이 모여 학생 총회를 개최하고 새로 만들어질 학생 자치회의 조직 형태와 구성, 운영 방법, 활동 방향 등을 결정했다.

다음으로 각 대학에서는 등록금 인하와 반환 투쟁이 전개됐다. 등록금 과다 징수, 등록금에 의존한 사립대학의 성장, 등록금의 의심스러운 사용 등에 대한 문제 제기는 1950년대에도 끊임없이 제기됐다. 예를 들어 부산대학교가 1957학년도 2학기 등록금으로 수업료 6000원, 후원회비 3000원, 시설비 5000원, 시설확충비 1만 5000원, 자치비 1600원, 실험실습비 1만 원, 합계 6만 7600원이라는 거액의 등록

〈그림 18〉4·25 대학교수단 시위 행렬(4·19혁명기념도서관 소장)

금을 징수하자, 특히 실험실습비 명목으로 1만 원씩 징수하는 것은 위법이라며 인문계 학생 400여 명이 일제히 수업 거부에 들어갔다.[7] 실험실습비는 당시 자연 계열 학생에 한해 정해진 한도 내에서 별도로 징수할 수 있었는데, 인문 계열 학생에게도 이를 징수하자 학생들이 수업 거부를 한 것이다. 이렇듯 대학의 등록금 문제는 이미 사회문제가 돼 있었다.

4·19혁명 이후 가장 먼저 등록금 문제를 제기한 대학은 수도여자사범대학(현 세종대학교)이었다. 당시에는 공사립을 불문하고 시설비 명목의 일정 금액을 등록금에 포함해 징수했는데, 수도여사대 학생은 1인당 2만 6000원씩 징수한 시설비 소요 내역을 밝히라며 데모를 했

다.[8] 이어 서울대학교에서도 1960학년도 2학기부터 등록금에 시설비 5000원과 시설확충비 1만 5000원을 거두는 것에 반대하며 서울대학교 12개 단과대학 학생회장과 계몽대 최고위원들이 모여 등록을 거부하겠다고 천명했다. 당시 서울대학교에서는 수업료, 입학금, 후원회비, 후원회 입회금, 학도호국단비, 학도호국단 입단비 외에도 시설비, 시설확충비, 졸업 가운 사용료, 신문대, 보건비, 실험실습비, 교복비 등의 항목을 설정해 등록금을 징수했다. 학생들은 국립대학의 시설비와 시설확충비 등은 국고에서 부담해야 할 것인데 학생에게 부담시키는 것은 부당하다고 주장했다.

이에 문교부 고등교육국장이 학생들의 주장에 일리가 있다며 다음 해부터 시설비와 시설확충비를 받지 않을 것이라고 발표했다. 민의회에서도 국립대학 등록금 시정에 관한 긴급 건의안을 제출하여, 1960년 9월 1일 국무회의에서 국립대학교 학생 등록금에 포함된 시설비와 시설확충비 2만 원을 국고에서 부담할 것이라고 결정했다. 학생의 주장이 이례적이라 할 만큼 신속하게 수용되고 처리됐다. 이 결정은 서울대학교뿐만 아니라 모든 국립대학교에 적용됐고, 서울대학교는 등록 기간을 5일간 연기해 1960년 9월 7일부터 6만 3000원에서 4만 3000원으로 2만 원 인하된 등록금을 받았다.[9]

그러자 사립대학에서도 등록금에서 시설비를 제외하도록 하는 등록금 투쟁이 활화산처럼 번져 나갔다. 연세대학교, 성균관대학교, 건국대학교를 비롯해 한양대학교 등에서 등록금 인하 투쟁이 격렬하게

〈그림 19〉 등록금 투쟁으로 경찰서를 습격하다(《동아일보》1960년 10월 10일)

진행됐다. 한양대학교 학생은 시설비 1만 5500원 삭감을 요구하며 등록금 인하 투쟁을 벌였다. 인근 경찰서를 습격하고 경찰을 구타하는 등 폭력적으로 치달아 결국 사회적 비난을 받기도 했다. 하지만 사립대학교 등록금에서 시설비 등의 명목은 사라지지 않았고, 등록금은 대학생 데모와 사학 비리 분쟁의 불씨로 남았다.

한편 국립대학교의 시설 확충에 소요되는 경비를 국고에서 지출한다면 사립대학은 어떻게 할 것인지 문제가 될 것이고, 또 학생의 요구조항에 당국이 막연하게 선처를 약속하는 일시 미봉책은 나중에 다시 문제가 될 것이라며 우려하는 목소리도 제기됐다.[10]

또 거의 모든 대학에서 무능, 어용, 부패, 독재 교수를 축출하려는 시위가 연달아 일어났다. 이에 문교 당국은 1960년 5월 26일 학원 정상화를 위한 긴급조치의 건을 발표해 교수 축출의 기준을 제시했다. "교육공무원으로서 3·15부정선거에 적극 가담해 교육계나 일반 국민의 지탄 대상이 되고 있는 자, 구 정권을 배경으로 학교 경영과 교육 및 행정 수행에 있어서 독재와 부정 불법을 자행해 개인의 명리를 도모하고 학원의 질서를 문란케 하여 교육계의 위신을 손상케 한 자, 불순한 동기로 학생 또는 동료를 선동해 학원의 질서를 문란하게 하거나 직무를 유기 또는 태만한 자, 4·19혁명 이후 부정 입학을 시켰거나 부정 경리를 자행한 자를 처벌한다"라고 정했다. 그 결과 1960년 4월부터 9월 말까지 각 학교에서 180명의 교장과 교원이 쫓겨났고, 법인 임원 한 명이 불신임됐다. 학생과 교수, 교수와 이사진 간의 분규와 갈등을 수습하는 과정에서 교수와 경영진에 대한 배척이 이루어진 것이다. 하지만 사립학교 총장, 학장, 교수에 대하여 정부가 직접 해임하는 것이 가능하도록 길을 열었다는 점에서 이후 악용의 여지를 만들어놓은 셈이었다.

그리고 각 대학에서는 교수회, 교수평의회를 구성해 교수의 신분 보장과 대학 자치를 실현하려는 움직임이 가시화됐다. 연세대학교는 1960년 5월 전체 교수회를 열어 교수평의회 구성, 총장과 이사장의

〈그림 20〉 4·19혁명 직후 서울대학교 학생의 신생활운동, 1960년 7월(서울대학교 기록관 소장)

겸임 불가, 총장 선임을 위한 물색위원회 구성과 위원회의 교수 대표 참여, 학장과 대학원장 임명 시 교수회의 동의, 교수 임용 승진 시 교수회의 동의 등을 요구했다. 총장 및 학장 임명과 교수 임용 승진 시 교수회 동의는 서울대학교의 경우 1953년 4월 공포된 〈교육공무원법〉에 근거해 교수회가 부활하면서 1950년대 중반부터 실시되고 있었다. 그러나 문교부의 승인 거부 사태로 실질적인 권한은 미약해 그 의미는 제한적이었다. 어쨌든 절차적으로는 교수회의 동의를 거치도록 함으로써 서울대학교는 교수 자치의 발전 여지를 마련해두고 있었다.

## 신생활운동, 일상의 주변부터 발본적인 혁신을 추구하다

학원민주화운동에 이어 대학생은 농촌과 도시에서 국민계몽운동, 신생활운동, 나아가 통일운동 등을 전개했다. 학도호국단 해체 이후 생긴 학생회는 '경제를 바로 세워 다 함께 잘 살아보자'는 목표 아래 국민계몽대를 구성해 농촌계몽과 새생활운동을 벌이는 등 교내외 문제에 적극 참여했다. 서울대학교는 단과별로 국민계몽대를 결성해 "사치를 하지 말자", "커피를 마시지 말자", "양담배를 피우지 말자" 등의 구호를 내걸고 농촌을 돌며 정치경제 교육과 생활 개선을 위한 계몽운동을 전개했다. 또 걸어 다니기와 자전거 이용을 강조해 "假가번호가 붙은 짚차(지프)를 모조리 취소하라. 그렇지 않으면 깡그리 불태

〈그림 21〉 농촌 문맹 퇴치 활동에 나선 대학생에게 교육을 받는 부녀자들, 1962(국가기록원 소장)

워버리겠다”[11]라고 하는 등 가假 번호판을 주로 사용하는 특권 계층을 겨냥한 캠페인도 벌였다.

　하지만 다방에서 커피를 마시는 손님의 탁자를 뒤집어엎고, 관광지에 온 공무용 관용차를 압류하는 등의 행동은 그 과도함으로 빈축을 사기도 했다. 그러나 학생들은 신생활운동에 혁명 이후 일어나야 할 당연한 또 하나의 내적 혁명이라고 의미를 부여하며 사회인은 지나친 행동을 삼가라고 하지만 더 과격한 행동도 불사해주기 바란다고 주장했다. 그들은 ‘양담배 피우고 커피 마시는 사람을 타이르기보다는 양담배나 커피가 나오는 루트를 봉쇄해야 한다', '교수부터 노타이를 입어야 한다'는 등 일상의 주변부터 발본적인 혁신이 필요하다고 생각했다.[12]

경북대학교에서는 1960년 10월 31일 신생활계몽대를 발족하면서 신생활 체제 정립을 위한 국민계몽을 대학생의 시대적 사명으로 천명했다. 당시 대학생은 다분히 엘리트의식에 젖어 계몽자의 처지에서 이러한 운동에 접근했다.

무지와 빈곤으로부터 해방을 위해 묵은 세대를 뒤에 두고 과감히 전진하는 것은 우리들 세대의 영광스러운 의무이고 권리다. 이제는 오직 혁명적 개혁만이 자유와 평등을 가능케 하는 단계에 도달했다. 우리들이 개혁해야 할 것은 우리들의 생활 체제의 궁극적 기초다. 우리는 생활 체제의 궁극적 기초를 개혁하려는 이 신생활운동에 우리들 스스로를 결집시키고 그 실천을 위해 우리들 스스로를 동원한다.[13]

연세대학교에서는 단과대학별로 농촌계몽과 개발 사업을 진행했는데, 무의無醫 지역 의료봉사를 비롯해 청소, 모내기, 독서 지도, 아동 대상 교육과 성인 대상의 문해교육 실시, 청년회 사업 협조, 영화 상영 등의 활동을 했다.[14]

자신들의 힘으로 4·19혁명을 이루었다는 자부심과 4·19혁명 진행 과정에서 분노와 희생과 헌신의 경험을 공유한 동류의식으로 인해 대학생은 점차 하나의 집단, 부류를 넘어 세대로서 정체성을 형성해 가기 시작했다. 그 결과 4·19세대는 4·19혁명을 경험한 대학생 집단을 지칭하는 의미로 자리 잡기 시작했고, 대학생은 공부보다는 데모하는 학생으로 이미지화됐다. 동시에 4·19세대 대학생에 대한 사회적 시선은 기대와 우려가 교차하는 것이었다. 한편 이제 대학생은 이전의 무기력, 무비판의 이미지에서 벗어나 현실보다는 이상을 추구하며 스스로 사회 변화 촉진자로서의 임무를 자임하고 나섰다.

소신대로 살아가는 법을 배우고 싶습니다. 가시밭길이라도 그 길을 가는 용기를 갖고 싶습니다. 졸업하면 취직하고 돈벌이하고 예쁜 아내 맞이해 아들딸 낳고 편안히 살다가 죽는다, 이런 평범한 생각은 우리 백성 모두가 잘살게 될 때 저도 하지요.
그러나 이 세대에 태어난 우리에게 하나님께서 원하시는 일은 이런 안일이 아닐 것 같습니다. 가난한 동안은 가난하게 살겠습니다. 가난을 부끄럽게 여기지 않는 마음을 배우고 싶습니다. 빛 노릇은 못해도 소금 노릇은 해야겠습니다.[15]

4·19혁명을 계기로 자치와 자율에 기반한 자정과 민주주의적 노력이 나타났다. 하지만 곧이어 대학은 정비의 대상이 됐다. 1960년 7월 29일 총선으로 집권한 제2공화국 민주당 정부는 학원민주화, 교육의 질 제고, 중앙집권적 권한의 지방 이양 정책을 추진했다. 민주

당 정부는 1961년 〈대여장학금법〉 시행, 서울대학교종합화계획 등
을 추진했으나 뚜렷한 성과를 내지 못한 채 5·16군사정부에 의해
밀려났다.

2

# 대학 부실,
##    대학을
# 정비하자

## 국가 주도의 대학 정비

4·19혁명 직후 대학의 자발적인 자정 노력과 민주적 대학 운영 원리를 모색하고자 하는 노력은 대학 자치의 가능성과 정부의 직접 통제 가능성을 모두 불러올 수 있는 양면성을 갖고 있었다. 1961년 들어선 군사정부는 대학에 대한 대대적이고 총체적인 정비를 단행하겠다는 강력한 의지를 표명한 후 신속하고도 대대적으로 대학 정비에 착수했다. 군인으로 구성된 국가재건최고회의 문교사회분과위원회 최고위원들에 의해 입안된 정책이 6월부터 발표되기 시작했다. 1961년 6월 21일 문교 당국은 대학 정원 초과 문제에 대한 실태 조사를 완료했으며, 이에 의거해 대학 정비 대책을 수립하겠다고 천명했다.

1961년 7월 22일에는 구체적인 대학 정비 계획을 발표했는데, 기본 원칙과 대학 정상화를 위한 시책, 대학 정비 원칙을 밝혔다. 정비 계획을 살펴보면 대학은 국가에 필요한 인력을 양성하는 곳인 만큼 대학의 질을 향상시키되, 특히 영리적 운영을 엄격하게 막는다는 문제의식에서 출발했음을 볼 수 있다. 구체적으로 대학입학자격국가고시제 실시, 학사학위국가고시제 실시, 철저한 대학정원제 실시, 교수의 자격과 질을 강화하는 임면제도 마련, 재단의 임원 중 2인 이상의 친족 이사 선임 불허 등과 같은 사학 재단의 합리적 운영 방안 등이 제시됐다. 대학의 부정 축재 조사, 분규 대학의 실태 조사와 정리, 부실 재단 정비, 시설과 교수 법정 기준에 미달하는 대학의 정비를 천명했다. 또 인문계 대학 감축과 실업계 대학 육성, 대학의 지방 분산, 국립대학의 경제적 운영 등의 정비 원칙도 발표했다. 정비 계획에 따라 조사한 후 '학교와 재단 설립 허가 취소', '학교의 격하', '재단과 학교 통합', '학생 정원 감축', '학생 신규 모집 금지', '학과와 단과대학 폐지', '재단 강화 명령', '총학장의 해면 혹은 승인 취소'의 여덟 가지 조치를 취하겠다[16]고 발표했다.

이로써 정부는 국가의 대학 관리 통제 의지를 강력하게 드러냈다. 국공립뿐만 아니라 사학까지도 방만한 영리 위주의 운영을 막겠다고 밝힘으로써 공적 이익을 대변하는 국가의 역할과 국가의 직접 관리로 대학 운영의 합리성을 추구한다는 의지를 강조했다.

이어 8월 16일에는 2차 정비 계획을 발표해 학과, 단과대학, 지방

대학의 통폐합 방향과 학생 정원 감축 방안을 제시했다. 사립대학의 정원을 다시 책정하고, 공립대학은 국립대학으로 흡수하되 정원을 대폭 감축하며, 국립대학은 전남북과 경남북 단위로 동일 지역 내 단과대학을 종합대학으로 흡수하고, 유사 학과와 단과대학은 통합해 정원을 축소하며, 사범대학은 문리과대학으로 통합하거나 교육대학원으로 신설한다[17]고 밝혔다.

두 차례에 걸쳐 발표한 정비 계획의 법률적 근거를 뒷받침하기 위해 1961년 9월 1일 〈교육에 관한 임시특례법〉을 공포했다. 전문 22개 조와 부칙으로 구성된 이 법의 고등교육과 관련된 주요 내용은 다음과 같다.

**제2조**: 국가의 문교 행정에 관한 중요 시책에 대해 문교부 장관의 자문에 응하게 하기 위해 문교부에 문교재건자문위원회를 둔다.

**제3조**: 문교부 장관은 학교의 지역별 또는 종류별의 배치 상황, 설립자의 경비 부담 능력 또는 학교의 시설 기준 기타 사정으로 필요하다고 인정할 때에는 문교재건자문위원회의 자문을 거쳐 학교 또는 학과의 폐합을 명하거나 학급 또는 학생 정원의 재조정을 할 수 있다.

**제9조**: ① 국공립의 대학교 또는 대학의 총장, 부총장 또는 학장(대학교의 학장을 제외한다)은 문교재건자문위원회의 자문을 거쳐 문교부 장관의 제청으로 내각 수반이 임명한다.

② 국공립의 대학교 또는 대학의 대학원장, 학장(대학교의 학장에 한한다)은 교

수 또는 부교수 중에서 총장 또는 학장(대학교의 학장을 제외한다)의 제청으로 문교부 장관이 보한다.

③ 국공립의 대학교 또는 대학의 교수, 부교수, 조교수는 총장 또는 학장(대학교의 학장을 제외한다)의 제청으로 문교부 장관을 경유해 내각 수반이 임명한다.

**제10조:** 국·공·사립대학교 또는 대학에서 전임강사 이상의 교원을 신규 채용 또는 승진, 임명함에 있어서는 소정의 자격을 가진 자로서 연구 논문 또는 저서를 교수자격심사위원회에 제출해 그 심사에 합격한 자로 해야 한다.

**제12조:** 사립학교 교원이 교육공무원법에 의한 퇴직, 면직이나 징계의 사유에 해당된 때에는 감독청은 그 학교법인의 대표자에게 당해 교원의 해직을 명하거나 징계를 요구할 수 있다.

**제13조:** 국·공·사립의 각급 학교 교원은 노동운동을 할 수 없으며 집단적으로 수업을 거부하지 못한다.

**제14조:** 대학교 및 대학에 명예교수를 둘 수 있다.

**제15조:** 국·공·사립의 각급 학교 교원의 정년은 60세로 한다. 단, 명예교수는 그러하지 아니하다.

**제21조:** 학사학위는 4년제 대학(사범대학을 포함한다)의 전 과정을 이수하고 국가에서 시행하는 학사자격고시에 합격한 자에게 수여한다.[18]

대학의 교육 연구 기능 강화와 자율적 운영 원리 면에서 이 법은 우선 국가에 의한 학과의 강제적 통폐합과 학생 정원 조정을 가능하게 했다. 둘째, 보직 교수 임명과 교수 임용 및 승진에서 교수회의 동의 절차를 없애고 문교부와 내각 수반이 임명하도록 했다. 셋째, 대학교수의 정년을 60세로 단축해 교수의 신분 안정을 약화했다. 넷째, 교수 자격 기준을 강화하고 자격 심사를 제도화했다. 다섯째, 정치운동뿐만 아니라 노동운동, 집단 수업 거부까지 금지해 교수의 기본권 제한을 강화했다. 여섯째, 학사자격고시 시행으로 대학의 전통적인 학위 수여권을 부정했다. 이는 대학이라는 학교제도의 성립 과정에서 대학 자치, 학위 수여 권한 등 학문의 자유를 위해 국가 및 교황과 대립하면서 형성된 대학의 권한을 부정하는 조치였다. 그래서 대학이 고등학교화됐다[19]는 탄식도 나왔다.

〈교육에 관한 임시특례법〉에 이어 구체적인 대학정비안이 국공립대학정비안과 사립대학정비안으로 나뉘어 발표됐다. 그리고 학사자격고시령, 명예교수규정, 교수연구실적심사규정, 학교정비기준령이 연달아 제정돼 5·16군사정부의 대학 정비 계획은 실행력을 갖게 됐다. 고등교육개혁안으로 제시된 대학 정비 계획이 법적 기반을 갖추고 대학정비안으로 최종 결정되면서 처음의 아이디어나 문제의식이 굴절되거나 희석된 면도 있으나, 그야말로 군대에서 작전이 실시되듯 일사천리로 추진됐다.

## 교수 정년, 60세로 단축하다

대학교수 부족이 사회문제가 되고 있는데도 대학교수의 질에 대한 사회의 시선은 회의적이었다. "대학교원자격검정시험을 실시해 학력이 부족한 자가 대학교수랍시고 강단에 서는 일이 없어야 할 것이다"[20]라는 주장이 공공연히 제기됐다. 정부는 대학교수의 정년 단축과 연구 실적 심사 강화를 통해 교수의 질을 높이고자 했다.

대학교수는 학력과 교육 경력에 따라 직급과 자격이 규정됐다. 1946년 12월 3일 임시 조치안으로 발표된 교수자격규정에서 교수의 종류를 교수, 부교수, 조교수, 전임강사로 나누고, 교수 자격의 표준을 다음과 같이 정했는데, 이는 이후 교수자격규정의 기본 골격이 됐다.

**대학교수 등급 표준**
**1) 교수**
교육: 박사학위 소유자, 이와 동등 이상의 학계 권위자, 전문학교 졸업 후 5년 연구한 자
경험: 12년간 교육 경험 중 반은 전문학교 혹은 대학에서 경험이 있는 자
**2) 부교수**
교육: 석사학위 소유자로서 1년간 대학원 연구자, 전문학교 졸업 후 4년간 연구자
경험: 8년간 경험, 교육 경험 중 반은 전문학교 혹은 대학 경험이 있는 자

### 3) 조교수

교육: 석사학위 소유자, 전문학교 졸업 후 3년간 연구한 자

경험: 8년간 교육 경험 중 반은 전문학교 혹은 대학에 경험이 있는 자

### 4) 전임강사

교육: 학사학위 소유자, 전문학교 졸업 후 2년간 연구한 자

경험: 4년간 교육 경험 중 반은 전문학교 혹은 대학에 경험이 있는 자

이후 1953년 〈교육공무원법〉 제정에 따라 대학 교원의 종류는 확정됐고, 총장과 학장을 제외한 교원의 정년은 65세로 정해졌다. 그런데 총장과 학장의 임기에도 정년이 적용돼야 한다는 논리가 대두되기 시작했다. 대개 사립대학에서는 국공립대학의 현직 교수나 정년 교수를 강사 혹은 교수로 위촉해 활용했으므로 교수는 정년 이후에도 교단에 서는 것이 가능했다. 특히 총장이나 학장은 나이에 상관없이 그 직을 계속 유지했다. 그리고 〈교육공무원법〉을 사립대학에 적용하는 것은 무리가 있다는 지적도 많았다.

하지만 문교부는 정년 초과를 빌미로 1956년 성균관대학교에 총장 김창숙을 퇴직시킬 것을 경고했다. 성균관대학교 김창숙 총장에 대한 퇴임 요구는 1955년 제정된 〈대학설치기준령〉을 엄격하게 적용하려고 시도한 사례였다. 〈대학설치기준령〉에 따라 대학교수 봉급의 상한선을 5만 원으로 정하고 또 두 대학 이상에서 겸임을 하지 못하도록 하고, 동시에 65세 정년도 엄격하게 시행하도록 했다. 이러한 조치는

당시의 심각한 교원 부족 상황을 무시한 처사로, 법 적용이 특정인에게만 선별적으로 이루어진다는 비난을 받기에 충분했다. 1958년 전국국립대학 실태조사에 따르면 전국 11개 대학의 학생 정원 3만 160명을 맡고 있는 전임강사부터 교수까지의 교수는 1225명으로, 문교부 정원 1800명보다 600여 명 부족했다. 교수 1인당 학생 수 24명의 비율이었다.[21]

교수연구실적심사규정에 따라 교수의 신규 채용 또는 승진 임명 시 대상자는 논문 혹은 저서 한 편을 제출해 그 연구 능력을 질적으로 심사받도록 했다. 이는 임용과 승진을 위해서는 연구 실적 연수와 교육 경력 연수라는 양적 요구 조건밖에 없었던 것을 강화한 면이 있다. 하지만 1963년 2월부터 부교수의 교수 승진 시에는 연구 실적 심사가 면제됨으로써 그 의미가 반감됐다.

1961년 9월 1일 발표된 〈교육에 관한 임시특례법〉 제15조 '국·공·사립의 각급 학교 교원의 정년은 60세로 한다'는 규정에 따라 1961년 9월 말 약 400명의 교원이 퇴직했다. 60세로의 교수 정년 단축과 명예교수제 도입은 신진 학자에게 길을 터준다는 명분 아래 시행되었다. 서울대학교에서는 열두 명의 교수가 퇴직했고, 연세대학교에서는 총장을 비롯해 4·19혁명에 앞장섰던 정석해 교수 등 여덟 명의 교수가 퇴직했다. 그리고 이화여자대학교에서는 총장을 비롯해서 여섯 명이 퇴직했다.[22] 하지만 교원 부족으로 1964년 1월 국공립대학은 다시 65세로 정년이 환원됐고, 사립대학에서는 정년제가 폐지됐다.

# 학사자격고시, 입학자격고시를 보다

학사자격고시제는 대학 졸업 예정자에게 국가가 객관식시험을 치르게 해 일정 점수 이상을 획득한 자에게 문교부 장관 명의의 졸업장을 주고, 합격하지 못한 자에게는 수료증을 주는 제도였다. 대학의 학위수여는 소정의 학점을 이수하면 대학 재량으로 졸업 인정 조건이나 절차에 따라 학위를 수여하는 대학의 고유 권한이었다. 그러나 대학의 학위수여권은 국가의 통제 앞에서 속수무책이었다. 이미 1950년대 말 제1공화국 시절 대학은 학위수여권 제한을 경험했다.

예를 들어 서울대학교 법과대학 부교수 황산덕은 〈최근 자연과학의 발달이 법철학에 미친 영향〉이라는 논문을 제출해 법학박사학위를 청구했다. 이 논문은 1957년 12월 학위심사위원회와 대학원위원회를 통과했다. 절차에 따라 문교부 장관의 승인만 남겨두고 있었다. 그러나 아무런 해명 없이 승인이 이루어지지 않아 결국 1958년 3월 학위 수여는 무산됐고, 황산덕은 1960년에야 학위를 받을 수 있었다.[23] 문교부는 승인이 이루어지지 않은 이유로 검토 중이라고 했으나 항간에서는 사회과학을 연구하며 끊임없이 독재정권을 비판하는 특정 교수에게 가해진 보복 조치로 받아들였다.[24] 이것이 국내 최초의 법학박사학위 수여의 현실이었다.

학사자격고시령에 의거해 학사자격고시는 1961년 12월 22일 처음 시행됐다. 교양과목과 전공과목으로 구분해, 교양과목은 120분, 전공

〈그림 22〉 학사자격고시 교양과목 시험 문제(《동아일보》 1961년 12월 23일, 조간)

과목은 180분 동안 치르는 객관식시험이었다.

학사자격고시의 교양과목은 국어, 영어, 자연과학이 각각 30문제씩 출제됐고, 전공과목은 수학 계통 100문제, 기술 계통 120문제, 인문 계통 150문제씩 계통별로 출제됐다. 특히 실기과목은 대학별로 실시 하되 전체 점수의 30퍼센트가 되도록 했다.

대학 졸업생의 실력에 대한 불신이 높았기 때문에 졸업 시 시험을 치러 통과하도록 한다는 아이디어가 제도로서 도입됐지만, 대학마다

〈그림 23〉 학사자격고시 전공과목 시험 문제(《동아일보》1961년 12월 23일, 석간)

그리고 전공마다 교육과정의 통일성이 확보되지 않은 시점에서 획일적인 공통시험을 통해 졸업 여부를 판단한다는 것은 난센스에 불과했다. 아닌 게 아니라 학사자격고시 실시의 모든 단계에서 문제점이 생겨났다.

시험 출제는 1차로 모든 대학의 전 학과에서 출제위원을 몇 명 선정해 학점 수 비율로 문항을 작성해 제출하도록 한 다음, 2차로 학과목별로 140명의 교수를 위촉해 문항을 선정하도록 했다. 출제 기준은 전공과목의 가장 기본적이며 타당성이 있는 것, 대학 4년 과정을 정상적으로 이수한 자가 답할 수 있되 공부하지 않은 학생은 풀지 못할 정도의 변별성이 있는 것, 생활이나 실용성 면에서 가치가 있고 중요한 것으로 했다. 그리고 문제의 선정 기준은 자주 중복돼 출제된 문제를 우선 선정하고, 문제 수가 각 대학에 균등하게 배당되도록 하며, 과목별 문항 수 책정 비중은 해당 과목에 대해 대학에서 제출한 문항 수의 평균치로 하게 했다.

예를 들어 교양과목의 국어 문제는 산문 5, 시 5, 문학사 1, 고전 2, 한자어 4, 술어 3, 어법 1, 표기법 3, 실용 2, 시사 1, 속담 2, 작문법 1로 30등분해 출제하기로 했다. 국어 문제의 한자어 영역은 '錦衣(　　)鄕'이라는 문제를 제시하고 '歸', '還'의 두 가지 답지를 제시한 후 정답을 고르도록 했고, 또 '攬亂(　　)', '撒水(　　)', '相殺(　　)', '龜裂(　　)', '賄賂(　　)', '幇助(　　)' 등의 한자어를 제시한 다음 괄호 안에 한글로 표기하는 문제가 출제됐다. 또 '한국의 현대 장편소

설 중 가장 오래된 것은 무엇이냐'는 질문에 '사랑', '흙', '무정', '운현
궁의 봄' 등을 답지로 제시하고 하나를 선택하도록 했다. 시사 문제는
1961년도 노벨문학상 수상자는 누구인지 고르는 것이었다.

영어의 이해 문제로는 'Make hay while the sun shines'라는 속
담이 의미하는 것을 고르라고 문제를 제시한 다음 '농부가 건초를 만
든다', '시기를 놓치지 마라', '사람은 기회가 있을 때 잡아야 한다' 등
의 네 가지 답지를 제시한 후 하나를 고르는 문제를 냈다. 시험 문제
는 일체 공개되지 않았고 시험이 끝난 후에는 시험지도 수거되었다.

대학에서는 각 고시장의 응시생을 응원하기 위해 이동 식당을 준
비해 식사를 제공하는 등 진풍경도 벌어졌다.[25]

시험은 결과적으로 대학입시보다 쉬웠는데, 자연과학개론 같은 과
목은 예상문제집에서 그대로 나왔다는 평이었다. 학사자격고시에 응
시한 학생은 졸업 예정자 2만 5773명 중 71.2퍼센트인 1만 8346명이
었고, 28.8퍼센트의 학생은 응시를 포기했다. 합격자 수는 총 응시자
의 83.2퍼센트인 1만 5268명이었다. 그리고 시험 응시 포기와 불합격
으로 학사학위를 받지 못하게 된 학생 수는 전체 졸업 예정자의 40.8
퍼센트에 해당하는 1만 505명이나 됐다.

낮은 통과율도 문제였지만 "학술적인 내용을 객관식 문제로 평가
하는 것은 불합리하다, 각 대학의 교육 방침과 교수의 개인차에 따라
교육 내용이 다를 수밖에 없는 전공과목의 출제와 채점을 획일적으로
처리함으로써 각 대학의 자율성과 특수성이 무시된다, 학생을 학문

탐구보다는 시험 위주의 학습 태도로 전향시킴으로써 대학이 학사자격고시 준비 기관으로 전락한다, 학사자격고시를 위해서 막대한 인원과 국가 예산이 소요된다"[26]라는 등의 반대론이 만만찮게 제기됐다.

1962년도에는 교양과 전공 시험 날짜를 달리하고, 교양과목만을 객관식의 국가고시로 하고 전공과목의 고시 관리는 각 대학에 위임하되 객관식과 주관식을 혼용하도록 변경돼 시험이 치러졌다. 그러자 학생들은 1962년 10월 중순 학사고시는 대학의 본질과 존엄성을 무시하고, 학문의 권위와 자유를 말살할 우려가 있다며 학사자격고시에 강하게 반발했다. 정부는 학사자격고시를 기피하는 학생을 대상으로 설득, 경고, 법적 조치 단계를 거쳐서 처리하겠다는 방침을 세웠다. 다른 한편으로 국영기업이나 공무원 시험에서 졸업자를 신규 채용할 때는 학사학위 소지자에 한해서 응시 자격을 부여하도록 공무원임용령 등 관계 법령의 개정을 추진했다.[27] 하지만 1962년도에도 학사학위를 받지 못한 학생은 응시 예정자의 15.4퍼센트인 4167명에 달했다. 결국 약 1만 5000명의 불합격자를 만들어내고 학사자격고시는 마침내 1963년 폐지됐다.

국가가 학위수여권을 가지는 것은 대학의 고유한 권한을 빼앗아 대학의 힘을 약화하는 방법이기도 하다. 또 대학교육 내용을 사후적으로 평가해 교육의 결과를 재는 것으로, 대학교육 내용을 획일화하고 학문의 자유를 심각하게 침해할 가능성이 있었다. 또 국가 주도로 대학생의 실력을 시험으로 재어 학위 수여 여부를 결정하고 불합격자를 양산하는 것은 대학생에 대한 통제를 강화하는 것이기도 했다. 결국 학사자격고시는 국가의 관리 능력 부족과 비용 부담으로 인해 폐기됐으나, 대학에 대한 국가 통제는 1965년 학사학위등록제로 이어졌다. 학위등록제는 일부 사립대학에서 교육법 제114조 "대학에는 공개강좌를 둘 수 있으며 청강생을 받을 수 있다"라는 법 조항을 악용해 법정 정원을 초과해 학생을 모집하고 졸업장을 주는 사태를 해결하기 위한 방안으로 도입됐다.

정부는 학생 선발에 대한 관리에 나서 대학별 선발고시를 폐지하고 1962년부터 대학입학자격국가고시를 실시한다는 방안을 내놓았다. 대학입학자격고시는 부정 입학과 무능력자의 대학 입학을 막고 적격자를 선발해 대학교육의 질적 향상을 도모하려는 목적으로 도입됐다. 우선 대학입학자격고시에 합격해 자격을 취득한 이들 중 응시자들을 대상으로 각 대학에서 실기검사, 신체검사, 면접을 실시하고 그 결과를 합산한 성적으로 대학생을 선발하는 것이었다. 그런데 대학입학자격고시가 시행 과정에서 입학 자격 유무 판단의 기능을 넘어 사실상 선발의 기능을 하게 되면서 심각한 부작용이 뒤따랐다. 고등학교와 대학의 서열화가 발생했고, 성적 우수자가 서울 소재 대학으로 집중되면서 지방대학, 특히 사립대학은 학생 미달 사태에 직면해야 했다. 가령 동아대학교 야간대학은 지원자 수가 1961년 1069명에서 1962년 118명으로 대폭 감소했다. 정부가 대학의 학생선발권을 박탈한 것에 불과하다는 비난 여론이 비등해지자, 문교부는 1963년부터 대학

입학자격고시를 자격고시로만 활용하도록 했다. 하지만 대학입학자격고시는 결국 시행 2년 만인 1963년 4월에 폐지됐다. 1964년부터 입학시험제도는 예전대로 환원됐다.

하지만 사립대학의 정원 외 초과 모집의 폐단을 심각하게 우려하는 지식인은 대학입학자격고시 실시에 찬성했다. 1960년 5월 주한미국경제협력처(USOM, United States Operations Mission)에서 내놓은 고등교육 관련 개혁안에서도 대학입학시험을 전국에 걸쳐 공동 실시하는 방식을 건의했다. 국가적, 사회적 수요에 맞춰 입학 정원을 책정하고 이에 맞춰 시험을 치러야 부정 입학의 여지를 없앨 수 있다는 취지였다. 박정희 정부는 1962년 대학입학자격국가고시제 도입 시도에 이어 1969년부터 대학입학예비고사제를 시행함으로써 대학 입학에 대한 국가 관리 체제를 안착시켰다.

## 대학 정원 조정

대학 정비 과정에서 가장 논란이 된 것은 대학 및 학과의 강제 통폐합과 학생 정원 조정이었다. 학과 통폐합과 정원 조정은 국공립대학과 사립대학으로 나뉘어 계획, 추진됐다. 1961년 9월 15일 발표된 국공립대학정비안에는 우선 사범대학 정비에 대한 내용만 일부 담겨 있었다. 현존 사범대학의 네 학과(가정, 체육, 생물, 사회)를 제외한 모든 사범계 학과를 폐지하고 3학년 이하 재학생은 모두 문리과 대학으로 전학

師大改廢問題에

師大生들總會

"廢止案撤回하라"

當局에 決議文傳達키로

〈大學長〉〈副敎授〉〈副敎授〉

尹泰林 鄭範祖 鄭炳川 解任

師大不法集會事件에

煽動者는 情狀參酌할여지없다

不純한動機있는 學生들不問

文敎長 談官

〈그림 24〉사범대학정비안에
대한 반대 학생 집회(《동아일보》
1961년 9월 8일, 석간)와 관련 교수
징계(《경향신문》 1961년 9월 13일)

시킨다는 내용이었다.

이 정비안이 발표되자 서울대학교 사범대학 학생 1300여 명은 학생총회를 열어 '사범대학 폐지 결정을 재고하고 철회한다, 사범대학을 실질적인 교사 양성 과정으로 개편, 강화하고 교육대학원 과정과 병행한다'는 제안을 담은 건의문을 제출하기로 결의하며 집단적 움직임을 나타냈다. 학생총회에 참석한 정범모 교수는 "한국교육의 전문성에 대한 후퇴와 불합리한 결정"[28]이라며 의견을 표했다. 이에 군사정부는 단호한 대처를 천명하며, 학생들의 반대를 방조했다는 명목으로 사범대학장 윤태림, 사범대학 학생과장 정병조, 사범대학 교육학과 교수 정범모를 파면했다.[29]

사실 윤태림과 정범모는 중앙정보부 부설 정책연구실 자문위원, 정보판단관, 국가기획위원회 사회문화분과위원회 자문위원 등으로 정부의 교육 정비에 적극 참여했던 이들이다. 따라서 이들의 파면은 군사정부에 참여한 대학교수의 역할의 한계를 드러내는 동시에 정책 결정 과정의 폐쇄성, 반대와 논의를 허용하지 않는 정부의 분위기를 보여주는 상징적인 사건이었다.

사립대학정비안은 1961년 11월 18일 발표됐다. 주요 내용은 서울 소재 정원 700명 이하의 대학과 지방 소재 정원 600명 이하의 대학을 폐지해 4년제 주간대학을 25개교로 줄이고, 사립대학 학생 정원을 5만 5040명에서 3만 5000명 선으로 감축하되, 야간대학 학생은 4000명에서 5000명으로 증원하며, 2년제 대학 학생은 1만 명 정도가 되도록 조정한다는 것이었다. 대학 정비 결과 4년제 대학이 71개에서 50개로 줄었고, 679개 학과의 9만 1920명의 정원이 532개 학과, 6만 6410명으로 줄었다. 결국 수차례 조정을 거쳐 최종 확정된 1962학년도 4년제 대학 학생 정원 조정 상황은 〈표 18〉과 같다.

1962년에는 산업기술 인력 양성을 목표로 5년제 실업고등전문학교가 창설됐는데, 이 학교 교원에게 지급되는 봉급의 반액을 국고에서 부담했다. 한편 초등학교 교사 양성을 위해 기존 10개의 사범학교를 초급대학으로 승격, 개편해 교육대학으로 만들었다. 그 결과 초급대학은 27개로, 학생은 1만 509명으로 늘었다.

그러나 비판적인 여론에 밀려 1년 뒤 대학정비안은 수정됐고, 4년제 대학 47개교, 학생 정원 7만 9692명 수준으로 재조정됐다. 하지만 1964년에는 학교 수와 학생 정원 모두 증가해 결국 대학 정비 이전보

〈표 18〉 4년제 대학 학생 정원 조정 계획

| 구분 | 1961학년도 | | 1962학년도 | | 조정 내용 | | 정원 증감 비율(%) |
|---|---|---|---|---|---|---|---|
| | 대학 수 | 학생 정원 | 대학 수 | 학생 정원 | 대학 수 | 학생 정원 | |
| 국립 | 9 | 29,440 | 8 | 17,340 | -1 | -12,100 | -41 |
| 공립 | 5 | 5,240 | 4 | 2,740 | -1 | -2,500 | -48 |
| 사립 | 42 | 54,320 | 28 | 40,250 | -14 | -14,070 | -26 |
| 야간 | 15 | 2,920 | 10 | 6,080 | -5 | +3,160 | +108 |
| 계 | 71 | 91,920 | 50 | 66,410 | -21 | -25,510 | -28 |

출전: 최긍렬, 〈5·16군사정부의 고등교육 통제에 관한 연구〉, 교육출판기획실 편, 《분단시대의 학교교육》, 푸른나무, 1989, 310쪽 참고.

<표 19> 1960년대 고등교육기관 상황

| 연도 | 국공립 | | | 사립 | | |
|------|--------|--------|--------|--------|--------|--------|
| | 학교 수 | 학생 수 | 교원 수 | 학교 수 | 학생 수 | 교원 수 |
| 1962 | 25 | 36,192(33,472) | 1,500 | 60 | 90,276(82,038) | 2,333 |
| 1963 | 32 | 36,400(31,545) | 1,252 | 71 | 87,793(73,693) | 2,624 |
| 1964 | 34 | 37,580(30,223) | 2,074 | 89 | 98,578(82,739) | 3,011 |
| 1965 | 39 | 36,610(25,964) | 2,521 | 92 | 98,139(79,679) | 3,979 |
| 1966 | 40 | 40,310(25,953) | 2,873 | 88 | 126,730(85,401) | 4,391 |
| 1967 | 42 | 43,665(26,893) | 3,124 | 82 | 118,005(97,136) | 4,324 |
| 1968 | 42 | 47,304(28,306) | 3,432 | 80 | 113,734(95,353) | 4,789 |
| 1969 | 46 | 53,978(32,265) | 3,710 | 81 | 118,832(100,376) | 5,286 |
| 1970 | 46 | 59,943(36,038) | 4,000 | 81 | 127,008(110,376) | 5,837 |

출전: 문교부, 《문교통계연보》, 1962~1970.
비고: 통계는 대학원과 각종 학교를 제외한 고등교육기관(실업고등전문학교, 초급대학, 교육대학, 대학)의 수치이며, 괄호 안은 4년제 대학의 수치다.

다 늘어났다. 대학 정비는 군사정부가 호언했음에도 군사정부의 교육 정책 중 최대 실책이 됐다. 이후 학교 수와 학생 정원을 통제하려는 국가의 시도는 1965년 〈대학학생정원령〉의 제정으로 법적 기반을 마련했다. 정원 통제는 경제개발을 위한 이공계 인재 양성을 목표로 내걸고, 문과계 비율을 줄이는 방향으로 시행됐다. 정원 통제는 이후 국가의 강력한 대학 통제 방법으로 자리 잡았는데, 문이과 비율 조정 정책에 따라 1963년부터 1973년까지 10년 동안 고등교육기관 졸업생의 전공 분야 비율은 문과계가 50.8퍼센트에서 35.1퍼센트로 감소한 반면, 이공계는 39.6퍼센트에서 42퍼센트로 증가했다. 4년제 대학의 경우 1972년 재학자의 전공 분야별 비율은 인문·사회계 38.7퍼센트, 이공계 59.7퍼센트, 사범계 1.6퍼센트로, 이공계가 약 60퍼센트를 차지했다. 한국이 과거제 시행 이후 '문과' 국가에서 '이과' 국가로 변했다[30]고 풍자하는 말이 나올 정도였다.

하지만 1960년대 이후 대학 인구는 〈표 19〉에서 보듯 국·공·사립을 불문하고 기하급수적으로 팽창했다.

## 일관성 없는 사립대학 정책

사립대학이 전체 대학 가운데 차지하는 비중은 해방 이후 지속적으로 증가해 1945년 53퍼센트에서 1957년 71퍼센트까지 높아졌다. 그런데 사학 중 일부는 당시 '학원 모리배'라는 말이 유행할 정도로 재단과 이사장 개인의 부를 축적하는 데만 관심을 기울여 학교 경영의 부실화를 초래했다. 결국 학원의 불화와 분규를 불러왔고, 이에 대한 사회의 비판도 높았다.

1963년 고등교육기관인 대학에 초점을 둔 〈사립학교법〉이 제정됐다. 이 법에는 사립학교에 대한 감독청의 지휘 감독, 학교법인의 수익사업에 관한 의무적 신고, 사립학교장에 대한 감독청의 승인, 규정 위반 시 사립학교 경영자에 대한 실형 등의 내용이 포함돼 있었다. 하지만 사립학교법은 사립학교의 보호와 육성보다 통제와 규제에 강조점을 둔 것으로, 1964년에는 개정을 통해 감독청이 학교법인 임원과 학교장의 승인을 취소할 수 있도록 하여 정부의 감독권을 더욱 강화했다.

사립학교법은 제정 당시부터 사학의 자율성을 침해한다는 반대에 부딪혔고, 더구나 사립학교의 인사권을 정부가 장악한다는 것은 언어도단이라며 거센 비난이 제기됐다. 그러나 사학 부패와 비리를 막기 위해서는 불가피하며, 오히려 방만하고 불법적인 사학 운영이 자초한 결과라는 여론도 만만치 않았다.

사립학교법은 사학의 자주성을 확보하고 공공성을 앙양한다는 취지를 내세웠지만 사학에 대한 국가 통제의 합법적인 통로의 기반이 됐다. 그리고 다른 한편으로는 사립학교에 대한 이사회의 전횡적 지배가 가능하도록 한 법적 기반이었다. 사립학교법인은 민법상 비영리조직으로, 사기업과 같은 지배 구조로 운영이 가능했다. 게다가 이사 선임에 대한 특별한 규정이 없어 이사장이 교육에 대한 전문성이나 최소한의 자격 조건도 갖추지 못한 친족이나 친분 있는 인사로 이사진을 구성하고, 학교의 인사와 재정에 관한 전권을 행사하며 독단적으로 운영해도 통제가 어려운 구조였다. 또 사립학교법은 사립학교를 사유 재산으로 인식할 근거를 제공하여 공적 교육기관으로서의 사립학교에 대한 사회적 통제를 사유 재산 보호라는 명분으로 차단하는 기반이 됐다. 결과적으로 사학 재단과 이사장의 학교 지배를 보증하는 법으로 기능했다.

1969년 초 처음으로 전 사회적인 주목을 받으며 국회가 사립대학 국정감사에 나섰으나 문교부와 국회의 비호 세력으로 인해 사립대학에 대한 감사는 용두사미격으로 끝나고 말았다. 정부에서는 사립학교법을 통해 사립대학에 대한 통제의 법적 기반을 마련했으나, 정책적으로는 정원 조정 정책을 통해서 강력한 통제권을 행사했다. 사립대학 입장에서는 앞으로는 법정 정원을 늘리고 뒤로는 정원 외 초과 모집을 통해 등록금 수입원을 최대한 안정적으로 확보하는 것이 경영의 관건이었다. 학생 선발에 정실의 개입과 문교부의 눈감아주기가 만연하여 오히려 1969년 사립대학 감사 청문회에서 대학 총장은 청탁을 들어주지 않거나 법정 정원을 지키면서 어떻게 대학을 운영하느냐며 반문을 하는 어처구니없는 일이 벌어지기도 했다.

한편 사립대학 지원은 이공계를 중심으로 이루어졌다. 근대화의 재원을 쥔 정부가 경제개발 전략, 곧 공업화를 통한 근대화 추진에 필요한 고급 기술 인력 확보를 위해 이공계에 지원을 집중했다. 많은 시설과 교원 확충이 필요한 이공계에 대한 국가의 지원은 국립대학에 집중됐다. 사립대학에서는 1960년대 중반 이후에야 공대를 설치하거나 이공계 학과를 증설하는 등의 움직임이 본격화되는데, 서울과 지방을 막론하고 사립대학은 인문계 학과를 이공계 학과로 바꾸면서 이공계 중심의 증원에 적극 나섰다.

정부는 대일청구권자금, 교육차관 등을 주선해 사립대학의 이공계 학과 시설 확충을 지원했다. 미국의 대외원조기관인 USOM(주한미국

경제협력처)을 통해 세계은행과 미국의 민간차관 2000만 달러를 20년 거치 연 3푼 이자로 도입하면서 정부가 보증을 섰다. 대일청구권자금의 경우 고려대학교 20만 달러, 연세대학교 17만 달러, 한양대학교와 인하공대 9만 달러, 조선대학교 7만 달러, 동아대학교와 대구대학교 6만 달러, 중앙대학교, 경희대학교, 성균관대학교 5만 달러, 광운공대 등이 1만 5000달러를 받았다.[31]

## 국가의 대학 관리를 당연시하다

군사정부가 계획하고 추진한 대학정비안은 성공적이지 못했다. 고등교육 정책의 실패라고 단정할 수 있다. 그러나 주목해야 할 점은 정책은 실패했지만 대학에 대한 국가 개입의 제도화, 대학 통제를 통한 국가 발전 프로젝트의 시행이 정당화되기 시작했다는 아이러니다. 실패를 경험삼아 1963년 12월 등장한 제3공화국은 1966년부터 경제개발을 위한 장기종합교육계획을 마련하기 시작해 본격적으로 대학 통제에 나섰다.

사실 대학정비안 수립을 전후해 대학에 대한 국가의 강력한 통제를 정당화하는 입론이 제기되고 있었다. 대학의 국가적 사명이 무거운 만큼 또 현상이 그와는 너무나 먼 만큼 대학으로 하여금 그 임무를 다하게 하기 위해서는 국가의 감독, 즉 후견적 역할은 더 강화돼야 할 것이라[32]는 주장이 설득력을 얻었다. 다만 정책 수립 과정의 폐쇄성이나 추진 과정에서의 밀어붙이기 등이 문제로 지적됐을 뿐이다.[33] 통제자로서의 국가 역할에 의문을 제기하거나 나아가 대학에 관한 국가의 바람직한 역할과 역할 수행 방식은 무엇인지 고찰하는 등의 대한 논의는 전개되지 못했다.

한편 대학정비안의 실패에도 불구하고 이 계획을 포함해 1960년대에 시작됐던 시도는 기존의 대학관大學觀을 타파했다는 의미에서 큰 역할을 했다. 개인적 영달의 수단이었던 엘리트적 대학관에서 국가 건설을 위한 인재를 계획적으로 만들어내는 국가주의적 대학관으로 크게 전환하는 계기를 만들어주었다.[34] 대학은 하나의 국가기구로, 조국 근대화 프로젝트의 수행 도구로 인식됐다. 국가의 역할 변화, 대학관의 변화와 더불어 교수의 정체성이나 사회적 활동과 임무에 대한 인식도 변화하기 시작했다.

국가 건설에 필요한 인재를 대학에서 계획적으로 만들어낸다는 국가주의적 대학관에 따라 국가가 주도하는 교육 계획이 추진되기 시작했다. 1962년 제1차 경제개발5개년계획 이후 경제발전과 교육은 제3공화국 정부의 교육 분야 화두였다. 교육의 계획화는 1967년 제2차 경제개발5개년계획과 맞물려 본격화됐다. 경제발전, 조국 근대화, 민족중흥을 실현하기 위한 정신적 기반을 의미하는 '제2경제론'에 입각해 1968년 국민교육헌장이 제정됐고, 1968년 장기종합교육계획심의회가 발족돼 교육 계획 입안에 착수했다. 1970년 장기종합교육계획이 수립됐는데, 고등교육 부문은 1971년부터 1985년까지의 정책 과제가 제시됐다. 이 계획에 따라 1972년 4월 고등교육개혁안이 수립돼 1970년대의 실험대학 사업이 전개됐다.

그리고 또 하나의 대학교육 계획으로 1968년 '서울대학교종합화10개년계획'이 수립됐다. 새 캠퍼스로 통합 이전해 실질적인 종합대학을 만들어 '민족 최고의 학부'를 만든다는 야심찬 계획에 따라 1968년 7월 〈서울대학교시설확충특별회계법〉과 〈서울대학교설치령〉이 공포됐다. 1970년부터 그야말로 국가적 프로젝트로서 서울대학교종합화계획이 추진됐다. 대학의 자율적 규율이 아니라 국가적 필요라는 명분 아래 대학 밖에서 하달되는 계획에 따라 대학이 좌지우지됐다.

# 3

# 대학,
# 우골탑 되다

## 정원 외 초과 모집과 등록금은 대학의 치부 기회

1969년 국회 특별감사장에서 한 국회의원이 "저 삐죽삐죽한 대학 정문이나 건물은 농우農牛의 뿔로 세워진 우골탑牛骨塔이 아니고 무엇이란 말이냐" 하고 격분하며 증인으로 나온 한양대학교 총장을 몰아세웠다. 곤경에 처한 총장은 "과거 문교부 장관이나 고등교육국장 등 관리들이 부정 입학을 청탁해왔다. 학교를 경영하자면 이런 청탁은 들어주지 않을 수가 없다. 무조건 합격시켜줬다"라고 웃지 못할 고백을 했다. 게다가 관할 부처인 문교부와 사립대학 총장들은 "정원제를 지키면 학교 운영을 할 수가 없다"라며 어쩔 수 없는 일이라는 듯 어물쩍 넘어가려고 했다. 그동안 알고도 쉬쉬했던 사립대학의 정원 외 초과 모집, 비싼 등록금과 그 등록금의 유용, 재단의 재산 축적, 문교부의 방임과 감독 부실 등 1960년대 대학의 고질적 병폐와 실상이 적나라하게 드러나는 역사적인 순간이었다.

1969년 1월 국회 문교행정특별감사위원회는 사립대학의 운영 실태를 파악하기 위해 감사를 실시했다. 이른바 사립대학에 대한 '사학 특감'이 역사상 처음으로 이루어진 것이다. 당시 사립대학은 청강생이라는 이름하에 관행적으로 대략 정원의 20퍼센트 정도를 초과 모집했다. 그러나 청강생의 실제 규모, 선발 기준이나 명단, 등록금 사용처 등은 모호했다. 그래서 정원 외 초과 모집이 학교 재단의 배를 불리고, 그것이 대학의 학사 관리에 많은 비리를 초래한다는 사회적 비난이 거셌다.

아닌 게 아니라 특감에서 밝혀진 정원 외 초과 모집의 규모는 상상을 초월할 정도였다. 한양대학교의 경우 1962년부터 1967년 사이 6700명의 정원 외 졸업생을 냈고 야간학부에는 전임강사 이상 교수급이 한 명도 없는데 등록금을 다 어디에 썼느냐고 특감 위원이 따지자, 증인으로 나온 총장은 "정원 외 초과 학생은 1724명에 불과하다"라고 맞섰다. 하지만 지방에 근무하는 교사 66명이 학교엔 단 한 시간도 출석하지 않았는데 졸업장을 내준 사실이 밝혀졌다. 또 증인으로 참석한 경희대학교 총장은 "1968년 입시 때 성적을 고려하지 않고 30만 원부터 최고 100만 원까지 기부금을 받고 80~90명의 보결생을 뽑았다. 과거 몇몇 문교부 장관 때 정원 외 초과를 묵인해주어 정원 외

모집을 많이 한 것이 사실이다"라고 실토했다.[35]

1969년 1월 특감 보도 자료에 따르면 사학의 운영비 수입원은 80퍼센트가 학생 등록금이고, 보조금이 3퍼센트, 법인 전입금은 8퍼센트에 불과했다. 그리고 부정 입학, 정원 외 입학 등으로 한양대학교는 1965년부터 1968년까지 3년간 수입원이 300배로 늘어났다.

사학특감 이후에도 정원 외 초과 모집 관행은 사라지지 않았다. 오히려 등록금이 대폭 인상됐고, 운영비 부족을 핑계로 공공연하게 초과 모집이 이루어졌다.

1969년 사립대학 특감이 이루어지고 학생 초과 모집이 어려울 것으로 예상되자 대학들은 오히려 등록금을 인상하려고 했다. 작년 대비 20~30퍼센트의 등록금 인상을 계획해 고려대는 재학생 등록금이 최하 4만 8190원, 최고 5만 4390원으로 20퍼센트 인상했고, 이화여대는 인문계 신입생의 경우 5만 3070원을 납부하도록 하여 25퍼센트를 인상했다. 사립대학 9만 5000명이 평균 1만 원의 인상된 금액을 낼 수밖에 없는 상황으로 연간 10억 원의 등록금 부담이 가중됐다. 당시 근로소득자의 월평균 수입이 1만여 원이던 실정으로 한 달 수입만큼 인상됐다.[36]

1960년대 후반 등록금 인상률은 매년 20~25퍼센트를 기록했다. 하지만 이것은 등록금한도액규정에 따라 문교 당국의 지도를 받은 결과였다. 사립대학의 등록금 책정이 대학 총학장의 권한으로 넘어가자

1960년대 초중반에는 100퍼센트 인상된 사례도 있었다.

한편 등록금과 관련해 학생의 애환을 다루는 기사는 등록금 납부 시기의 단골 메뉴였다. 등록금을 내지 못해 고민하던 중 수면제 100알을 먹고 자살한 학생 사건이나 등록금이 모자라자 친구를 불러내 친구의 등록금을 빼앗은 후 우물에 빠뜨린 사건[37] 등 극단적 사례도 많았다. 또 교사나 친척 등 주변 사람이 등록금을 대신 납부해준 미담 사례도 종종 보도됐다.

## 가파른 대학 등록금 인상

1960년대부터 대학 등록금과 관련한 학생시위가 빈번하게 일어났다. 1950년대에도 갖가지 명목을 붙여 부가적으로 징수하는 대학 등록금에 대한 사회적 문제 제기가 여러 번 있었다. 전쟁 직후인 1954년에는 추가 등록금을 내는 사람에 한해 징집 보류증을 내주는 일도 있었다. 서울의 한 대학에서는 2학기 등록금으로 1만 6500원을 징수했는데, 다시 임시후원회비 명목으로 6200원의 추가 등록금을 징수했다.[38] 또 서울의 한 외국어대학은 인문계 대학인데도 등록금 내역에 실습비 명목으로 3만 5000원이라는 거액을 포함해 사회적 비난을 받았다.[39] 나아가 수강 등록 기일을 넘긴 학생에게 과태금을 몇천 원씩 받는 대학도 있었다.

1년에 몇 차례의 등록금이 엄청나게 많은데다가 등록 기일을 최단 시일로 정하여놓고 기일 경과자에게는 과태금을 기천 환씩 받고 있으니 이야말로 학원적 상술이라 아니할 수 없다. 아무리 자본주의를 지향하고 있는 세상이라 할지라도 수강 등록금 과태금을 받는 국가는 듣도 보도 못했으며, 이것이 대한민국 교육법 제 몇 조에 의거한 처사인지 궁금하다.[40]

그리고 전남대학교는 신설 학교라는 명분을 내세워 시설비, 추가시설비 항목을 만들어 등록금에 포함해 부과했다.[41] 한편 서울대학교 상과대학은 1955년 2학기에 1만 5000원의 등록금을 받았으나 1956년에는 2만 8700원으로 올려 한 학기 만에 거의 100퍼센트에 육박하는 등록금 인상을 단행했다.[42] 관행적으로 등록금 초과 징수도 이루어졌는데, 문교 당국에서는 초과 징수분의 반환을 지시했다. 그러나 사립대학은 공동으로 대처하며 차일피일 미루면서 반환하지 않았다.[43] 대학 신입생의 등록금은 학생 모집 시 안내하게 돼 있었는데, 대학에서는 신학년도 등록금 예상 인상액을 미리 추정해 고지했다. 인상 예상 금액과 최종적으로 결정된 금액의 차액을 학생들에게 반환해야 하지만 반환은 원활하게 이루어지지 않았고, 이에 학생들은 항의했다.

학기마다 등록금 인상률이 높아지자 1950년대 말부터 문교 당국은 국공립, 사립별, 대학 수준별로 납입금 한도액을 발표해 가이드라인을 제시하고, 어떠한 명목으로도 한도액을 초과하거나 또는 자치회비, 도서비, 용지대 등의 명목으로 첨가 징수할 수 없다고 밝혔다.

(단위: 원)

| | 국공립대학 | 공립초급대학 | 사립대학 | 사립초급대학 |
|---|---|---|---|---|
| 수업료 | 6,000 | 4,800 | 10,200 | 8,400 |
| 입학금 | 2,000 | 1,600 | 3,000 | 2,400 |
| 후원회비 | 30,600 | 30,600 | 37,300 | 37,300 |
| 후원회 입회금 | 10,000 | 8,500 | 15,000 | 13,500 |
| 호국단비 | 1,200 | 1,200 | 1,200 | 1,200 |
| 호국단 입단비 | 300 | 300 | 300 | 300 |
| 합계 | 50,100 | 47,000 | 67,000 | 63,100 |
| 실험실습비 | 자연과학 계열에 한해 실험실습비 1인 5000원 이내로 별도 징수 가능 | | | |

출전: 《경향신문》 1957년 2월 23일.

그러나 문교 당국이 제시한 등록금 한도액을 비웃기라도 하듯 각 대학은 한도액을 훨씬 초과하는 납입금을 받았다. 부산대학교는 국립 대학인데도 인문 계열 학생에게도 실험실습비 1만 원을 부과해 제시된 한도액보다 1만 5000원 이상 초과한 금액을 1957학년도 2학기 등록금으로 받았다.

시설비, 시설확충비, 자치비 등이 임의 항목으로 설정돼 부과되는 것에 대해 문교 당국은 1958학년도 2학기부터 시설비 5000원 한도 내에서 징수 가능함을 밝힘으로써 시설비 등의 부과를 부분적으로 인정했다. 나아가 당시 한 언론에서는 시설비를 부과해온 전남대학교의 사례를 긍정적으로 소개하기도 했다.

(단위: 원)

| | 국공립대학 등록금 징수 한도액 | 부산대학교 등록금 부과 내역 |
|---|---|---|
| 수업료 | 6,000 | 6,000 |
| 입학금 | 2,000 | |
| 후원회비 | 30,600 | 30,000 |
| 후원회 입회금 | 10,000 | |
| 호국단비 | 1,200 | |
| 호국단 입단비 | 300 | |
| 소계 | 50,100 | |
| 시설비 | | 5,000 |
| 시설확충비 | | 15,000 |
| 자치비 | | 1,600 |
| 실험실습비 | | 10,000 |
| 합계 | | 67,600 |

출전: 《동아일보》1957년 10월 12일.

해방 후 10여 년간 국립서울대학교는 거의 시설 확충을 하지 않았는 데 비해 거의 무의 상태에서 출발, 발족해 건물이나 시설 면에서 서울대학교를 따라잡을 지경에 이르렀다. 그중에서 시설이나 건물 면에서 놀라운 발전상을 보이고 있는 것은 전남대학교라 하겠는데, 이 학교가 굉장한 시설이나 건물을 갖추게 된 것은 별도로 유지들의 기부를 받은 것도 아니요, 국고의 보조를 받은 것도 아니요, 수년간 학생 등록금을 유효적절하게 사용한 탓이다.[44]

서울대학교도 수업료와 입학금, 후원회비 외에 시설비, 시설확충기성회비를 받았고, 신문대와 보건비 등도 별도로 부과했다. 그리고 계열에 따라 실험실습비를 부과했다.

국립대학도 운영비의 대부분을 학생 등록금에 의존했다. 문교 당국은 등록금 한도액 제시가 사실상 아무런 의미를 지니지 못하자, 1958년부터는 등록금 부과를 대학 자율에 맡기는 방안을 고민했다. 이러한 방안에 대해 언론에서는 어처구니없게도 자유경쟁에 의한 가격 하락 운운하며 긍정적인 의견을 싣기도 했다.

**〈표 22〉 서울대학교 1958학년도 1학기 등록금 내역**

(단위: 원)

|  |  |
|---|---|
| 수업료 | 6,000 |
| 입학금 | 2,000 |
| 후원회비 | 30,000 |
| 후원회 입회금 | 600 |
| 호국단비 | 1,200 |
| 호국단 입단비 | 300 |
| 소계 | |
| 시설비 | 5,000 |
| 시설확충기성회비 | 10,000 |
| 까운사용료 | 1,000 |
| 신문대 | 1,200 |
| 보건비 | 500 |
| 실험실습비 | (별도) 10,000~15,000 |
| 교복비 | (별도) |
| 합계 | 67,800 |

출전: 《경향신문》 1958년 3월 16일.

명년부터 문교부는 대학의 납입금, 등록금, 기타의 잡부금을 통제하지 않고 각 대학의 자치에 맡길 방침이라고 전했는데, 그것이 만일 사실이라면 자유경쟁에 의한 가격의 저하를 초래할 것이라는 의미에서 적절한 조치라

하겠다.[45]

문교 당국에서는 한도액을 초과한 등록금 부과를 관리 감독하거나 비싼 등록금을 낮추고자 하는 정책적 노력을 등한시했다. 언론은 등록금 자율화를 지지하는 논조를 폈다. 등록금에 허덕이던 학생이나 전문가는 대안으로 등록금 분납제 실시를 주장했으나, 끝내 실현되지 못했다.

당시 중류층이라 할 수 있는 공무원의 월급이 평균 2만~3만 원이었는데, 서울대학교를 비롯해 국공립대학 등록금은 6만 원 이상, 사립대학의 등록금은 14만~15만 원 이상이었다. 한 학기 등록금이 국공립대학은 3개월, 사립대학은 6개월 이상의 공무원 월급에 해당하는 높은 금액이었다. 이로 인해 대부분의 대학이 학기 초에는 학생 등록률에 촉각을 곤두세웠다. 하지만 등록률은 내내 저조했다.

전국 55개 국·공·사립대학 학생 약 8만 명의 태반이 2학기 등록금을 못 내 제적당할 위기에 처해 있다. 39개 사립대학은 과중한 납입금으로 재적학생의 약 7할이 미등록 사태에 있다고 문교부 관계자는 말하고 있다. 서울대는 등록일이 10일까지였는데 19일까지 연기했고, 다시 28일까지 연기하는 실정이다.[46]

서울대학교도 학생 등록률이 70퍼센트를 넘지 못했다.[47] 각 대학은 등록을 하지 못한 학생에게 추징금을 물리거나 제적함으로써 사태를 해결했다. 예를 들어 공주사범대학교는 등록금 미납자 전원을 제적하기로 방침을 정하고, 1957년 4월 말 현재 850명 중 524명을 제적한다고 발표했다.[48] 결과적으로 3분의 2 이상의 학생을 제적하는 상황이 연출됐다.

1963년 이화여자대학교 도서관학과에 입학했지만 등록금을 마련하지 못해 중퇴한 학생은 당시 상황을 다음과 같이 구술했다.

내가 공부를 해야지만 살 거 같은 생각이 든 거예요. 가정교사를 하니까 여기서 한두 달 치를 가불해주면 내가 등록금을 하겠다 하고 갔는데, 거기서 딱 거절하니 등록금을 마련할 수 없는 거예요. 그래서 부모님한테 이야기를 했더니 뭐 너무 어려울 때죠. (…) 그래 가지고 고민하시다가 아버지가 이북에서 나온 아주 먼 친척 중 친하게 지낸 집이 있어요. 학교 앞에서 문방구를 하셨는데 장사를 하면 돈이 돌잖아요? 그 조카한테 가서 이만저만 영순이가 대학을 가겠다는데 어떻게 해야 되겠느냐 하니까 그분이 융통을 하셔서 첫 번째 등록금을 어렵게 냈어요. 그리고 두 번째 등록금을 또 어떻게 해서 냈어요. 나는 이제 들어가기만 하면 장학금을 받겠다고 했지요. 그래서 이제 장학금을 알아봤어요. 쉽지가 않더라고.
내가 서울 올라오니 지방 출신이라고 누가 가정교사를 쓰려고도 안 하고 학교에서도 마련해준다고 하면서도 한 학기가 다 지나가는데도 못 해주더라고. 그래서 원고 교정일이라도 보겠다고 했는데 교정도 쉽지 않고, 그러니까 학생들이 할 수 있는 아르바이트가 없는 거예요.

그리고 장학금을 알아보니까 3학년이 돼야 내 차례가 오더라고. 그 장학금이 있는데, 그것도 성적이 아주 최고 학점이 돼야 주고. 도저히 내가 그때까지 버티지를 못하는 거예요. 그래서 학교를 그만두었죠.

내가 어떻게 해서라도 다녀보려고 총장실, 아니 학과장실을 얼마나 갔는지 몰라. 그때 도서관학과 과장이 김○○ 교수셨는데 총장님한테는 감히 못 가고, 학과장님 사무실로 갔어. 그 앞에 있는데 그 선생님이 들어오시더라고요. 난 지금까지도 그 말을 이해하지 못하겠어요. '선생님, 제가 아직 등록을 못했는데 조금 시간이 걸릴 텐데 어떻게 안 되겠냐'고 등록금을 상의하러 간 거야. 그랬더니 그 교수님 말씀이 "학교는 장사하는 곳이 아니다. 이 학교는 돈 안 내면 못 오는 데다" 그러는 거야. 이걸 어떻게 이해를 해야 될까요?

장사가 아니니까 돈이 없어도 다닐 수 있어야 한다고 말해야 하는 거 아닌가? 앞뒤가 안 맞는 얘긴데.

그러면서 등록금이 없으면 못 온다고 하는 거죠. 그래 가지고 못 갔어요. 나는 어안이 벙벙했어요. 그런 건가? 아무 말도 못하고 나왔는데. 대학은 꼭 졸업하려고 내가 대학을 기를 쓰고 갔는데 내가 못난 탓에 그만. 그때 종합대학, 남녀공학대학, 고대 같은 데는 등록률이 40퍼센트 정도밖에 안 됐어요.[49]


등록금 인하는 4·19혁명 직후 한 차례 이루어졌다. 1961년 서울대학교는 신입생에 한해 예년에 비해 1만 원이 적은 6만 5900원을 징수했다. 그리고 1960년대 초반부터 군사정부에 의해 한도액을 초과하는 등록금과 나아가 등록금 인상률에 대한 제한이 본격적으로 이루어지기 시작했다. 1961년 서울의 한 대학에서 국가재건최고회의 문교사회위원장 앞으로 진정서를 제출했는데, 후원회비나 시설비 등의 명목 대신 납입금 형식으로 등록금 초과 한도보다 1만 5000원 더 많은 대학 등록금을 징수한다고 고발했다.[50] 이를 기화로 문교부 장관이 담화를 발표해 설립자가 부담해야 할 운영 경비는 설립자 부담으로 하되, 나머지 납입금에 한해서만 종전의 액수 범위 내에서 징수하라며 등록금 징수에 강력한 통제를 가할 것임을 천명했다.

> 최근 일부 대학에서 소위 납입금 명목으로 소정의 한도액을 초과해 마음대로 등록금을 징수하고 있다는데, 이러한 불법 처사는 대학교육의 정상화를 목표로 하는 혁명정부의 기본 시책에 어긋나는 것으로, 사실이 드러나는 대로 단호한 조치를 취하겠다.[51]

이어 1961년 12월 21일 국가재건최고회의 박정희 의장이 전국 대학 교직자를 상대로 담화문을 발표해 국비 수업료의 정실적인 면제, 등록금 부당 징수를 비롯해 학원 소요와 대학 운영 실태 전반에 대해 경고를 했다.

아직도 과거의 부정부패 근성에서 탈피하지 못하고 구태의연한 학원 내의 여러 가지 결함을 많이 발견했다. 군사혁명의 제2단계로 돌입한 이 마당에 무엇보다 긴요한 것은 정신혁명이며, 인간 개조 과업이다. 학원 안이 부정과 불안에 동요되고 있다면 그 원인이 어디에 있든 간에 발전을 기대할 수 없다. 더욱이 교직자 간의 파벌 형성과 교육을 빙자한 사행 또는 불공평한 정실 입학, 부정 편입 및

〈그림 25〉 문교부와 등록금 인상(《사상계》 1964년 4월호, 87쪽)

진학, 부정한 교무 행정, 국비 수업료의 정실적인 면제, 등록금의 부당한 징수 등이 재연돼서는 안 될 것이다.[52]

군사정부의 고등교육 정책이 실패를 면하지 못했듯이, 대학의 등록금 한도액을 넘어선 초과 징수 역시 근절되지 않았다. 그 결과 입학시험에 합격했으나 등록금을 마련하지 못했거나 군 제대 이후 복학하려던 학생이 등록금이 없어 자살하는 일이 계속 일어났다.[53]

또 대학의 낮은 학생 등록률도 개선되지 않았다. 1962년에는 통화 개혁이 영향을 미치긴 했지만 각 대학의 등록금 납입 상황이 전례 없이 낮았다. 1962년 2학기 서울대학교에서는 1만 2000명 중 약 57퍼센트인 6797명만이 등록을 마쳤고, 연세대학교는 1차 등록률이 54퍼센트로 낮아서 2차로 추가 등록을 실시한 결과 85퍼센트의 학생이 등록했다. 비교적 등록률이 좋은 이화여자대학교 역시 1차 등록률이 80퍼센트였고, 추가 등록을 실시한 결과 86퍼센트에 도달했다.[54] 1964년 2학기에는 서울시내 대학의 경우 평균 38.8퍼센트의 낮은 등록률을 보였다.[55]

1963년 문교부 훈령이 제정돼 그간 시설비, 시설확충비 등 다양한 명목으로 납입금 외에 부과되던 등록금에 대해 기성회계로 수렴, 인정했다. 정부의 열악한 재정 지원을 보충하기 위해 국공립대학에 도입됐으나, 이후 수업료보다 기성회비가 더 많은 기형적인 대학 등록금 구조를 만들어내는 데 영향을 미쳤다. 그리고 대학 등록금 납부 기간을 법정 수업 일수를 확보할 수 있는 최대 기일까지 연장하고, 등록금으로 우선 입학금과 수업료만 내고 기타 납부금은 별도로 납부 기간을 정해 내도록 하는 등 등록금 납부의 편의를 도모하는 조치가 취해졌다.

학생의 등록금으로 대학이 유지되는 현실, 즉 대학의 등록금 의존율이 높았는데도 1960년대 중반 경제 부처는 수익자 부담 원칙을 적용해 대학 등록금의 대폭적이고도 지속적인 인상을 당연시했다. 1965

년부터 경제기획원은 수익자 부담 원칙에 따라 교직원 봉급과 학교 시설비까지 학생에게 부담시킬 계획이었다. 1964년에는 실업계 대학을 제외한 전국의 국공립대학에서 등록금을 일시에 220퍼센트가량 올리려고 했다. 하지만 문교부의 반대에 부딪혀 실업계 대학을 포함해 모든 대학의 등록금을 매년 20퍼센트씩 4~6년에 걸쳐 차츰 올리기로 했다.[56]

〈그림 26〉 1964학년도 서울대학교 등록금과 자율적 경비 납부 영수증(서울대학교 기록관 소장)

하지만 대학 등록금은 매년 50퍼센트 내외의 인상률을 나타냈다. 1965년 한양대학교 학생은 50퍼센트 인상된 등록금을 15퍼센트로 내리라라며 등록금 인상 반대 투쟁을 벌였다. 또 서울대학교 문리대학 학생회, 성균관대학교 학생대의원회 등에서는 50퍼센트 내외로 인상된 등록금에 대해 총장, 국회의장, 문교부 장관 등에게 등록금 환원 진정서를 제출했다.[57]

서울대학교의 1965학년도 1학기 등록금은 문과 계통이 9400여 원, 이공 계통이 1만 1000원 내외였다. 고려대학교는 평균 1만 3000원대였고, 연세대학교는 1만 2000원에서 1만 6000원 정도였다. 이화여

## 〈표 23〉 지방 4년제 국립대학교 인문계열 국문과 등록금 현황 (1967~1987)

(단위: 명)

| 학기 | 재학생 | 신입생 | 비고 |
|---|---|---|---|
| 1967년 1학기 | 12,520 | 16,730 | |
| 1968년 1학기 | 14,210 | 19,000 | |
| 1969년 1학기 | 17,000 | 22,500 | |
| 1970년 1학기 | 22,760 | 27,870(남)/26,370(여) | 남자 교련복장비 1,500원 추가 |
| 1971년 1학기 | 30,600 | 32,400 | |
| 1972년 1학기 | 37,850 | 41,600 | |
| 1973년 1학기 | 37,500 | 41,100 | |
| 1974년 1학기 | 44,750 | 57,350 | |
| 1975년 1학기 | 60,500 | 73,100 | |
| 1976년 1학기 | 77,500 | 100,300 | |
| 1977년 1학기 | 83,500 | 108,300 | |
| 1978년 1학기 | 89,600 | 102,400 | |
| 1979년 1학기 | 105,100 | 114,000 | 3, 4학년 102,200원 |
| 1980년 1학기 | 131,000 | 142,250 | 3, 4학년 127,000원 |
| 1981년 1학기 | 194,250 | 390,250 | 인문사회계열 동일 |
| 1982년 1학기 | 346,000 | 448,000 | 3, 4학년 208,000원 |
| 1983년 1학기 | 388,500 | 469,000 | 3학년 368,500원<br>4학년 216,000원 |
| 1984년 1학기 | 389,000 | 469,000 | 3학년 388,500원<br>4학년 368,500원 |
| 1985년 1학기 | 400,000 | 480,000 | 4학년 399,500원 |
| 1986년 1학기 | 409,000 | 489,000 | |
| 1987년 1학기 | 425,000 | 505,000 | |

출전: 《등록금 관련 서류철》, ○○대학교 문서고.

자대학교는 1만 3000원에서 1만 7000원[58]으로, 단연코 제일 높았다. 높은 등록금으로 인해 1965학년도 1학기 각 대학의 등록률은 서울대학교가 40퍼센트, 서울의 종합대학이 50퍼센트, 단과대학과 지방대학이 30퍼센트를 넘지 못했다.[59]

문교부는 수익자 부담 원칙 적용과 더불어 1966학년도부터 등록금 인상 한도액을 철폐해 각 대학이 학교 실정에 맞게 적당한 액수의 등록금을 받도록 허가했다. 그 결과 1966년에도, 1967년에도 대학 등록금은 전년 대비 많게는 50퍼센트, 평균 34퍼센트 오르는 등 가파른 상승세를 나타냈다.[60] 이에 문교부는 여론을 고려해 한 해에 20퍼센트 이상 올리지 못하도록 행정지도를 했다. 하지만 대학은 아랑곳하지 않고 등록금을 대폭 올렸다. 문교부의 행정지도가 무의미해지자 1967학년도부터는 대일청구권자금 가운데 대학에 지원하기로 한 금액, 즉 연세대학교와 고려대학교 각 1000만 원, 경희대학교와 중앙대학교 등에 각 500만 원을 지급하기로 했던 사립대학 시설보조금 3억 2000만 원을 지급 보류하겠다[61]는 조처를 취했다. 그러나 별다른 효과는 없었다.

1968년 9월 《매일경제신문》은 〈대학 재단 그 이면〉이라는 연재 특집 기사를 실어 사립대학 10여 곳의 재단 운영과 특색을 살펴보았다. 정원 외 초과 모집과 대폭적인 등록금 인상이 이루어졌고, 부동산 투자로 대학이 성장했으며, 시설과 건물은 등록금으로 이루어졌다고 분석했다. 사회에서는 사립대학에 대한 특감을 요구하는 목소리가 높아졌고, 결국 특감이 열려 '대학은 우골탑'이라는 분노가 터져 나왔다. 하지만 특감이 열린 1969년에도 사립대학은 신입생 모집 시 20~30 퍼센트 인상된 등록금을 공고했다. 문교부는 이에 등록금 반환 명령을 내렸으나 사립대학은 반환하겠다[62]고 하면서도 다른 대학의 눈치를 보며 차일피일 미루었다. 결국 이 문제는 유야무야되고 말았다.

사립대학의 등록금은 등록금 인상 한도액 철폐로 지속적으로 올랐다. 그러나 상대적으로 국립대학은 인상 폭이 크지 않아 국공립대학과 사립대학의 등록금 차이는 갈수록 벌어졌다. 1970년대 이후 사립대학 등록금 인상 폭은 15퍼센트 내외로 다소 낮아졌으나 여전히 등록금 부담은 컸고, 이는 학생 등록률에 영향을 미쳤다. 등록금 부담 완화책으로 추가 등록이나 등록금 분할 납부 등의 방안이 제시됐으나, 대학은 행정 편의를 명분으로 또는 학생운동에 남용될 우려가 있다며 추가 등록 횟수를 제한하고 또 미등록자 제적을 엄격히 시행했다.[63]

높은 등록금 인상률과 납부 방식의 전횡이 지속될 수 있었던 것은 대학 진학 열기와 그로 인한 높은 입학 경쟁률 때문이었다. 관행적으로 이루어지던 정원 외 초과 모집, 고액의 금전 거래와 연결된 편법 편입학 실시 등으로 인한 높은 미등록률은 대학으로서는 문제가 되기보다 오히려 치부의 기회로 여겨졌다. 1969년 사학특감 보고서에서도 공납금과 재단 수익 등 대학 예산을 일정 기간 공고할 것, 청강생의 등록금에 과세 조치할 것 등을 제안했지만, 실효는 없었다.

그렇다고 비싼 등록금이 교수의 처우 개선으로 이어지지도 않았다.

교수가 연구 수당을 올려달라며 대통령 면담을 요청하고 나서는 형편이었다. 서울대학교의 1965년 교수 봉급은 전임강사 8300원, 조교수 9200원, 부교수 1만 2000원, 교수 1만 5000원이었다. 교수는 매월 연구 수당으로 1500~3000원을 더 받았다.[64] 조교수의 한 달 월급은 문과 계통의 한 학기 등록금과, 부교수의 한 달 월급은 이공 계통의 한 학기 등록금과 맞먹는 수준이었지만, 당시 사립초등학교의 교사 월급이 월 2만 원이었던 것을 보면 교수 월급이 사립초등학교 교사보다 못한 수준이었다.

대학에서는 재정상 어렵다며 전임교수를 채용하지 않고 시간강사를 많이 썼다. 1965년 당시 서울의 10개 대학에는 2181명의 시간강사가 있었다. 시간강사는 서울대학교에서 시간당 100원, 서강대학교에서는 200원을 받았다. 평균 시간당 150원이었다. 언론에서는 낮은 강사료에 대해 지성이 착취당하고 있다[65]고 꼬집어 비판했다.

## 관보대학생 출현, 학위 장사와 정원 외 초과 모집을 막아라

등록금 인상과 짝을 이루는 또 하나의 대학교육 현실은 '정원 외 초과 모집'이었다. 정부가 등록금을 제한하면 대학은 정원 외 초과 모집으로 대응했다. 1969년 사학특별감사에서 한양대학교는 1962년 이후 1만 4751명의 졸업생 중 절반에 가까운 약 6700명이 정원 외 학생으로 졸업했음이 밝혀졌다.[66] 사실 1960년대에 정원 외 초과 모집

〈그림 27〉 정원 외 초과 모집을 한 대학 총장 징계(《동아일보》 1964년 3월 5일)

은 공공연한 일이었다. 1964년에는 연세대학교가 30퍼센트, 고려대학교 35퍼센트, 이화여자대학교 42퍼센트, 중앙대학교 30.7퍼센트로 신입생을 정원보다 초과해 모집했다.[67] 대학은 등록금 수입 감소로 인한 운영난을 타개하기 위해 정원 외 초과 모집이 불가피하다는 태도를 유지했다. 그러자 문교 당국은 연세대학교, 고려대학교, 이화여자대학교의 총장 승인을 취소하겠다는 강경한 방침을 들고 나왔다.[68]

이에 각 대학은 다양한 반응을 보였다. 정원 외 초과 모집은 국가 보조도 없고 재단 수입도 없는 상황에서 부득이한 방편이라는 동정론을 펴면서, 그렇다고 총장 승인을 취소하겠다는 문교부의 방침은 과격한 대응이며, 나아가 부당한 간섭으로 사학의 자주성을 침해하는 것이라고 비난하는 대학이 있는 한편, 가능한 한 정원을 지키면서 조용히 원만하게 해결할 것을 제안하는 대학도 있었다.[69]

연세대학교 이사회에서는 신입생 불법 초과 모집을 이유로 3대 총장 윤인구의 총장 승인을 취소하고 새 총장을 선임, 발표했다. 이에 윤인구 총장은 입학이나 퇴학 등의 전형은 총장의 권한으로, 이사회에서 이를 문제 삼아 신임투표를 하는 것은 불법이라며 소송을 제기했다. 이 와중에 그는 "연세대는 약 40퍼센트의 초과 모집이 있었고, 교무위원회의 결의를 거쳐 그중 10퍼센트는 운동선수, 교직원 직계자녀 등 6개 항의 전형 원칙 범위 안에서 총장 재량으로 입학시켰는데, 재단 이사장이나 이사가 추천한 학생 가운데 몇몇이 빠져 말썽이 일었다"라고 사정을 설명하면서 정원 외 초과 모집은 시인했으나 부정 입학은 없었다고 강변했다.[70]

연세대학교는 1964학년도 신입생 전형에서 정원 내의 합격자와 교무위원회의 논의를 거쳐 결정된 30퍼센트의 정원 외 초과 합격자를 동시에 발표했다. 이틀 뒤 운동선수 41명, 교직원 자녀 22명을 추가 합격시켰다. 그리고 3일 후 다시 재단 이사회 등에서 부탁해온 42명과 총장 등이 추천한 83명에게 합격 통지를 보냈는데, 총장이 추천한 83명 가운데 한 명에게서 100만 원, 27명에게서 1인당 50만 원씩 총 1400여만 원을 받고 별도의 행정 절차 없이 합격시켰다.[71] 당시 용어로 '정실 입학'이 총장의 전횡으로 이루어진 것이다.

정원 외 초과 모집과 부정 입학은 연세대학교만의 일이 아니었다. 이화여자대학교는 정원 외 초과 모집으로 총장의 취임 승인을 취소했으나 6개월 후 재임명했고, 이미 입학해 다니는 학생에게도 별다른 조치를 취하지 않았다. 경희대학교는 1968학년도 입시에서 성적을 고려하지 않고 1인당 최소 30만 원에서 최고 100만 원까지 기부금을 받은 후 80~90명의 보결생을 뽑았다.[72]

1969년 사학특감에서 정원 외 초과 모집 당시 합격권에 든 학생을 탈락시키고 대신 금전을 받고 다른 학생을 부정 입학시킨 사례, 고등학교 미졸업자와 대입 예비고사 불합격자에게 입학을 허가한 사례, 상당액을 받고 학점을 매매한 사례 등이 밝혀질 정도로 부정 입학과 학사 부정이 만연했다. 그래서 나온 대책이 이른바 관보대학생이었다. 1965년 12월 〈대학생정원령〉이 공포됐고, 이로써 1966학년도 신입생부터 신입생 합격자 명단이 《관보》에 실리게 됐다. 문교부 장관 명의로 《관보》에 공고된 신입생 합격자 명단은 주로 대학별로 게재됐는데, 1966년부터 시작해 1970년대 중반까지 《관보》에 등장했다. 1975년에는 학교별이 아니라 일괄 발표해 200쪽이 넘는 대학 신입생 합격자 명단이 《관보》에 실리기도 했다. 그리고 합격이 취소되거나 추가로 합격된 학생 명단도 일일이 《관보》에 게재해 정원 외 초과 모집을 단속하려고 했다.

그리고 《관보》에 실린 학생에게만 졸업 시 학사등록증을 주고, 학사등록증을 가진 학생에게만 공공기관이나 자격시험에 응시할 수 있

공 고

◉문교부공고제937호(기3)

교육법시행령 제130조에 의한 학사학위 등록의 기초가 되는 1966학년도 대학 신입생 명단을 다음과 같이 공고한다.

1966년 6월23일

문교부장관 권 오 병

다 음

漢陽大學校

工科大學

電氣工學科

計 40名

機械工學科

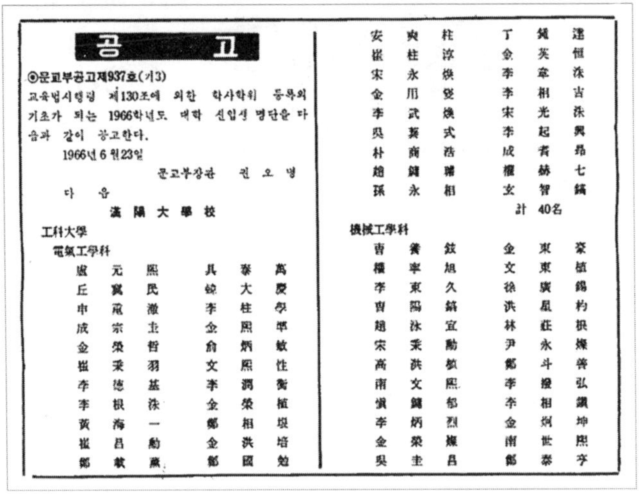

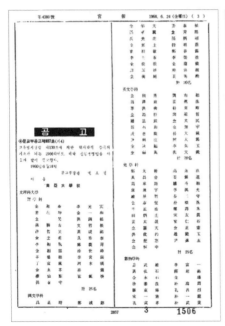

〈그림 28〉 1966학년도 한양대학교 신입생 합격자 명단(《관보》, 1966년 6월 23일)

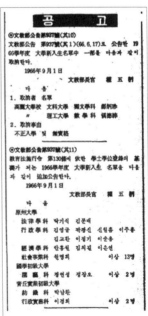

〈그림 29〉 1966학년도 동아대학교 신입생 합격자 명단(《관보》, 1966년 6월 24일)

공 고

◉文敎部公告第937號(其10)

文敎部公告 第937號(其1)(66. 6. 17)로 公告한 1966學年度 大學新入生名單中 一部를 다음과 같이 取消한다.

1966年 9月 1日

文敎部長官 權 五 柄

다 음

1. 取消者 名單

高麗大學校 文科大學 獨文學科 鄭炳珍

〃 理工大學 數學科 慎德鉉

2. 取消事由

不正入學 및 無資格

◉文敎部公告第937號(其11)

敎育法施行令 第130條에 依한 學士學位登錄의 基礎가 되는 1966學年度 大學新入生 名單을 다음과 같이 追加公告한다.

1966年 9月 1日

文敎部長官 權 五 柄

다 음

原州大學

法律學科 박기석 김문태

行政學科 김영규 곽광신 신원용 이주홍 김교찬 이정기 이순용

經濟學科 안홍빈 김의진 이은연

社會事業科 원명희 이상 13명

國學初級大學

國文科 정연성 정장오 이상 2명

靑丘實業初級大學

紡織科 박남찬

行政實務科 이경희 이상 2명

〈그림 30〉 대학 합격 취소 명단과 추가 합격자 명단(《관보》, 1966년 9월 10일)

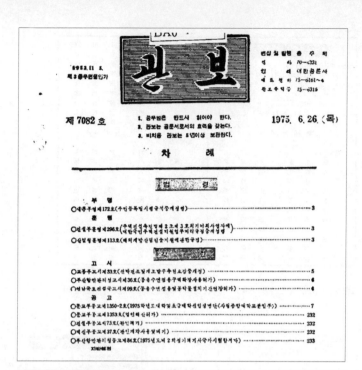

제 7082 호 1975. 6. 26. (목)

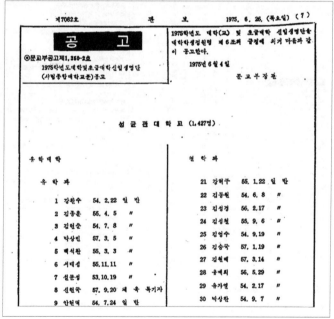

〈그림 31〉 1975학년도 대학 합격자 명단(《관보》, 1975년 6월 26일)

게 했다. 그러자 대학은 이중장부를 만들어 학사 관리를 하면서 여전히 학위증을 남발했다. 결국 정원 외 초과 모집 학생과 청강생의 규모조차 파악하기 어려워졌다. 문교 당국은 이에 재적생 규모를 정확하게 보고하면 선의의 피해자를 없애겠다고 제안함으로써 오히려 정원 외 초과 모집 학생과 청강생을 양성화하고 말았다. 1968년 당시 사립대학에서는 약 4만 3000명, 국립대학에서는 약 1500명의 학생이 정원을 초과해 합격됐다. 1968년 문교부 장관이 정원 외 초과 모집을 근절하고자 특별담화문을 발표했으나 큰 성과는 없었고, 문교 당국의 행정적 조치도 효력이 없었다. 1969년 사학특감보고서에서 '대학 동창회 명부 작성의 의무화'[73]라는 대책을 제안할 정도로 정원 외 초과 모집, 부정 입학, 대학의 축재 등에 대한 문교 당국의 정책적 대안은 빈곤했다.

1969년 초 호기롭게 시작됐던 사학특감은 20여 일 동안 전국의 73개 사립대학을 대상으로 조사를 벌이고 특별감사를 진행한 뒤 연말에 보고서를 내는 것으로 활동을 종료했다. 보고서에서는 사립대학의 영리 행위와 이로 인한 이상 비대 현상, 부정 입학, 공납금의 교육 목적 외 유용, 교수 부족과 기본 시설 부족 등 사학의 부정부패 실상을 적나라하게 지적했다. 그리고 시정 조치로 재단 이사장직과 총학장직의 분리, 3촌 이내의 친족 이사 임용 금지, 학교 재단의 재산 재평가, 예산·결산 수지 명세서 공고와 교육 목적 외 공납금 유용에 대한 법적 조치, 대학 시설 기준표 작성과 시설 미비 의대 폐쇄 조치, 학과 폐합 등 정원 재조정, 교수 신분의 법적 보장, 법정 인원 초과 모집 청강생의 등록금에 대한 과세 등을 건의하면서 이를 위한 입법을 제안했다.[74] 유사 이래 처음 시도됐던 사학특감은 1960년대 대학의 민낯을 다시 한 번 확인하고, 보고서를 통해 당시 대학의 부정적인 면을 종합 정리했다는 의미를 가지며 매듭지어졌다.

# 4

# 우울한 청춘,
## 낭만과 고학의
# 이중주

## 고학생 30만 명 시대, 가정교사는 피곤하다

1965년 한 신문사의 대학생 투고란에 실린 글을 보면 당시 대학생의
고민거리는 등록금, 아르바이트, 병역, 데모, 취직, 이성 교제, 음주, 전
공 선택, 가정교사 등이었다.[75] 특히 등록금과 아르바이트가 가장 큰
고민이었다. 1960년 11월《경향신문》에서는 학비 조달이 어려워 학
업을 중단하는 학생이 많다며 '고학생 30만 명'이라고 추정했다. 문교
부에서는 아르바이트를 하면서 학자금을 조달해 수학하는 학생을 고
학생으로 정의하고, 매년 고학생 실태 조사를 했다. 1960년 조사 결
과에 따르면 중고생 8529명, 대학생 5768, 사범계 학생 478명, 합계
1만 4775명이 고학생이었으며, 대학생과 실업계 고등학생의 대략 30

퍼센트가 고학을 한다고 추정했다.

아르바이트 실태를 보면 대학생은 가정교사가 50퍼센트 정도로 가장 많았고, 중고등학생은 신문 배달원이 50퍼센트 정도였다.[76]

서울대학교 학생지도연구소가 1962학년도 1학기에 등록한 서울대학교 학생 1만 1127명 중 80.4퍼센트인 8943명을 대상으로 조사한 결과에 따르면, 서울대학교 학생 중 22.8퍼센트가 학비를 스스로 벌어 공부하는 고학생이었고, 그 가운데 23.3퍼센트는 가정교사 일을 했다. 1966학년도 신입생 조사 결과에 따르면 생활이 '극히 곤란하다'는 학생이 2.8퍼센트, '상당히 곤란하다'는 학생이 20.6퍼센트였으며, 학비를 전부 스스로 마련하는 학생이 15.4퍼센트, 일부를 부담하는 학생이 33퍼센트였다. 사범대학, 약학대학, 상과대학의 순으로 학비를 스스로 마련하는 학생의 비율이 높았다. 대학생의 가장 절실한 문제는 경제 문제(20.4퍼센트), 장래 문제(15.8퍼센트), 학업 문제(10.5퍼센트)의 순으로 경제 문제가 가장 큰 고민거리였다.[77] 평균 20~30퍼센트의 학생이 고학하며 학교를 다녔고, 학업보다 경제적 빈곤이 대학생에게 더 큰 부담이었다.

학생들은 가정교사, 번역가, 학원 강사, 타이피스트, 여론조사원, 신문 배달원 등 다양한 아르바이트를 했는데, 1967년 당시 전체 학생의 60퍼센트가 학비를 벌기 위해 이런 일을 했다. 입주 가정교사는 월 3000~5000원 정도의 고수익을 얻을 수 있어 가장 인기가 많았다.[78] 보통의 가정교사는 한 달에 2000원 정도, 숙식을 포함하면 1500원 정도를 벌었다. 몇 달 모으면 생활비와 함께 5000원 정도의 학비를 마련할 수 있었다. 학교 내에서 하는 아르바이트는 등사, 도서관 보조 등의 일이었는데, 시급이 박해서 오랜 시간 일해야 했다. "하루 여섯 시간 매일같이 일했는데 옷이 쉽게 해지기 때문에 가죽을 대어 입었다"라거나 "와이샤쓰를 입어본 적이 없다"라고 회고하는 학생도 있었다.[79]

가정교사 일은 선호하는 아르바이트였지만 "가정교사를 초대한 사람은 교사로서의 대우보다는 고용인으로서의 주종 관념을 앞세우려 한다"라며 어려움을 호소하는 학생이 많았다. 이에 학교가 직접 나서기도 했는데, 예를 들면 서울대학교 학생생활연구소에서는 가정교사 연구협의회를 열고 가정교사 경험담과 가정교사 지도 노하우를 나누는 자리를 제공했다. 발표를 맡은 한 사범대학 학생은 "가정교사는 위압과 강제로 공부를 가르치기에 앞서 학생에게 친구 같은 마음씨를 가져야 한다. 학생의 학습 성적을 올리기 위해서는 학생 및 그의 가족과의 인간관계가 원만해져 모든 일을 서로 상의하고 돕는 관계가 먼저 이룩돼야 한다. 내가 가정교사로 성공한 것은 가족과 친근한 인간관계를 조성하려고 애쓴 덕이다"[80]라고 이야기했다. 하지만 공부에 지친 학생이 창백한 얼굴로 "시험 안 치는 나라는 없느냐"라고 물으면 가정교사로서는 "가정교사 없는 대학생활은 없느냐" 하며 탄식을 할 정도로 고학생의 생활은 애환과 회의에 젖은 힘든 나날이었다.

1960년대의 대학생 문예지 《산문시대》 활동을 통해 대학문화와

〈그림 32〉 가정교사는 피곤하다 《동아일보》 1963년 6월 3일

문학의 한 획을 그은 작가 김승옥도 순천고등학교를 졸업하고 서울로 올라와 대학생활을 시작하면서 아르바이트를 당연한 것으로 여겼다고 회고했다.

저는 서울에 올 때부터 이미 아르바이트를 하며 대학에 다니기로 결심을 했어요. 저와 같은 사정이 아니더라도 학비와 생활비를 도와줄 수 있는 부모가 있는 경우에도 대학생이라면 아르바이트로 학교에 다녀야 한다는 것이 그 당시 대학 사회 상식이기도 했고요. 성북동에 있는 어느 집에서 중학생을 가르치는 가정교사를 시작했어요. 그런데 그 집이 가정교사를 두

고 아이를 가르칠 수 있을 만큼
넉넉한 집이 아니었더라고요.
박한 보수에도 불구하고 동생
을 가르치는 기분으로 있었어
요. 그런데 그것도 나중에는 미
안해지더라고요. 대학 다니면
서 생계를 위해 신문사 만화가
노릇을 하면서부터 대학생 한
사람이 하숙비를 내고 책을 사
보고 조금씩 저축해서 한 학기
등록금을 마련하기에 충분한
액수를 벌었어요.[81]

〈그림 33〉 대학생의 가정교사 구직 신문 광고
《경향신문》 1971년 12월 10일

학생은 부업이고 본업이 아르바이트였던 셈이다. 가정교사를 원하
는 대학생은 증가하는 반면 중학교 무시험제 실시 등으로 수요가 줄
면서 가정교사 일자리는 1970년대 들어 점점 구하기 어려워졌다. 또
가정교사 보수도 일정 가격으로 표준화됐다. 1970년대 초 가정교사
보수는 중학교 3학년 개인 1만 5000~2만 원, 그룹 1인당 5000~1만
원, 대학 입시생 개인 2만~2만 5000원, 그룹 1인당 7000~1만 2000
원이었다.[82] 대학생 가정교사 일자리를 구하는 신문 광고도 늘어났다.
한 대학생은 가정교사 구직 광고를 여러 차례 내도 연결이 되지 않자

신문사 광고부를 찾아가 광고비 80원을 내고 "S대 영문과 장학생, 초중고생 책임 지도"라는 문구로 직접 광고를 내기도 했다. 가정교사 아르바이트를 하는 대학생 비율이 50퍼센트 이상에서 30퍼센트로 급감할 정도로 가정교사 일자리는 구하기 어려웠다.

## 대폿집과 다방에서 불안을 위장하다

1960년대의 대학가는 경제적 빈곤과 정치적 불안, 사회구조적 문제 등으로 인해 우울과 방황이 주도하는 분위기였다. 경제적 빈곤은 고학의 고달픔으로, 대학생의 우울과 방황은 낭만으로 표현됐다. 정치적 불안과 경제적 불안, 취업 문제는 1960년대 대학문화의 구조적 취약성을 내포하고 있었다.

대학생의 우울한 자화상은 대학문화에도 그대로 드러났다. "대폿집에 모여 앉아 젓가락 따위나 치는 것이 고작 허울 좋은 레크리에이션인 우리의 대학 풍경은 너무나 무미건조한 생활의 연속"이라는 말에 드러나듯이 대학생은 음주와 노래로 시대의 우울과 방황을 해소하려고 했다. 음주만이 유일한 레크리에이션일 수밖에 없었다는 한탄과 "재학 중 가장 해보고 싶은 것은 세기적인 연애"라고 하는 말에서 대학생의 불안한 내면이 잘 드러난다.[83]

대학생이 가난, 실업, 가족의 희망, 엘리트로서의 특권에 대한 믿음이라는 굴레 안에서 방황하며 느끼는 부담은 불안을 넘어 환멸을 체험하는 것이었다. 많은 경우 가족의 희생을 기반으로 대학생활을 유지했기 때문에 그들의 삶은 빈곤이나 우울함이 기본적으로 밑바닥에 깔려 있었다. '수면과 춘정春情과 미래에 대한 불안과 싸워가며 변소 벽에도 수학 공식을 써 붙여놓고 1분 1초를 아껴 입학시험 공부를 해서'[84] 진학한 서울의 대학생활은 만만하지 않았다. "우리 집에선 무슨 도박처럼 기대를 걸고 쌀을 팔았을 것 아녜요?"[85]라는 말에서 느껴지듯 시골 부모가 자식의 학비를 대기 위해 한 해에 20가마의 쌀을 팔아야 하는 현실을 보며 대학생은 무거운 부담을 느끼게 되고, 대학을 다닌 것만큼 사회적 지위를 쉽게 보장받을 수 없다는 초조감과 절망감을 맛보며 싸늘한 사회 현실에 맞부딪쳐야 했다.

우리의 학생생활은 메말랐고 황량하고 을씨년스럽다. 대학을 갓 들어와서는 제일 첫 느낌이 어두운 실망뿐이었으니 말이다. 250만이라는 실업자군, 그들의 상당수가 대학교육을 거친 인텔리라는 사실은 옛날 대학생들의 자부심으로 볼 때 어처구니없는 일이다. 불 꺼진 대학가, 이 얼마나 서글픈 현상이며 현실이냐? 얼마 되지 않는 월급을 받고 집안 걱정까지 하면서 교수들이 밤늦도록 연구할 수도 없겠고, 너무나 힘에 겨운 등록금 때문에 강의를 끝마치기 무섭게 우리 학생들은 그 알뜰한 부직 전선에서 흔히 초등학교 6학년이나 중고등학교 학생들을 가르치는 가정교사로, 타자수로, 번역생으로, 한 달에 만 원에서부터 기껏 많으면 5000원이 더 붙은 그 돈을 구하기 위해서 허둥지둥 방황하고 있는 것이다.[86]

그 반면에 1960년대 대학생, 대학문화를 다룬 영화 등에서는 비현실적인 대학생상을 그렸다. 스포츠카를 타고 드라이브를 즐기고 댄스홀을 드나드는 대학생, 비행기를 조종하고 말을 타는 여대생, 다방에서 트위스트를 추며 여자를 껴안고 입을 맞추는 대학생[87]이었다. 당시 대학생을 중심으로 한 1960년대 서울의 젊은이는 음악다방, 음악감상실, 살롱, 비어홀 등에서 클래식, 재즈, 팝을 즐기거나 트위스트를 추기도 했다. 입장료 30원 정도의 비교적 저렴한 돈으로 들어갈 수 있었던 음악감상실은 학생증을 제시해야 해서 고등학생의 출입이 어려웠다. 그럼으로써 20대의 배타적인 공간으로 기능할 수 있었다. 그곳에서 도시락을 먹으며 하루 종일 클래식 마니아로서의 문화적 취향을 과시하는 부류도 생겨났다.[88]

다방에서는 차나 커피를 판매했지만 커피는 대표적인 외래품, 사치품으로 인식돼 구박을 받았다. 1961년 5·16군사정변 이후 전국의 다방에서는 정부의 강압으로 일제히 "오늘부터 커피를 팔지 않습니다"라는 게시문을 내걸었다. 커피, 홍차, 코코아, 레몬주스 등 외래품 판매 단속이 1960년대 내내 실시돼 어쩔 수 없이 대안으로 커피 캐러멜, 인조커피, 콩을 볶아 파는 콩커피 등을 판매했다. 어두컴컴한 구석에 앉아 담배를 피우고 차를 마시며 인생을 논하는 문학청년의 아지트 같던 다방은 실은 커피 없는 다방이었던 셈이다.

서울대학교 문리대학 앞에 위치한 '학림', 연세대학교 앞의 '독수리 다방' 등은 대학생의 사랑방과도 같던 다방이었다. 다방에서 나눈 대화가 강의실에서보다 더 많은 결실을 얻었다고 해서 다방을 '제2강의실'이라는 별칭으로 부르기도 했다.

## 연애를 꿈꾸며 우울을 달래다

매년 졸업생을 대상으로 한 설문조사에서 '재학 중 꼭 하고 싶었으나 못한 것이 무엇이냐?'라는 물음에 너나없이 '열렬한 세기적 연애'라고 응답한 데서 나타나듯이 연애는 답답한 현실에서 젊은이가, 대학생이 꿀 수 있는 유일한 꿈이었다. 하지만 이루지 못한 꿈이었다. 연애라고 해봐야 먼발치에서 이성이 지나가는 모습을 보며 아련히 가슴을 조이는 순정파가 많았고, 데이트라고 해야 기껏 음악감상실에 마주 앉아 대화를 나누거나 영화 관람을 하는 정도였다.

4·19혁명 이전 세대와 이후 세대를 구별하는 방법 중 하나로 미팅을 해봤느냐가 거론될 정도로 대학가의 미팅은 4·19혁명 이후 세대의 풍속으로 자리를 잡았다. 미팅을 주선하는 남녀 대표가 시간, 장소, 인원수 등을 고려해 티켓을 마련하고 한 장당 200~500원에 판매한다. 대표가 티켓에 남녀 각각 같은 번호를 기입해 제비뽑기를 한 후, 번호가 같으면 짝을 이루는 방식으로 남녀가 야외로 나가거나 대학가 근처의 다방이나 영화관 등에서 만남을 가졌다. 주말 서울 근교의 딸기밭, 배밭 같은 과수원이나 농원으로 나가는 교외선 미팅, 딸기팅, 창경궁 밤벚꽃놀이 미팅(나체팅, night cherry blossom meeting을 줄인 말)이

인기를 끌었다.

1966년 대학생의 일상을 가볍게 스케치한 주간지의 한 기사에 따르면 한 여자대학교 신입생의 경우 한 학기에 사회생활과 10회, 자수과 8회, 정외과와 사학과 6회, 영문과·사회과·체육과·교육과 각 5회씩 그룹 미팅을 했다[89]고 한다.

신학기가 되면 각 대학의 신문에는 자기 학교 학생이 미팅에서 인기가 있다는 것을 은근히 자랑하는 기사가

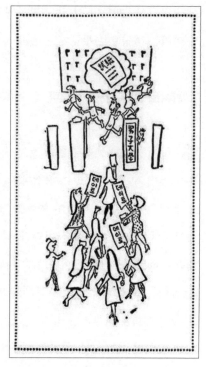

〈그림 34〉 4·19혁명 이후 세태상, 미팅에 거는 남학생의 꿈(?) 《동아일보》 1969년 4월 17일)

실렸다. 남학생이 많은 "공대 주변에 때아닌 배꽃(梨花)이 만발했다"라거나 "교문의 수위가 미팅 신청하러 온 남학생을 돌려보내느라 진땀을 뺀다"라는 등 믿거나 말거나 하는 기사로 지면을 채웠다.

1960년대에 주로 야외로 나가던 미팅이 1970년대 들어서는 다방 등에서 만나 한두 시간 같이 시간을 보내다 헤어지는 간략한 방식으

로 변화했다. 입학 기념 미팅, 과 미팅, 고교 동창 미팅, 휴강 기념 미팅, 종강 기념 미팅 등 온갖 명분의 미팅이 등장했으나, 1970년대 중반을 넘어서면서 '대학생활의 낭만'이며 '학점 없는 교양 필수과목'이라던 미팅은 점차 시들해졌다.[90] 미팅 비용을 주로 남학생이 부담하는 관행이나 상대 여학생의 외모 위주의 평가와 '여대 1학년은 금값, 2학년은 은값, 3학년은 스테인리스 값, 4학년은 구리 값'이라고 하는 여성 비하적 사고와 발언이 남녀 공동으로 이루어지는 미팅의 지속을 어렵게 만들었다.

## 순수와 낭만, 축제와 문학청년

우울, 방황, 낭만, 연애 모두에 기성세대는 부정적 인식을 드러냈지만, 그것이 대학생을 드러내는 키워드였다. 대학생을 하나의 문화 코드로 인식하기 시작하면서 신문이나 잡지에 실린 대학생에 대한 앙케트, 리포트, 수기, 회고 등 대학생과 대학문화를 소개하는 코너가 인기를 얻었다. 4·19혁명 이후 대학생의 활동 양식, 서클, 공부 방법, 책 읽기, 연애, 고민, 음주와 놀이 등과 같은 것이 일반인의 문화적 관심사가 돼 사회적으로 유통됐다. 설문조사를 기반으로 "요즘 대학생은 공부하는 시간이 아주 적고 여가 시간이 늘어난 반면, 장기적인 노력의 대가보다도 단기적이고 감각적인 면에 치우쳐 퇴폐적인 면이 많다"[91]라며 부정적인 대학생상이 퍼지기도 했다.

〈그림 35〉 1960년대 대학축제의 한 풍경(서울대학교 기록관 소장)

　서울대학교 교내 신문인《대학신문》에서는 1963년 봄부터 〈대학가 카리카츄어〉를 연재했는데, 당시 11개 단과대학 학생의 기질을 신랄하게 풍자했다. 문리대학은 "성격이 없는 곳이다. 따라서 줏대도 실속도 없이 그저 연애하기를 좋아하는 게 문리대생들이다"라고 풍자하는가 하면, 사범대학은 "꽁초 같은 남학생과 막대기 같은 여학생이 있는 대학"이라고 풍자했다. 법과대학은 "어떻게 살 것인가보다는 무엇이 될 것인가를 더 많이 생각하는 출세광의 집단"이라고 비판했고, 의과대학은 "히포크라테스 선서 같은 것은 이미 현대적 감각에 비추어 고리타분하다고 생각하는 집단"이라고 꼬집었다.

대학가에서는 매년 정기적으로 축제가 열렸다. 축제는 대개 학술 강연회, 토론회, 발표회, 음악회, 연극 공연, 시화전, 서예전, 체육대회, 홈커밍데이, 카니발 등 다양한 행사로 이루어졌다. 당시 카니발은 주로 가장행렬이나 가면무도회 형식으로 진행됐고, 대학생은 폴카, 탱고, 블루스, 트위스트 같은 춤을 즐겼다.

1963년 11월 2일 서울대학교 총학생회가 '대학제'라는 이름의 축제를 창경원(창경궁)에서 열었는데, 서울대학교 학생은 물론이고 이화여자대학교 학생을 초청해 쇼, 포크댄스, 촌극, 쌍쌍파티 등의 행사를 진행했다. 《대학신문》은 축제 이전인 10월 31일 자 기사에서 대학제의 진행 순서, 협찬 내용을 소개하며 '새 전통 이룩할 낭만의 대학제'라고 제목을 달았다. 그리고 행사가 끝난 다음에도 당시 1만 명에 달하는 남학생이 찾아와 난감한 상황이 벌어지기도 했다. 많은 학생이 파트너를 찾지 못해 서성거리는가 하면, 파트너가 돼달라고 간청하거나 자기 티켓 번호를 큼직하게 써서 등에다 붙이고 돌아다니는 학생도 눈에 띄었다[92]며 대학제의 쌍쌍파티에 대한 호황을 보도했다. 그러나 주최 측의 준비 부족과 진행 미숙으로 혼란이 빚어지고 사회적으로도 많은 논란이 일면서 대학제는 그 후 다시 열리지 못했다.

대학축제는 1960년대에 더욱 활성화됐다. 1962년부터 고려대학교, 연세대학교, 이화여자대학교, 경희대학교 등에서 대규모 축제가

〈그림 36〉 낭만의 대학제 《대학신문》 1963년 10월 31일)

동시다발적으로 열리기 시작했다. 각 대학의 축제 프로그램은 대동소이한 면이 있었는데, 강연회, 토론회와 같은 학술 행사를 비롯해 음악회, 전시회, 문학의 밤과 같은 문화예술 행사 그리고 가장행렬, 장기자랑, 카니발 등의 오락 행사로 구성됐다. 역사상 인물 가상재판이나 가장행렬 같은 행사는 현실 풍자의 장으로 학생의 정치적 각성에 기여했다. 가장행렬을 할 때는 "박사 실업자에게 직업을 달라!", "5·16 대 1의 환율을 4·19 대 1로 인하하라!", "최루탄 살 돈 있으

면 사람 입 풀칠하라!", "불하만 하지 말고 사람 좀 살려라" 등 다양한 구호가 등장했다.[93]

1964년 5월 서울대학교에서 학생들이 모여 한일국교정상화 회담에 반대하며 민족적 민주주의 장례식을 거행한 것도 하나의 문화적 충격으로 사회적 파장이 컸다. 1964년 5월 20일 서울대학교 문리대학에서는 서울시내 대학생 4000여 명이 모여 박정희 정부의 이념인 민족적 민주주의의 장례식을 거행했다.[94] 당시 서울대학교 학생이었던 시인 김지하는 장례식 조사로 '민족적 민주주 곡하다'를 읊으며 "시체여! 너는 오래전에 이미 죽었다. 죽어서 썩어가고 있었다. 넋 없는 시체여! 반민족적, 비민주적, 민족적 민주주의여!"라고 외쳤다.

그 후 대학축제에서는 모의 장례식이 하나의 행사로 정착됐다. "아버지가 배울 때나 아들이 배울 때나 똑같은 대학교수의 노트", "79년간 강의실에 쌓인 담배꽁초", "허벅지까지 오르는 여대생의 스커트" 등이 장례의 대상이었다. 또 연세대학교에서는 부속병원 앞에서 일본 상품과 외래 사치품 화형식을 열고 일제 파라솔, 선풍기, 넥타이, 게다(왜나막신) 등의 일본 상품과 일장기를 태웠다.[95]

쌍쌍파티와 민주주의 장례식, 화형식 등이 함께 이루어지는, 다양성이라고 이해하기에는 다소 어수선하고 혼란한 모습의 대학문화가 축제로 나타났다.

1960년대 대학축제의 하이라이트는 이화여자대학교의 메이퀸 행사였다고 할 수 있다. 일반 직장이나 언론에서도 메이퀸으로 선발된

〈그림 37〉 서울대학교 문리대학의 민족적 민주주의 장례식 장면(서울대학교 기록관 소장)

여대생의 신상 정보가 회자됐다. 메이퀸 행사는 이화여자대학교뿐만 아니라 숙명여자대학교, 덕성여자대학교, 수도여자사범대학교 등의 여자대학과 연세대학교, 한양대학교 등의 남녀공학에서도 열렸다.

이화여자대학교에서 메이퀸은 1, 2차로 나누어 뽑았는데, 우선 각 과에서 성적 B학점 이상, 기독교인, 키 160센티미터 이상인 학생을 기준으로 약 40명의 후보를 뽑았다. 그다음 2차로 대강당에서 1분 스피치, 몸맵시, 걸음걸이 등의 콘테스트를 거쳐 최종 선발했다. 연세대학교에서는 여학생 대표들이 열네 명의 여학생을 선정해 명단을 제시하면 남학생 대표들이 최종적으로 세 명을 골라서 교수선정위원회에 제출했다. 그러면 주로 남성으로 구성된 열다섯 명의 교수선정위원이

〈그림 38〉 각 대학의 축제 소개(《경향신문》 1966년 5월 18일)

〈그림 39〉 각 대학의 축제 행사
일람표(《동아일보》 1970년 5월 1일)

최종 결정하는 방식으로 메이퀸을 선정했다.[96]

이화여자대학교의 경우 메이퀸으로 선정된 학생은 배꽃에 비유돼 하얀 한복을 입고 학생들의 호위와 해군 군악대의 주악에 맞춰 붉은 양탄자가 깔린 계단을 올라가 꽃으로 만든 왕관을 받았다. 이러한 대관식은 축제의 절정으로 주목받았다. 그러나 1971년 메이퀸으로 선정된 여성이 주변 남성의 스토킹으로 살해되는 사건이 터졌다. 또 긴급조치 등 1970년대 중반의 암울한 시국에서 이런 행사를 개최하는 것이 부적절하다는 의견도 나왔다. 무엇보다도 메이퀸이 무엇을 위한 여왕인지에 대한 근본적인 물음이 제기됐고, 남성의 시선에서, 게다가 암묵적으로 성적보다는 미모를 주요 기준으로 선정하다 보니 일반 미인대회와 다를 바가 무엇이냐는 비판을 받았다. 이후 메이퀸 선발에 대한 논쟁은 계속돼 축소를 거듭하다가 결국 1978년 49개 학과 중 24개 학과가 메이퀸 선발을 거부, 50퍼센트 이상의 학생이 반대하기 때문이라는 이유로 메이퀸 선발대회는 폐지됐다.[97]

1960년대 대학생문화의 또 하나의 특징은 문학에 대한 동경이다. 대학생이 문학청년의 꿈을 꾸고 사회적으로 주목받던 시대였다. 1960년대의 베스트셀러는 주로 대학생이 주도했는데, 황순원의 《움직이는 성》, 최인훈의 《광장》, 이청준의 《소문의 벽》, 윤동주의 《하늘과 바람과 별과 시》, 이제하의 《초식》, 생텍쥐페리의 《어린 왕자》와 리처드 바크의 《갈매기의 꿈》 등이 애독됐다.[98] 문학 작품 위주의 독서가 성행했던 것이다.

〈그림 40〉 대학축제의 절정이었던 메이퀸 선발대회(국가기록원 소장)

〈그림 41〉 1960년대의 문학청년, 대학생의 동인지(서울대학교 기록관 소장)

대학생은 스스로 동인지를 만들어 문학청년의 면모를 과시하기도 했는데, 서울대학교 문리대학의 《산문시대》는 1960년대 대학생 문예지의 새로운 차원을 제시했다.

《산문시대》는 김승옥, 김현, 최하림, 김치수, 염무웅 등이 주축이 돼 1962년 6월 창간해 5호까지 발행됐는데, 창간사에서 얼어붙은 권위와 구역질나는 모든 화법을 저주한다고 결의했다. 이외에도 단과대학 단위로 혹은 과 단위로 동인지 형식의 문예지 발간이 활발히 이루어졌다. 문학이 낭만이라 규정하기에는 너무 절박한 시기였다는 한 문예지 편집 후기의 고백처럼, 빈곤과 우울의 시대에 사회적으로나 개인적으로 자기 고민을 드러내고 소통할 글쓰기 공간이 대학생들에게는 필요했다.

1960년대 대학은 4·19혁명 이후의 기대와 노력에도 5·16군사정변 이후 등장한 세력의 성급한 개혁으로 인해 질적 제고로 연결되지 못했다. 대학교육 기회에 대한 열망도 등록금 부담, 정원 외 초과 모집, 부정 입학, 대학의 부정 재산 축적 등으로 무력했다. 대학에는 빈곤과 낭만이 교차했고, 현실에 대한 직시와 도피, 서구문화에 대한 동경과 비판적 의식이 동시에 꿈틀거리고 있었다.

# 1970년대:
# 대학을
# 실험하자

5

# I

# 대학을
  늘려라

해방 이후 대학교육 기회의 무분별한 과잉 제공이 고등교육을 망치고 나라를 망친다는 이른바 '대학망국론'이 대두하면서 대학교육 기회가 어느 정도여야 적정한지에 대한 논의가 무성하게 일어났다. 일제강점기 교육 기회는 폐쇄적, 제한적이었기에 해방 이후 고등교육 기회의 확대는 거부할 수 없는 시대적 과제로 인식됐다. 그래서 고등교육기관 설립과 학생 모집 기준을 엄격히 정하거나 적용하지 못했다. 그 결과 고등교육기관이 난립했고 입학 정원을 훨씬 초과하는 학생을 받아들이는 정원 초과 모집이 널리 행해졌다. 그런데 해방 직후에는 대학의 난립과 정원 외 초과 모집에 대해 교육의 부실을 초래하는 원인으로 비판하기보다 교육 기회 확대 면에서 오히려 환영하는 경향이 있었다.[1]

1950년대 중반 이후 대학망국론, 대학정비론, 대학정상화론 등으로 대표되듯이 고등교육기관과 학생 수를 제한하자는 주장이 강하게 제기됐다. 고등교육 부실을 극복하기 위해서는 더 이상 대학 설립을 허용하지 말아야 하고, 나아가 대학생 수를 줄여야 한다[2]는 것이 주요 내용이었다. 당시에는 우선 "교육 여건이 미비한 부실한 대학이 너무 많다",[3] "학생 수가 많을 뿐만 아니라 특히 인문사회 분야가 과잉이며, 학생의 학습 동기 또한 낮다"[4]라는 인식이 널리 퍼져 있었다. 이러한 인식 때문에 대학은 국가의 재력을 소모하고,[5] 사회 발전에 기여하기보다는 오히려 부담이 되며,[6] 국가 위기를 초래하는 원인이 된다[7]고 평가됐다. 이 같은 고등교육 현실에 대한 부정적 평가는 고등교육 규모를 제한하고 대학 인구를 줄이기 위해서는 대학에 대한 통제가 불가피하다[8]는 인식을 정당화했다.

대학 통제 방안에서는 통제권을 누가, 어떻게 행사할지가 쟁점이 됐다. 행정 당국이 대학을 통제하여 정비하는 것도 정당하다는 여론[9]이 비등하자, 이에 대항해 문교 당국에 의한 통제보다는 고등교육 협의체를 구성해 자발적, 자율적으로 노력하는 것이 옳다는 의견[10]이 제시됐다. 그 방안으로 대학평가인증제도 도입, 대학의 학위수여권 제한,[11] 입학생과 졸업생의 자격을 평가하는 국가관리고시제 실시[12] 등이 거론됐다.

대학교육 인구를 제한하려는 정부의 노력이 성과를 거두지 못하자, 다른 대안으로 대학의 총수는 그대로 두되 학과 수를 조정하자[13]거나 대학 입학의 문은 개방하되 졸업은 극히 제한하는 졸업정원제를 도입하자[14]는 주장도 제기됐다.

다시 말해 1960년대에는 "한 사회의 구조나 발전 단계 혹은 경제 성장과 맞물려 대학교육의 보편화는 불가피한 것이고 또 교육받은 고급 인력이야말로 최대 자본이므로 대학생 수를 더 늘려야 한다"[15]라는 주장과 "대학교육의 부실과 고등유민의 대량 양산이라는 심각한 실업 문제를 개선하고, 나아가 대학교육비 마련으로 인한 농촌 경제의 파탄을 완화하기 위해서는 대학생 수를 줄이는 방향으로 일대 개혁을 단행해야 한다"[16]라는 주장이 팽팽히 맞섰다.

1960년대 후반부터는 대학교육 기회를 줄이자는 발상이나 학생 수를 제한하자는 주장은 점차 입지가 좁아졌다. '양을 줄이더라도 질은 보장되지 않는다', '양이 많은 것은 아니다', '대부분의 국가에서 고등교육은 보편화의 경향으로 흐른다'는 반론에 부딪혔다.

대학 정비의 실패는 고등교육의 발전이 양을 줄임으로써 질을 향상시킨다는 식의 안이한 방법으로 이루어지기 어렵다는 점을 인식하게 됐다.[17]

대학 인구가 전체 국민 수에 비해 적다. 지적 인구의 팽창은 현대문화의 성격상 필연적인 요청이다. 미국의 경우 전체 인구의 4.7퍼센트가량의 대학생을 갖고 있고, 일본은 1퍼센트, 한국은 0.43퍼센트 정도일 뿐이다.[18]

엘리트 대학에서 엘리트 계급을 양성한다는 것은 이제 시대착오가 됐다. 고등교육이 보편화되고 있다.[19]

대학교육의 부실은 대학생 수를 줄임으로써 해결할 수 있는 문제가 아니라는 인식이 퍼지면서 고등교육을 위한 물적, 인적 조건을 강력히 단속해 문교 당국이 정한 규준에 달하는 고등교육기관에는 학생을 수용할 수 있는 최고선까지 입학시킬 수 있는 제도나 정책을 수립해야 한다[20]는 주장도 제기됐다. 그러나 대학 인구를 확대해야 한다는 적극적인 주장으로 나아가기에는 당시 개선되지 않은 대학의 부조리가 심각했다. 따라서 여전히 1970년대 초까지도 고등교육 기회를 제한하고 엄격한 선발을 실시함으로써 교육의 질을 개선하되, 심지어 부실한 대학은 폐쇄까지 불사하자는 주장이 제기됐다.

단적으로 말해서 대학을 줄이라는 것이다. 내실 위주의 엘리트교육을 지향하라는 것이다. 사학 운영의 왜곡을 막기 위한 입법도 필요하려니와 무엇보다도 중요한 것은 실없는 대학은 과감히 폐쇄하는 방향에서 가차 없는 조치와 확고부동한 시책이 부연될 수 있도록 결단을 내리는 일일 것이다. 그 길만이 이 나라 대학교육을 정상화하는 길이라는 것을 엄숙히 부언하는 바이다.[21]

국가 발전의 과제를 구현하는 데 있어서 고등교육이 갖는 중요성에 비추어 고등교육의 폭발적 증대를 타당시하는 사람도 있다. 그러나 본인은 이러한 견해를 수긍하기 어렵다. 단적으로 말해서 고등교육의 양적 팽대는 질의 보장을 지속하기 어렵고 질의 저하를 초래할 위험이 크기 때문이다.[22]

하지만 이러한 주장도 1970년대 중반을 지나면서 사라지고, 대학교육 기회를 제한하자는 주장은 시대착오적인 것으로 치부되기 시작했다. 그리고 대학교육 기회를 확대하자는 주장으로 논조가 변한다. 예컨대 한국의 고등교육 인구는 해당 연령의 약 7퍼센트, 인구 1000명당 6.2명으로 결코 많은 편이 아니어서 세계에서 유례가 없는 양적 팽창을 했다거나 대학이 지나치게 보편화됐다는 주장은 사실이 아니며,[23] 잠재적으로 적령자의 약 40퍼센트까지는 고등교육을 받을 수 있도록 저변 교육을 향상시킬 수 있다[24]는 주장이다. 나아가 대학 입학 정원의 대폭 증원으로 1980년도까지는 대학 진학 희망자라면 모두 대학에 진학할 수 있는, 이른바 선진국의 고등교육 체제가 될 것[25]이라는 예측까지 등장했다.

대학교육의 여건이나 질에 대한 문제가 여전히 해결되지 않았는데도 1980년대 이후에는 대학교육의 양적 팽창을 문제 삼기보다 오히려 긍정적으로 평가하는 방향으로 논의가 선회했다.

대중교육화한 대학교육을 비판적으로 보는 여론도 있으나 아는 것이 힘이

〈표 24〉 고등교육 기회의 팽창 (1971~1979)

| 연도 | 국공립 | | | | 사립 | | | |
|------|--------|--|--|--|------|--|--|--|
| | 학교수 | 학생수 | 교원수 | 학과수 | 학교수 | 학생수 | 교원수 | 학과수 |
| 1971 | 46 | 64,755(39,721) | 4,374 | 673(312) | 89 | 135,022(115,648) | 6,073 | 991(840) |
| 1972 | 47 | 69,121(43,448) | 4,649 | 695(329) | 94 | 144,422(120,484) | 6,932 | 1,073(887) |
| 1973 | 62 | 75,753(47,812) | 4,870 | 732(348) | 105 | 160,674(130,238) | 7,366 | 1,172(932) |
| 1974 | 65 | 80,178(52,060) | 4,973 | 742(351) | 120 | 177,432(140,248) | 7,874 | 1,327(1,017) |
| 1975 | 59 | 84,070(56,830) | 5,267 | 687(385) | 121 | 195,707(152,156) | 8,329 | 1,401(1,042) |
| 1976 | 65 | 88,215(62,852) | 5,030 | 659(412) | 129 | 219,480(166,959) | 8,924 | 1,524(1,081) |
| 1977 | 67 | 94,348(69,966) | 5,280 | 633(423) | 134 | 251,118(181,363) | 9,879 | 1,650(1,107) |
| 1978 | 68 | 105,982(79,201) | 5,438 | 697(441) | 139 | 291,057(198,582) | 11,141 | 1,806(1,183) |
| 1979 | 77 | 144,395(94,714) | 5,789 | 854(547) | 145 | 301,152(235,631) | 13,043 | 2,258(1,504) |

출전: 문교부, 《문교통계연보》(1971~1979).
비고: 통계는 대학원과 각종 학교를 제외한 고등교육기관(예: 실업고등전문학교, 초급대학, 교육대학, 대학)
의 수치이며, 괄호 안은 4년제 대학의 수치임.

기 때문에 대학의 문호는 더 활짝 열려야 한다는 여론은 점점 높아지는 한편, 일부 식자들 간에는 교육망국의 비난이 많아 대학 정원의 감축, 대학 정비를 꾀한 시절도 있으나 그 효과를 얻지 못했다. 그 중요한 이유는 국민들의 여망과 재수생의 증가로 사회문제가 야기되기 시작할 정도이어서 연년세세 대학은 팽창일로에 있다 해도 과언이 아니다. 그럼에도 불구하고 근자에는 '교육망국', '고등유민'이라는 술어가 사라져버렸다. 질의 고수도 좋지만 양적 팽창도 무시 못할 교훈을 우리에게 주고 있는 좋은 예라고 할 수 있을 것이다.[26]

되돌아보면 제도적 여건이 갖추어지지 않았는데도 교육 기회의 양적 확대는 일어났고, 이 사실은 언제나 교육 부실의 주범으로 지목됐다. 그런데 초중등교육과 달리 고등교육 기회 확대가 추구돼야 할 지향으로 논의되기 시작한 것이 1970년대 중반 이후부터라는 점은 독특하다. 부실한 교육이지만 '대학은 가야 한다'는 국민의 교육적 열망이 저변에서 확산됐던 것이다.

## 2

# 두 가지 길,
#    학문 연구와
# 전문 직업교육

학문을 연구하는 전당으로서의 대학과 고등직업교육기관으로서의
전문학교라는 이원적인 고등교육제도가 미군정기에 들어와 4년제 대
학 단일의 고등교육제도로 바뀌었다. 이를 통해 고등교육기관을 국민
모두를 위한 자기 향상 기관으로 위치시키고, 고등교육에 대한 기존
관념을 바꾸려고 했다. 그러나 고등교육기관을 대중적인 전문 직업교
육기관으로 한다는 생각은 국민에게 쉽게 받아들여지지 못했다. 대학
은 학문을 향상시키는 국가와 민족 최고의 학문 연마 기관으로 학자
를 양성하는 장이어야 한다는 반론이 처음부터 제기됐다.

　대학이 학문의 전당이어야 한다는 생각은 1960년대에도 마찬가지
였다. 심지어 대학은 전문 직업교육기관이 아니므로 일반 교육에 주
력하되, 모두 국립으로 운영해야 한다는 주장도 있었다.

종합대학교육은 주로 이론 일반에 치중해야 할 것이며 기술은 고등기술학교에서 취급해야 할 것이다. 이러한 의미에서 보면 현대의 상과, 경영학과, 외교정치과, 식품학과, 요리과 등은 종합대학에 들어갈 것이 아니다. 또한 이러한 의미로 보아 사립대학이라는 것은 무용하다고 생각하는 것이다. 의당히 국고로 유지할 것이며 국고금으로 유지한다고 아카데미 자유를 침범할 것도 아니다.[27]

나아가 대학이 실용성을 추구하고 직업교육을 강조하거나 직업교육기관화되는 것을 우려하기도 했다.

대학은 상품 공장이나 관청하고는 다르다. 한민족의 예지를 키우고 역사의 미래를 밝히는 인재의 양성소인 것이다. 그런 의미에서 어떤 현실에 부딪혀도 대학만은 자유와 학문의 진리를 지키고 있어야 한다.[28]

지식의 도구주의는 대학의 상업화를 만든다. 대학은 직업교육을 본업으로 해서는 아니 된다. 우리 대학들은 직업보다는 문화, 노동하는 사람보다도 인류로서의 인간, 소보다는 대, 개인의 이익보다도 사회의 복지 등 더 좀 커다란 시야를 갖도록 대학교육의 목적을 설정해야 할 줄 믿는다.[29]

이러한 주장은 대학이 학문연구기관으로서 권위를 유지하기보다 점차 전문 직업교육기관이 돼가는 현실을 비판하며 제기된 것으로,

그만큼 대학이 학문연구기관으로서 위상을 정립하지 못했음을 반증한다. 이러한 현실을 반영하듯 1960년대 후반으로 접어들면 대학원과 대학을 구분해 학문연구기관은 대학원으로 하고, 대학은 교육 기회를 개방해 직업교육기관으로 육성해야 한다는 주장으로 논의의 흐름이 변한다.

대학원 중심의 교육이 이루어져야 한다. 특히 우리나라의 제반 실정으로 봐서 조속히 대학원 중심의 교육이 이루어져야 될 것이다.[30]

오늘날 대학은 일부의 선택된 자나 엘리트를 기르는 교육기관이 아닌 것이다. 난맥을 나타냈던 일부 대학의 운영 자세에 대한 응징과 대학의 질적 향상을 위해서 대학 인구를 억제해야 한다고 하지만 그것은 오히려 지엽적인 문제에 불과하다. 오히려 사회와 위정 당국은 장래적인 예견을 통해 대학의 육성에 집념해야 할 것이고, 대학은 사회와 국가에 책임을 지는 양식과 자율 그리고 자성이 필요하다.[31]

학문 연구 기능을 대학원에 위임하자는 논의는 1971년 수립된 〈서울대학교종합계획안〉에 반영되기도 했다. 그래서 대학 기구를 대학과 대학원으로 나누어 대학은 직업인 양성에 주안점을 두고, 대학원은 고차원적 학문 훈련에 중점을 두는 방향으로 시안이 만들어졌다.[32] 그러나 아직 학문연구기관으로서의 대학상大學像을 포기하자는 주장은 시기상조였는지, 대학원 교육이 사실상 대학교육 기간의 연장이라는 비난을 면치 못했다.

1970년대에 들어서면 대학을 학문연구기관으로 자리매김하고자 하는 주장은 찾아보기 어려워진다. 대신 대학교육의 위상에 대한 진지한 재검토를 요청하는 논의가 전개됐다. 예컨대 "대학의 이념이 실제 대학 운영에서 구현되지 못한다"[33]라거나 "대학의 사회적 적합성 혹은 탄력성이 부족하다"[34]라는 지적 그리고 "대학의 이념이나 대학 정신의 확립을 모색할 겨를도 없이 다만 외관과 형식에 얽매인 채 캠퍼스의 대규모화에만 급급해왔다"[35]라는 지적이 그것이다. 그 후 점차 대학은 대중적 직업교육기관이어야 한다는 주장이 대세를 이루기 시작했다.

대학이 소수의 지도자만을 양성하는 기관에서 다수 기능적 중간 지도자를 양성하는 기관으로 그 방향 설정이 필요하다.[36]

명일의 대학은 일종의 대기업이 될 것이다. 따라서 대학은 제도적으로 혹은 개인적으로 이루어지는 서비스 기능을 통해 사회생활뿐만이 아니라 가치 형성에 있어 중요한 역할을 수행해야 할 것이다.[37]

물론 대학의 위상 변화에 대해 우려하는 목소리도 제기됐다. 예컨대 대학에 시장성 가치가 횡행할 우려가 있다는 주장이다. 다음의 글에서 논자는 시장성 가치가 무엇인지 정확하게 밝히지는 않았으나, 대학이 사회와 일정 거리를 두지 않고 대학에 사회 일반의 가치가 그대로 통용되는 사태를 우려한다.

> 무엇보다도 우리를 가장 걱정스럽게 하는 것은 시장성 가치가 우리 사회에 팽배하다는 사실이고, 이것이 또 대학에까지 넘쳐 흘러들어온다는 사실이다. 시장성 가치가 이지적으로 검토되고 평가되기에 앞서 이성 자체가 이 거대한 물결에 밀려나서 부침한다는 말이다. 시장성 가치관은 우리 사회에 존재할 뿐만 아니라 대학마저 거기에 흘러내려갈 정도로 넘쳐흐르고 있는 것이 사실이다.[38]

1970년대 초반을 전후해 대학 혹은 대학교육의 위상에 대한 논의는 대학이 '엄격하게 선발된 소수를 위한 학문연구기관이어야 한다'는 것에서 '다수를 위한 전문 직업교육기관으로 국가와 사회의 발전 요구에 부응해야 한다'는 내용으로 변화했다. 대학이 양성하려는 인재도 국가의 정치 지도자급 인재 못지않게 중요한, 높은 기술력을 가진 경제산업 지도자여야 한다는 목소리가 높아졌다. 즉 대학생은 전인적 인격으로 사회를 선도하는 지도적 엘리트가 아니라, 고도의 전문성과 효율성을 갖추고 정부 정책에 순응하며 국가 발전에 기여하는 기능적 엘리트가 되어야 한다는 주장이었다.[39]

이는 소수를 위한 엘리트교육으로 고등교육의 성격을 제한하려는 논의가 더 이상 힘을 얻기 어려운 상황이 왔음을 말해준다. 예컨대 고등교육 인구 증대와 같은 현실이나 교육의 실제 운영 모습, 특히 사립대학의 운영 실상 등이 특정 논의를 무색하게 만들었을 것이다. 그리고 아무리 대학교육의 본질이나 역사를 중시하더라도 시대와 사회의 요구에 따라 고등교육의 위상을 달리 설정할 수밖에 없다는 인식이 공감대를 형성했음을 보여준다.

# 3

# 대학, 국가 발전,
##   경제성장의
# 삼각 연대

## 국가가 대학 실험을 계획하다

대학 개혁이 본격화된 것은 1970년대 이후다. 1960년대 말 장기적, 종합적 교육 계획을 수립해야 할 필요성이 강조되면서 고등교육에 대한 종합 연구와 학술회의가 시작됐다. 1971년 서울대학교에서 대학 발전 계획에 관한 국제학술회의가 개최됐고, 1972년 연세대학교에서 고등교육 개혁에 관한 국제 심포지엄이 열렸다. 또 실험대학이 운영되기 시작되면서 '한국 고등교육의 실태', '한국 고등교육 개혁의 방향 모색' 등에 대한 연구가 진행되는 등 학계를 중심으로 대학 교육 개혁 논의가 활발히 전개됐다. 당시 문교 당국은 대학이 먼저 자체적으로 대학 발전 계획을 세우고 자율적으로 개혁을 추진하면

지원한다는 계획이었다.[40] 따라서 외형상 논의는 대학 관계자가 주도권을 장악하고 자발적으로 개혁을 이끌어 나가면서 문교부의 고등교육 개혁에 대한 무관심을 비판하고 개혁을 촉구하는 형태로 진행된 것처럼 보인다.

> 문교 행정 당국은 초등 의무교육 실시에 대부분의 정력과 재력을 소모한 나머지 고등교육에 대해서는 거의 무관심으로 일관했으며, 기껏 대학 설립 인가, 증과, 증원 결정 등을 둘러싼 이권 배분의 경우에만 약간의 열의를 보였을 뿐이었고 또 최근에 와서는 과격한 학생운동을 미연에 방지하고 사후 처리하는 데에만 몰두했던 나머지 이 중요한 분야를 거의 방목 지대로 방치해둔 우를 범했다는 사실이다.[41]

논의의 주제는 단연코 고등교육의 질적 개선이었다. "대학교육의 질적 수준과 사회 적합성을 높여야 한다"[42]라는 대학 특성화론을 비롯해 질적 개선을 위한 다양한 방안으로 실험대학 운영, 교수 방법 개선, 고등교육 재정 확대, 대학 운영의 자율성 보장과 교수회 강화 등이 논의됐다. 실험대학 운영이라는 대학 개혁 방식이 만들어지고 있었다.

## 경제개발에 필요한 인력을 기르자

1960년대 들어 경제개발계획에 필요한 고등 직업 인력을 양성하기 위해 고등교육기관의 유형을 다양화하려는 시도가 행해졌다. 그 결과 초급대학과 교육대학이 2년제 고등교육기관으로 정비됐고, 5년제 실업고등전문학교가 신설됐다. 실업고등전문학교는 중학교 졸업자나 동등 이상의 학력 소지자가 입학할 수 있었는데, 고등학교와 초급대학을 합친 듯한 독특한 학교였다. 실업고등전문학교의 목적은 전문 산업 지식과 이론을 교수, 연구하고 산업기술을 연마해 중견 산업기술인을 양성하는 것이었다.

실업고등전문학교에는 공업고등전문학교를 비롯해 각종 전문학교가 있었는데, 공업고등전문학교는 1963년 네 개, 각종 전문학교는 1964년 아홉 개가 신설됐다. 1969년에 이르면 전국적으로 실업고등전문학교 23개에 인가된 학급이 573개(실제 편성은 549개)에 달했고, 학생은 2만 741명이었다. 그러나 실업고등전문학교는 수업 연한이 5년이어서 중도 탈락자가 많았고, 중학교 졸업 직후 바로 진로를 결정하게 하면서도 중도에 적성에 맞지 않을 경우 전학 기회가 없었으며, 인문계나 실업계 고등학교 졸업자에 대한 단기 직업교육기관으로의 유인 체계도 갖추지 못했다는 비판을 받았다. 또 1960년대 후반 산업 구조의 급격한 변동과 급속한 경제발전에 대응하기에는 5년제 고등전문학교가 적합하지 못하다는 비판도 일었다. 결국 고등전문학교는 후기중등교육과 고등교육이 연계돼 운영됐고 초급대학과 성격이나 기능이 유사해 고등교육기관으로 인식되지도, 정착하지도 못했다. 이후 실업고등전문학교는 1977년 교육법 개정 당시 초급대학과 함께 수업 연한 2년의 전문대학으로 정리됐고, 중견 직업 기술인 양성을 목적으로 하는 전문 직업교육기관은 보조적 고등교육기관으로 인식됐다.

1970년대의 고등교육 개혁은 교육정책심의회 고등교육분과위원회에서 1972년 6월 고등교육개혁안을 발표하면서부터 시작됐다. 고등교육개혁안의 핵심 내용은 실험대학에 의한 개혁과 대학의 특성화였다. 고등교육분과위원회는 1971년 9월 구성됐으며, 장기종합교육계획 수립을 추진했다. 실험대학에 의한 개혁은 개별 대학의 자율적 참여에 따라 점진적인 학사 개혁을 시도한다는 원칙 아래, 선도적인 실험대학을 선정해 시범 적용한 뒤 그 성과를 확산하는 방식으로 행해졌다. 1973년 실험대학 10개교가 발족했고, 1976년에는 29개교로 늘었다가, 1979년 39개교로 확산됐다. 실험의 주요 내용은 졸업 학점을 160학점에서 140학점으로 감축해 중복되는 교육 내용을 정리 통합하고, 학과별 정원제를 극복하기 위해 학과별 학생 모집에서 계열별 학생 모집으로 전환하며, 능력에 따라 이수 가능하도록 부전공제, 복수전공제를 도입하고, 이수의 편의를 위해 계절학기제를 도입하고, 이수 시간 기준 단위 학점제 및 등록금제를 실시한다[43]는 것이었다. 주로 대학의 교육 기능을 개선하기 위한 학사 운영 개혁에 초점을 둔 내용이었다.

하지만 계열별 정원제와 학생 모집은 학과제의 오랜 관행에 도전하는 것으로, 세분화된 분과 학문 체제가 정착돼가던 추세와 부합하기 어려운 것이었다. 또 졸업 학점 감축과 계절학기제 도입은 인적, 물적 재원이나 투자를 추가하지 않아도 대학의 학생 수용 능력을 최대화할 수 있는 것으로, 교육의 질 제고보다는 대학생 수의 양적 팽창에 필요한 제도적 기반 마련에 기여할 뿐이었다. 그리고 무엇보다 정치적 상황으로 인한 대학의 잦은 휴교와 휴업 등으로 정상적인 대학 운영이 힘들었고, 학사 운영에 국가의 일방적인 지시와 통제가 난무하는 상황에서 대학을 실험하려는 사회적 시도는 애초부터 성립하기 어려웠다.

대학 특성화 사업은 교육 재정의 효율적 활용, 대학 간의 역할 분담, 지방대학 육성, 산학 협동, 중화학공업 촉진을 위한 고급 인력의 대량 양성을 명분으로 이공 계열 학과에 선별적으로 집중해 특별 지원을 하는 것이었다. 선정된 특성화 학과에는 실험실습비 대폭 지원, 교수 연구비 중점 지원, 장학금 지급, 교육차관 우선 배정, 정원 증원 등 전방위로 지원을 했다. 특성화 공과대학으로 선정된 지방의 여섯 개 학과에는 1976년부터 1982년까지 502억 원의 재정 투자가 이루어졌고, 학생 정원도 부산대학교 기계공학과 1000명, 경북대학교 전자공학과 800명, 전남대학교 화공과 660명, 충남대학교 공업교육과 800명, 전북대학교 금속기계공학과 600명, 충북대학교 건설공학과 500명으로 증원됐다. 이들 공과대학 학생에게는 실험실습을 강조하면서 교양 학점을 50학점에서 14학점으로 대폭 줄여주는 특전을 주기도 했다.[44] 하지만 대학 특성화 사업은 필요한 산업 인력과 교육 및 투자의 불균형, 실험대학 사업과의 부조화 등으로 성과를 내지 못했고, 결과적으로 공업 계열 학생 정원 증가와 지역 국립대학의 팽창에 기여했을 뿐이다.

실험대학과 대학 특성화 정책은 대학인을 전면에 내세우고 정부의 지원 아래 선별적으로 시행한 후 실적 보고서를 평가하는 등 외관상으로는 자발적, 점진적인 대학 개혁인 듯했다. 그러나 실제로는 대학 구성원의 합의에 따라 자율적으로 이루어졌다기보다 정권의 강력한 비호 아래 문교부의 임명 혹은 승인을 받은 총·학장과 대학 보직자가 주도하여 급진적으로 행한 일이었다.

## 대학, 정치사회화 기관이 되다

1970년 2월 문교부는 대학의 교양교육 모형을 확정해 실시하도록 권고했다. 대학의 교과를 교양과 전공으로 구분하고 이를 다시 필수와 선택으로 나누며, 교양과목 배점을 총 160학점의 30퍼센트인 48학점으로 늘리되 필수 36학점, 선택 12학점 이상으로 하고, 종래의 교양 필수과목에서 자연과학을 빼는 대신 국민윤리를 신설하고 교련을 강화하라는 내용이었다.[45] 국민윤리는 1974년 교육법시행령을 통해 교양필수과목으로서의 법적 기반을 마련했다. 이로써 1970년대 국민윤리는 1953년 교양 필수과목으로 정해진 체육과 1969년 추가된 교련, 한국사와 함께 국책과목이 되어, 국가의 존립과 발전을 위한 국가 이

데올로기 내면화를 목적으로 하는 과목으로 운영됐다. 그리고 1972년부터는 새마을운동 참여를 촉진하기 위해 사범계 학생에게는 '학교와 지역사회' 과목을 필수교과로 부과하고, 교육대학 학생에게는 1~2주간의 농촌 학교 실습을 의무화했다.[46]

또 1971년 1월 대학 교련교육의 실시 요강을 발표해 교련교육을 강화했다. 처음에는 대학 4년 동안 총 711시간의 군사교육을 실시하되, 일반 교육 315시간, 집체교육 365시간으로 나누어 이수하게 한다고 했다. 그러나 학생의 거센 반대에 부딪혀 문교부 장관이 교체되는 등의 우여곡절을 겪은 끝에 일반 교련과 ROTC(학생군사교육단) 교육을 구분해 일반 교련 과목은 4학년을 제외한 3학년까지만 이수하되, 집체훈련 없이 현역 교관의 담당 아래 한 학년에 60시간씩 180시간을 이수하는 것으로 수정됐다.

1970년대 초 교양과목, 특히 교양 필수과목의 확대는 결국 국책과목 강화로 귀결됐고, 실험대학의 경우 총 이수 학점이 140학점으로 줄어드는 상황에서도 오히려 국민윤리와 교련 과목은 강화됐다. 국민윤리 이수 학점은 1976학년도 2학기부터 3학점 이상으로 늘었고, 교련 역시 1975년 5월 발표된 대학 군사교육 강화 방안에 따라 1975학년도 2학기부터 주당 네 시간씩 총 360시간 교육으로 늘었다. 게다가 재학 중 10일간은 병영집체훈련을 받아야 했다. 그리고 군사교육의 전 과정을 이수해야 졸업할 수 있었다.[47]

교련이나 국민윤리가 교양 필수과목이 된 결과 그 효과가 좋았는지는 회의적이다. 교과를 도입한 소기의 목적이 의도대로 실현됐다는 증거를 찾기 어렵다. 오히려 반감이 심해 정권에 대한 불신과 국가의 대학 통제에 대한 저항이 심화되는 계기가 됐다. 그 결과 대학은 정치 사회화 기관이라는 인식이 강화됐다.[48]

1975년 6월 〈학도호국단설치령〉이 공포돼 전국의 대학에서 학도 호국단이 부활했다. 부활한 학도호국단은 교수와 학생의 단결된 지혜와 힘으로 대학과 국가를 지키도록 하기 위해, 고등교육 체제를 국가 안보 차원으로 바꾼다고 그 취지를 노골적으로 표현했다. 학도호국단은 진정한 의미의 학생 자치 단체가 아니라, 교수와 학생 모두를 포괄해 총장이 대장이 되어 중앙집권적 전시 대비 군사 체제로 대학을 조직하기 위한 것이었다.[49] 학교의 모든 활동은 학도호국단 편제 아래 이루어졌다. 학도호국단은 정비된 조직을 기반으로 방학 중 농어촌 봉사활동을 진행하고 교련 훈련을 실시하는 등 학생 동원의 기제로 기능했다.

서울대학교에서는 1976년부터 생활기록누기제生活記錄累記制를 운영했는데, 신입생의 고등학교 생활기록부에 의거해 파악한 고교 시절의 과외 활동이나 대학의 서클 생활, 성품, 가정환경 등을 기재한 카드를 작성해 학생 지도에 활용하는 것이었다. 이는 학원 사찰과 별도로 1971년부터 시행된 학생지도교수분담제[50]와 함께 실제로는 학생 통제의 일환으로 악용됐고, 대학을 교수와 학생 간의 상호 검열과 감시 체제로 만드는 데 일조했다.

19 78년 / 학기 학생생활지도부

○○ 대학  ○○ 계열 학과  4 학년   성명 ( ＊ ＊ ＊ )     지도교수 직위 教授  성명 ( △ △ △ )

| 구분 월일시 | 교 내 생 활 | 독 서 상 황 | 참 고 사 항 | 요 선 도 관 계 | 총 평 | 학 생 의 요 망 및 지 도 사 항 | 학 검 |
|---|---|---|---|---|---|---|---|
| 3월 30일 12:40시부터 13:00시까지 敎授硏究室 | 결석 2日 복장(단정, 불량) 두발(정발, 불량) 예절(양호, 불량) | 책 명 불꽃과 불바람 저자명 김 동률 독서면수 300 P | 건강상태(양호, 요양) 교외생활(성실, 불성실) 상벌종류 無 부직명 | 교 우 (문제성무, 요선도) 경 제 (문제성무, 요선도) 써 클 (문제성무, 요선도) 시국관 (문제성무, 요선도) 기타 | 모 범 ( ) 보 통 ( ○ ) 요관찰 ( ) ※요관찰내용 | 학생의요망 지도내용 | |
| 4월 4일 13:50시부터 14:10시까지 상담장소 | 결석 無 복장(단정, 불량) 두발(정발, 불량) 예절(양호, 불량) | 책 명 대통령의 죽음 저자명 김 을 출 독서면수 400 P | 건강상태(양호, 요양) 교외생활(성실, 불성실) 상벌종류 無 부직명 無 | 교 우 (문제성무, 요선도) 경 제 (문제성무, 요선도) 써 클 (문제성무, 요선도) 시국관 (문제성무, 요선도) 기타 | 모 범 ( ) 보 통 ( ○ ) 요관찰 ( ) ※요관찰내용 | 학생의요망 지도내용 | |
| 5월 20일 14:00시부터 14:20시까지 상담장소 | 결석 無 복장(단정, 불량) 두발(정발, 불량) 예절(양호, 불량) | 책 명 이 사람을 보라 저자명 나 채 독서면수 200 P | 건강상태(양호, 요양) 교외생활(성실, 불성실) 상 부직명 無 | 교 우 (문제성무, 요선도) 경 제 (문제성무, 요선도) 써 클 (문제성무, 요선도) 시국관 (문제성무, 요선도) 기타 | 모 범 ( ) 보 통 ( ○ ) 요관찰 ( ) ※요관찰내용 | 학생의요망 지도내용 | |
| 6월 14일 11:00시부터 11:20시까지 상담장소 | 결석 無 복장(단정, 불량) 두발(정발, 불량) 예절(양호, 불량) | 책 명 백산장기 저자명 최남선 독서면수 50 P | 건강상태(양호, 요양) 교외생활(성실, 불성실) 상 부직명 | 교 우 (문제성무, 요선도) 경 제 (문제성무, 요선도) 써 클 (문제성무, 요선도) 시국관 (문제성무, 요선도) 기타 | 모 범 ( ) 보 통 ( ○ ) 요관찰 ( ) ※요관찰내용 | 학생의요망 지도내용 | |
| 7월 18일 14:20시부터 14:40시까지 상담장소 | 결석 無 복장(단정, 불량) 두발(정발, 불량) 예절(양호, 불량) | 책 명 노하나 살리라 저자명 이규태 독서면수 50 P | 건강상태(양호, 요양) 교외생활(성실, 불성실) 상 부직명 | 교 우 (문제성무, 요선도) 경 제 (문제성무, 요선도) 써 클 (문제성무, 요선도) 시국관 (문제성무, 요선도) 기타 | 모 범 ( ) 보 통 ( ○ ) 요관찰 ( ) ※요관찰내용 | 학생의요망 지도내용 | |
| 8월 23일 17:00시부터 17:20시까지 지도교수연구실 | 결석 無 복장(단정, 불량) 두발(정발, 불량) 예절(양호, 불량) | 책 명 조선의 희망 저자명 홍보조助 독서면수 100 P | 건강상태(양호, 요양) 교외생활(성실, 불성실) 상 부직명 無 | 교 우 (문제성무, 요선도) 경 제 (문제성무, 요선도) 써 클 (문제성무, 요선도) 시국관 (문제성무, 요선도) 기타 | 모 범 ( ) 보 통 ( ○ ) 요관찰 ( ) ※요관찰내용 | 학생의요망 無 지도내용 | |
| 기 말 총 평 | 결석총회수 2 회 복장지도 6 회 두발지도 5 회 예절지도 6 회 | 독서 합 권 수 총 권 독서권 총면 수 1500 | 건강지도 6 회 부직알선 6 회 상벌 無 회 | 지도 결과로 본 다음 학기의 전망 | | | |

〈그림 42〉 1970년대 학생생활기록누기제의 사례(〈생활기록 관련 서류철〉, ○○대학교 문서고)

## 대학인을 회유하고 포섭하다

1960~1970년대는 국가와 대학의 관계가 여러 면에서 아주 밀착돼 있었다. 대학교수를 대거 국가 사무에 동원해 고등교육뿐만 아니라 박정희 정부의 국가 근대화와 경제개발 프로젝트를 담당하게 했다.

1961년 5·16군사정변 직후부터 중앙정보부 판단관으로 네 명, 국가
재건최고회의 의장 고문으로 여섯 명, 국가재건최고회의의 정책 산실
역할을 하는 국가기획위원회 위원으로 470여 명의 교수를 동원했다.
참여 교수에게는 보통 지프 한 대씩을 배당하고, 평균 30만 원의 보수
를 지급했다.[51] 이렇게 교수를 동원해 헌법 개정을 위한 법적 뒷받침
을 하고, 통화 개혁과 교육 개혁 방안을 정리하게 했다. 그러나 실질
적 권한은 군인으로 구성된 국가재건최고회의 분과위원회 최고위원
들에게 있었고, 적극적으로 참여한 교수라도 이견을 보이면 파면, 구
속될 정도로 교수의 지위는 불안정했다.

　제3공화국 정부는 평가교수단[52]을 만들어 체계적으로 교수를 동원
했다. 평가교수단은 1965년 7월 남덕우 서강대학교 교수 외 14명이
참여해 발족했는데, 임무는 경제개발5개년계획에 대한 종합 평가를
하는 것이었다. 1972년에는 대통령령으로 정부의 기획 및 심사분석
에 관한 규정을 공포해, 국무총리는 정부의 기본 운영 계획의 집행 결
과를 종합 평가함에 있어 이에 관한 전문 지식이 있는 의견을 듣기 위
해 사계의 권위자로 구성된 평가교수단을 둘 수 있다고 하여 평가교
수단에 대한 법적 근거를 마련했다. 평가교수의 자격에 관한 규정은
따로 없으나 대체로 4년제 대학의 조교수급 이상이 위촉됐는데, 전공
분야의 전문 지식뿐만 아니라 정부에 대한 태도가 중요한 위촉 기준
이었다. 평가교수단은 1966년 30명으로 시작해 1981년 해산될 때까
지 약 200명이 참여했고, 1970년에는 각 시도에 지역개발평가교수단

까지 설치돼 215명의 교수가 참여했다. 이들 평가교수는 1년에 1회 평가 보고서를 제출했고, 매월 일정액의 수당과 때에 따라 특별 보너스를 받았다.[53] 평가교수의 활동에 대한 본격적인 분석이 필요하지만, 당시 세간에서는 교수들이 출세를 위한 발판으로 평가교수단을 활용했다고 비난하거나 '진짜 어용교수'라고 비판하기도 했다.

한편 박정희 정부에서는 대학교수가 장관으로 임명되는 일도 많았다. 또 1973년 이후 유정회 국회의원으로도 임명[54]됐다. 판단관, 평가교수, 유정회 교수는 대표적인 어용교수, 유신교수로 사회적 비난의 대상이 됐다. 대학교수의 국가 사무 참여는 학문 연구와 교육보다는 '전화를 기다리는' 교수의 행태로 나타났고, 대학교수에 대한 사회적 신뢰를 떨어뜨렸다.

## 빈번한 강제 휴교와 휴업 조치

1970년대 정부는 대학교수를 국가 사무에 동원해 파격적인 대우를 하는 한편, 대학과 대학인에 대해서는 폭력적 통제와 사회적 배제를 꾀했다. 박정희 정권 시기에 있었던 대학에 대한 가장 폭압적인 통제는 강제 휴교와 휴업 조치일 것이다. 1965년 8월 27일 교육법시행령을 개정해 "학교장이 휴업 명령에도 불구하고 휴업을 하지 아니할 때에는 감독청은 휴교 처분을 할 수 있다"라고 하여 행정 당국이 휴교를 강행할 수 있게 만들었다. 이 개정은 1965년 한일협정반대시위가

격화되자 문교부가 대학에 휴교를 권고했으나 대학이 이를 시행하지 않자 이루어진 것이다. 시행령 개정으로 결국 1965년 9월 연세대학교와 고려대학교에 휴업 조치가 내려졌다.

행정 당국의 강제 휴업, 휴교 조치는 1971년 교련반대시위, 1972년 유신헌법 통과, 1974년 민청학련사건 등이 일어날 때마다 셀 수도 없이 빈번하게 내려졌다. 긴급조치 4호는 "학생의 출석 거부, 수업 또는 시험 거부, 학교 내외의 집회, 시위, 성토, 농성, 그 외의 모든 개별적 행위를 금지하고 이 조치를 위반한 학생은 퇴학, 정학 처분을 받고 해당 학교는 폐교 처분을 받는다"라고 규정하여 강제 폐교까지 가능해졌다. 1974년 10월 44개 대학에서 휴강이 있었고, 15개 대학이 휴업에 들어갔다.

또 1975년 4월에는 시위로 구속, 제적된 교수와 학생의 복교, 복직을 추진한다는 이유로 사립대학에 특별감사를 실시하고 총장 해임을 요구하는 일까지 벌어졌다.[55] 한편 행정 당국이 학생의 과격한 시위를 이유로 휴업 명령을 내리겠다고 경고했으나 대학이 휴업 조치를 빨리 취하지 않자 고려대학교 한 학교만을 대상으로 긴급조치 7호를 발동하는 일까지 일어났다. 이런 상황에서 1975년 김상진 열사는 "대학은 휴강의 노예가 되고, 교수들은 정부의 대변자가 돼간다"라고 양심선언을 했다.

## 검열과 감시도 모자라 교수를 학교 밖으로 내쫓다

교수의 신분 보장은 학문의 자유를 위한 필수 조건이다. 그러나 1960~1970년대 대학의 보직자는 걸핏하면 국가로부터 임명 승인 취소 협박을 받았다. 국공립대학 교수는 임용과 승진, 총학장 등의 보직 임명 시 최종적으로 문교부의 승인을 받아야 했고, 사립학교법을 근거로 사립대학 교수, 재단 이사, 총학장 임명 승인을 받아야 했기 때문에 이 같은 문교부의 임명, 혹은 임명 승인 취소와 파면, 파면 권고는 대학 통제의 강력한 수단으로 작용했다.

문교 당국은 한일협정 체결을 둘러싸고 교수단 선언 등의 형태로 의견을 표한 교수를 이른바 '정치교수'로 보고 그들의 명단을 대학에 제시하며 파면을 종용했다.[56] 고려대학교의 경우 참여 교수 가운데 세 명만 사직하는 형태로 대처했지만,[57] 정치교수로 지목된 교수는 대부분 학교를 떠났다. 그뿐 아니라 한글 전용을 반대한다고, 또 국공립대학 교수 전보 방안에 대한 토론회에서 반대 의견을 개진했다고 어이없게도 교수직에서 파면되거나 구속됐다.

또 1973년 7월에는 교수들의 연구 논문이 사전 검토 없이 언론에 공개돼 국가 이익을 해치고 있다며 문교부 장관이 국가 시책에 직결되는 연구 발표는 관계 기관과 협의하도록 대학 총학장에게 지시하여 검열을 관행화했다.[58] 그 밖에도 대학 교수는 각종 필화 사건과 반공법 위반에 관련되는 일이 허다했다. 중첩된 정보 조직의 감시 아래 교수와 학생의 동태는 수시로 보고됐다. 심지어 연구실에서 학생들과 개인적으로 한 이야기까지 새어나갈[59] 정도로 교수는 감시를 받았다.

이러한 상황에서 학문의 자유는 고사하고 실험대학제도를 통한 교육의 질 개선 노력조차 의미를 지니기가 어려웠다. 대학에서 연구와 교육이 가능했는지조차 의문이다. 어느 시인의 표현처럼 교수는 원체 말이 없었고, 대학의 나무 의자 밑에는 버려진 책들이 가득했다.[60] 대학이라는 틀 안에서 학술 활동이 만약 가능했다면, 그것은 아카데미즘이란 이름 아래 순수실증주의로 가려진 장벽 안으로 들어갈 수밖에 없는[61] 것이었다.

교수에 대한 직접적인 통제의 대표적인 사례는 교수 재임용제도 실시였다. 교수 재임용제도는 고등교육의 질을 직접적으로 담당하는 교수의 교육자적, 학자적 능력을 향상시킨다는 명목 아래 1975년 도입됐다. 1975년 7월 23일 교육공무원법을 개정해 국공립대학의 교수와 부교수는 6~10년, 조교수와 전임강사는 2~3년, 조교는 1년을 계약 기간으로 하여 임용하게 하고, 사립대학은 정관에 따라 10년 범위 내에서 기한 임용하도록 하는 계약임용제도를 실시했다. 그리고 1975년 9월 15일 〈교수재임용심사위원회규정〉을 공포해 최근 10년 동안의 연구 실적과 전문 영역의 학회 활동, 학생의 교수 및 연구와 생활 지도에 대한 능력 그리고 실적, 교육 관계 법령의 준수, 기타 교원으로서의 품위 유지를 기준으로 심사하도록 했다. 심사위원회는 15명 이내로 구성하되, 총장이나 학장을 위원장으로 하고, 위원은 해당 대학에 재직하는 부교수 이상 교원 중에서 총장 또는 학장의 제청으로 문교부 장관이 임명했다.

1976년 2학기부터 시행된 임용 심사에서 서울대학교는 평가 항목을 6개 분야 20개 항목으로 나누고, 각각 A~E의 평점을 부여해 집계한 다음, E가 20개 항목 중 3분의 1 이상이면 탈락으로 판정했다.[62] 대부분의 대학에서 실시한 평가 항목에는 '건전한 국가관', '불평 불만적 성격 소유 여부', '대학 발전을 위한 노력', '교수로서의 인격과 품위', '학내 인화 관계', '학생 지도의 자세와 실적 및 면학 분위기 조성 노력' 등이 포함됐다. 전남대학교는 '학원 사태의 예방 수습과 학생 선도에 공이 큰 자'를 학생지도능력 A로 평가했고, 경북대학교는 전국 단위의 새마을 강연, 안보 강연을 했을 경우 평점 A를 주었으며, 부산대학교는 평가교수나 중앙자문위원에게 높은 평점을 주고, 훈장 A, 대통령 표창 B, 국무총리 표창 C 등의 기준을 두기도 했다.[63] 교수 재임용 평가 기준을 보면 당시 교수에게 요구되는 중요한 자질과 능력이 무엇이었는지 알 수 있다. 순치된 교수나 기능적 교수의 범주를 벗어나 지식인으로서 사회적 역할을 고민하는 교수는 대학이라는 제도화된 장에서 자기 정체성이나 역할을 찾기 어려웠다.

또 총장이나 학장의 제청으로 문교부 장관이 임명한 심사위원에 의해 다분히 추상적이고 주관적인 판단과 정치적 준거에 따라 이루어진 교수 재임용 평가는 정치적으로 악용될 수밖에 없었다. 교수재임용심사제도를 통해 탈락하거나 사임한 교수의 면면이나 통계 수치를

〈표 25〉 1976학년도 교수 재임용 탈락자와 사임 교수

(단위: 명)

| 대학 설립별 | 탈락자 | | | 사임 | 계 |
|---|---|---|---|---|---|
| | 연구 실적 | 지도 능력 | 품위 | | |
| 국공립대학 | 44 | 11 | 22 | 91 | 168 |
| 사립대학 | 55 | 24 | 25 | 144 | 248 |
| 총계 | 99 | 35 | 47 | 235 | 416 |

출전: 《동아일보》 1976년 3월 23일.

살펴봐도 이른바 정치교수 배제에 악용된 실례를 볼 수 있다.

사임하거나 탈락한 교수의 비율은 국공립대학의 경우 심사 대상 전체 교수의 4.7퍼센트, 사립대학의 경우 4.5퍼센트에 달했고, 사립대학 탈락 교수는 교수 42명, 부교수 20명, 조교수 20명, 전임강사 22명이었다.[64] 사임, 탈락한 교수 중에는 이른바 정치교수 외에 재단과의 불화로 희생된 경우도 적잖았다.[65]

이렇게 교수 재임용제도가 교수 통제의 제도적 장치로 악용됐다면, 학생 통제의 제도적 장치로 악용된 것은 학사징계제도였다. 시위 참가 등 '문제'를 일으킨 학생에 대한 건별 징계에서 벗어나 사전 예방과 차단 차원에서 학사징계제도라는 제도적 장치를 마련해 악용한 것이다. 박정희 정권 말기인 1979년에는 대학생 20명당 한 명꼴로 징계를 받았다.[66]

결과적으로 교수와 학생의 5퍼센트 내외가 매년 대학 밖으로 밀려

났다. 그들은 대학 밖에서 도덕적, 이념적 정당성을 추구하며 대학 아카데미즘을 넘어선 발언과 글쓰기, 사회적 실천을 모색하지 않으면 안 됐다.

# 4

여대생과
하숙생

## 차별에 익숙한 여대생

한국 대학에서 남녀공학제도가 처음으로 시행된 것은 1946년이다.
조선교육심의회에서 남녀공학제도를 도입하기로 한 후 1946년 8월
종합대학으로 승격된 연희대학교에서 처음으로 여학생을 받아들였
다. 남녀공학에 대한 비판적 여론에 대해 연희대학교 총장 백낙준은
"남녀 간의 학습 능력 차이는 없다. 해방 이후 몇 학교에서 실시하는
남녀공학의 성과가 긍정적이다. 여성의 의식과 진취성이 해방돼야 한
다"[67] 등의 논리로 반박했다.

남녀공학이 실시되자 사회적으로 가장 우려된 것은 이성 교제의
폐단이었다. 편지를 주고받던 여학생이 다른 사람을 만난다는 이야기

가 들리자 남학생이 가슴 앓이를 하다 죽는 일이 일어났다. 이를 계기로 남녀공학에 따른 이성 교제의 심각성을 문제 삼으며 여학생을 비난하는 분위기가 일시 형성됐다. 여학생이 상대적으로 많았던 서울대학교 사범대학에서는 남녀공학으로 인해 결혼한 커플이 많았다.[68]

〈그림 43〉 남녀공학 대학의 여학생, 코에드
《대학신문》 1966년 10월 15일

남녀공학이 돼 여학생도 남학생과 함께 수업을 듣고 시험을 보며, 강의실, 도서관 등에서 같이 생활하며 지냈지만, 여학생을 바라보는 시선이 곱지만은 않았다. 당시 여자대학 학생은 여대생이라 부르고, 남녀공학 대학의 여학생은 영어 단어 코에드coed를 그대로 가져와 '코-에드'라는 독특한 이름으로 불렀다.

1946년 여학생 1호로 이태영이 서울대학교 법학과에 입학했을 당시 남자 동급생은 여자 동급생을 선생님, 사모님, 누님 등으로 불렀다고 한다. 여대생을 구별 지어 바라보는 불편한 시선이 명칭에서도 그대로 드러났다. 여학생에 대한 이미지는 공부는 성실히 하지만 학력은 낮다는 것이 일반적이었다. 또 국립서울대학교설립안 반대운동에

여학생이 적극 참여하자 여학생의 정치적 참여는 의외라는 반응이 많았다.[69]

남학생과 여학생 간의 차이를 강조하는 논의, 여학생의 학력에 대한 저평가, 동급생 여학생을 부르는 호칭, 강의실 안에서 남녀가 동석하지 않고 앞자리는 여학생, 뒷자리는 남학생이 앉는 풍경 등은 남녀공학제도를 도입했지만 여대생에 대한 인식이나 생활 관습에서는 큰 변화나 교육적 효과가 별로 없었음을 말해준다. 그래서 한 미국인 교수도 "여기는 남녀공학이 아니라 남학생과 여학생의 합반이다"[70]라고 표현했다. 남녀공학 대학의 남성 위주 분위기에서 여학생이 겪는 고초는 대단했다. 1959년 어느 여자 졸업생은 남녀공학 대학을 다니는 여학생의 고충을 다음과 같이 털어놓았다.

오늘과 같은 미숙한 공학의 분위기, 사회적 인식이 불투명한 현실 속에서 서울대라는 남녀공학에서 여학사가 된다는 것은 여간 괴로운 일이 아니며 눈물 나는 험로이다.[71]

1970년대 이후 대학교육 기회가 확대되면서 여대생도 많아졌다. 그러나 남자 대학생과 여자 대학생의 성 비율은 크게 달라지지 않았다.

여대생은 1970년 약 3만 1000명에서 1979년 약 8만 2000명으로 5만 명가량 늘어났다. 이 기간 동안 전체 대학생은 약 세 배 증가했는데, 여대생도 이와 비슷하게 늘어났다. 하지만 여대생의 비율은 1970

<표 26> 1970년대 고등교육기관별 여학생 수와 성비

| 연도 | 고등교육기관 학생 수와 여학생 비율 | | | 재학 기관별 여학생 비율(%) | | | |
|------|--------|----------|-------------|----------|----------|--------|--------|
| | 총계(A) | 여학생(B) | 비율(B/A, %) | 초급대학 | 교육대학 | 대학교 | 대학원 |
| 1970 | 100,619 | 31,274 | 31.1 | 46.6 | 54.3 | 22.3 | 12.2 |
| 1971 | 105,904 | 34,502 | 32.6 | 49.4 | 52.7 | 23.6 | 13.9 |
| 1972 | 112,847 | 36,665 | 32.5 | 58.1 | 50.5 | 24.6 | 15.5 |
| 1973 | 125,555 | 43,266 | 34.5 | 60.7 | 50.8 | 25.3 | 16.9 |
| 1974 | 138,133 | 46,208 | 33.5 | 62 | 53.5 | 26.1 | 17.9 |
| 1975 | 144,020 | 49,195 | 34.2 | 62.1 | 58 | 26.5 | 16.4 |
| 1976 | 152,060 | 51,467 | 33.8 | 63.2 | 61.6 | 26.2 | 14.9 |
| 1977 | 157,081 | 50,057 | 31.9 | 55.6 | 62.7 | 25.2 | 15.6 |
| 1978 | 182,337 | 56,817 | 31.2 | 52.3 | 68.8 | 24.5 | 16.2 |
| 1979 | 289,750 | 82,399 | 28.4 | 52.5 | 76.3 | 23.4 | 16.1 |

출전: 한국교육개발원 편, 《교육통계연보》, 한국교육개발원, 1970~1979; 이혜정, 《1970년대 고등교육을 받은 여성의 삶과 교육: '공부' 경험과 자기성취 실천을 중심으로》, 서울대 박사학위논문, 2012, 29·40쪽 재인용.

년대 중반에 약간 증가했으나 1970년대 후반에는 감소해 30퍼센트 이하로 떨어졌다. 여대생 비율은 전체 대학생의 30퍼센트 수준을 유지해 고등교육 기회가 제한적이었음을 알 수 있다.

서울대학교의 여학생 비율은 좀 더 낮았다. 1962년 전체 재학생의 12.2퍼센트가 여학생이었다. 1970년대에도 여학생 비율은 12~15퍼센트 정도로 다른 대학에 비해 낮았다.

여성의 고등교육 기회나 성비 문제 못지않게 성별 차이가 두드러

<표 27> 서울대학교 여성 신입생 수와 성비 (1969~1979)

| 구분<br>연도 | 전체(명) | 여학생 수(명) | 여학생 비율(%) |
|---|---|---|---|
| 1969 | 2,478 | 368 | 14.85 |
| 1970 | 2,466 | 386 | 15.65 |
| 1971 | 2,846 | 423 | 14.86 |
| 1972 | 3,085 | 443 | 14.36 |
| 1974 | 3,238 | 456 | 14.08 |
| 1975 | 2,856 | 424 | 14.85 |
| 1976 | 2,611 | 355 | 13.60 |
| 1977 | 3,216 | 382 | 11.88 |
| 1978 | 3,296 | 465 | 14.11 |
| 1979 | 3,330 | 479 | 14.38 |

출전: 서울대학교 60년사 편찬위원회 편, 《서울대학교 60년사》, 서울대학교, 2006, 751쪽.

진 것은 여성이 공부하는 고등교육기관이나 전공이었다. 이른바 여성에게 걸맞은 고등교육기관과 전공이 따로 있었다. 고등교육기관 중에서도 여학생 비율이 50퍼센트 이상인 곳은 2년제 초급대학과 당시 2년제로 운영되던 교육대학이었다. 즉 접근 기회, 수학의 편의, 등록금, 여성 고등교육에 대한 인식 등 여러 차원에서 여성에게는 2년제 고등교육기관 취학이 권고됐다. 일제강점기 고등교육기관이 전문대학과 제국대학으로 위계화돼 있었다면, 1970년대에는 남자 4년제 대학과 여자 2년제 초급대학 및 교육대학으로 위계화돼 있었다.

(단위: %)

| 연도 | 예술 | 사범 | 이학 | 어문 | 의약학 | 인문과학 | 사회과학 | 농림 | 공학 | 체육 |
|------|------|------|------|------|--------|----------|----------|------|------|------|
| 1970 | 72.9 | 51.5 | 47.1 | 40.7 | 34.2 | 23.6 | 10 | 7.3 | 0.9 | 0.4 |
| 1971 | 74.9 | 49.7 | 47.9 | 42 | 34.9 | 22.4 | 10.3 | 8.7 | 0.8 | 0.4 |
| 1972 | 76.1 | 49.8 | 47.7 | 42 | 37.6 | 27 | 11.1 | 9.2 | 1.1 | 0.4 |
| 1973 | 76.1 | 49.7 | 49.3 | 41.4 | 37.7 | 22 | 10.9 | 9.4 | 1.2 | 0.4 |
| 1974 | 76.5 | 51.1 | 49.1 | 40.2 | 36.4 | 21.7 | 10.9 | 9.8 | 1.6 | 0.4 |
| 1975 | 77.3 | 52.9 | 49.7 | 38.3 | 36.9 | 21.3 | 9.6 | 11.2 | 1.3 | 0.4 |
| 1976 | 76.7 | 51.6 | 53.7 | 36.9 | 37.8 | 21.3 | 11.2 | 10.1 | 1.1 | 0.4 |
| 1977 | 77.2 | 50.3 | 53.6 | 35.6 | 35.6 | 19.9 | 8.4 | 10.2 | 0.8 | 0.4 |
| 1978 | 78.9 | 51.7 | 51.4 | 35.6 | 34.2 | 18.4 | 8.1 | 10 | 1.5 | 0.4 |
| 1979 | 77.1 | 51.1 | 49.2 | 34.3 | 33 | 19.2 | 8 | 10.1 | 1.2 | 0.5 |
| 1980 | 76.4 | 50.9 | 49.9 | 38.7 | 35.8 | 21.7 | 9.8 | 9.6 | 1.6 | 0.4 |

출전: 한국교육개발원 편, 《교육통계연보》, 한국교육개발원, 1970~1979: 이혜정, 《1970년대 고등교육을 받은 여성의 삶과 교육: '공부' 경험과 자기성취 실천을 중심으로》, 서울대 박사학위논문, 2012, 43쪽 재인용.

　4년제 대학에서도 전공별 남녀 차이는 뚜렷했다. 사회과학이나 농림학 계열의 여학생 비율은 10퍼센트 내외였고, 공학 계열에서는 최대 2퍼센트를 넘지 못했다. 반면 예술, 사범, 이학 계열은 여학생이 반내지 그 이상을 차지했다. 전공 계열별로 여학생 비율이 현격히 차이가 난다는 것은 여성에게 기대하는 역할에 차이가 있으며, 여성에게 알맞은 것으로 인식돼 선호되는 전공이 있었음을 보여준다. 여성이 고등교육을 이수하더라도 음악이나 미술, 교육, 가정 같은 분야여야 한다는 생각이 전제돼 있었고, '시집 잘 갈 수 있는' 전공으로 진학해야 고등교육 취학이 후원되는 분위기였음을 알 수 있다.

고등교육 정책도 남성 위주의 대학교육 정책이 추진되고, 여성 고등교육 기회나 성격 등에 대해서는 무관심했다. 예를 들어 국가 주도의 경제개발 추진과 그에 필요한 인력 배출이라는 목적으로 실시된 1979년 4년제 대학의 대규모 입학 증원은 주로 여학생 비율이 낮은 공학계, 사회계 위주로 이루어졌다. 입학 정원은 공학계가 35.8퍼센트, 사회계가 30.2퍼센트, 어문계가 10.7퍼센트 증원됐는데,[72] 이러한 고등교육 기회 확대는 여성의 4년제 대학교육 기회 확대에 실질적인 영향을 미치지 못했다.

1970년대부터 여성이 대학에 가는 것을 자연스럽게 여기기 시작했다고 하지만, 1970년대에 고등교육을 받은 여성을 대상으로 구술을 받아 진행한 한 연구에서는 여성이 공부를 잘하고 대학교육을 받는 것에 대한 가정과 사회의 편견과 차별이 어느 정도였는지가 잘 드러난다.

- 성적표를 받아가지고 부모님한테 보여주잖아요. 그러면 어머니가 몇 년을 지속적으로 이렇게…. "어구, 그만 (오빠와) 바꾸어 되지." 이렇게 얘기를 하는 거예요.
- 딸들은 고등학교만 졸업해서 시집가면 되지, 공부 잘할수록 팔자가 드세다. 그렇게, 그렇게 많이 했어요.

- 그냥 여자는 그냥 편하게 남편 만나서 잘 살면 된다, 뭐 그런 식이었지. 공부는 그냥 내가 하다 보니까 그렇잖아요, 뭐 꼭 뭐, 너 좋은 대학 가서 뭐 해라, 그런 사람 하나도 없었어. 내가 100점 맞았다고 해서 아무도 좋아하는 사람 없었어.

- 언니가 그럼 너 공부를 해라. 대학에 갈려면 가라. 저기 교대 2년이었거든요. 교대를 보내줄 테니까 짧은 기간에 공부해서 교사를 해봐라. 이렇게 이야기를 했어요.

- 분위기가 그냥 그런 거였죠. 서울대가 아닌 다음엔 남녀공학은 좀…. 서울대가 아닌 남녀공학에 가서, 거기 가서 연애하면 안 된다.[73]


1970년대까지만 해도 여성이 공부를 잘하고 대학에 진학하는 것이 같은 여성인 어머니에게는 물론이고 집안에서 환영받을 일은 아니었다. 그리고 여학생이 실력에서 두각을 드러내거나 탁월한 성과를 내면 이례적인 일로 취급했다.

한편으로는 여대생을 몰지각, 사치, 퇴폐, 타락의 아이콘으로 바라보는 여대생 불량 담론이 전개되기도 했다. 경찰은 1972년부터 신체 노출과 속이 보이는 옷을 착용하는 행위를 경범죄로 단속했다. 경찰이 대자를 들고 다니면서 치마가 무릎 위 몇 센티미터까지 올라가는지 쟀는데, 17센티미터가 넘으면 치마 속단을 뜯어서 내려오게 했다. 미니스커트를 여대생의 전유물로 재단하고 비난하는 언설이 넘쳐나던 시기였다.

그리고 여대생의 높은 개인주의, 소비성, 사치성과 유흥을 지적하는 목소리도 높았다. 우리나라 국민의 평균 TV 시청률은 54.4퍼센트인데, 여대생의 시청률이 71퍼센트로 압도적으로 높다[74]든가, 여대생들은 책을 안 읽는다, 여대 앞에는 양장점과 화장품 가게는 성행하지만 서점은 사라진다 등의 기사가 언론에 심심찮게 실렸다. 1971년 《이대학보》는 이화여자대학교, 숙명여자대학교, 서울대학교, 서강대학교 여학생 468명을 대상으로 설문조사를 실시하고 그 결과를 발표했다. 여대생이 가장 관심과 흥미를 가진 것은 자기 자신 79퍼센트, 가정 10퍼센트, 국가와 민족 6퍼센트였는데, 이러한 결과에 대해 여대생은 자기라는 울타리 속에서 자신을 위한 일에만 급급하고 있다[75]고 해석했다. 같은 설문조사에서 응답 여대생의 80퍼센트가 정치사회 참여를 적극적으로 원한다고 했는데도, 이 결과는 무시했다. 여대생에 대한 부정적 담론 형성에 여성 자신이 간접적으로 동조하는 흐름이 있었다.

## 지방 출신 학생의 생활

지방 출신 학생은 하숙을 하거나 자취 또는 친척 집을 전전하며 대학 생활을 했는데, 이들에 의해 독특한 대학가문화가 형성됐다. 1970년대의 이런 대학가문화는 당시 대학생 집단의 생태에 대해 빈번하게 이루어진 각종 설문조사를 통해 알아볼 수 있다. 대학 학생생활연구소나 상담소, 사회조사기관 등에서 해마다 대학생, 특히 신입생을 상대로 생활 상태에 대한 다양한 항목의 조사를 실시하고 그 결과를 발표했다. 출신 지역, 통학 방법을 비롯하여 가정의 경제 사정, 부모의 직업, 학비 부담 능력과 부담 방법, 용돈 규모 등이 중요한 설문 항목이었다.

1967년 중앙교육연구소에서는 30개 대학의 학생 7000여 명을 대상으로 설문조사를 실시하고 그 결과를 발표했다. 자가 통학이 반 정도이고, 나머지는 전세나 셋방, 친척집, 하숙집에서 통학한다고 밝혔다. 또 남학생의 45.9퍼센트, 여학생의 29.5퍼센트가 학비 조달에 곤란을 겪었고, 10퍼센트의 학생이 아르바이트를 하거나 장학금을 받아 스스로 학비를 조달하는 것으로 나타났다.[76]

1972년 고려대학교 행동과학연구소에서는 고려대학교 학생 6003명 가운데 72.2퍼센트인 4333명을 대상으로 설문조사를 했는데, 그 결과 전체 학생의 60퍼센트는 서울의 자택에 거주하고, 친척 혹은 친지 집 13퍼센트, 하숙 18퍼센트, 자취 7퍼센트로, 25퍼센트의 학생이 자취나 하숙을 하며 대학생활을 하는 것으로 나타났다. 학비 사정의 경우 여유 있다 15퍼센트, 보통 40퍼센트, 곤란하다 45퍼센트로 거의 절반에 가까운 학생이 학비에 곤란을 느끼는 것으로 나타났으며, 고대생의 월평균 용돈 액수는 5000~7000원이 33퍼센트로 가장 많았고, 3000~5000원 19퍼센트, 1만~1만 5000원 17퍼센트, 7000~1만 원 13퍼센트[77]로, 평균 5000원에서 1만 원의 용돈을 쓰는 것으로 나타났다. 동국대학교 학생을 대상으로 1970년 실시한 조사에서도 학생 1인당 한 달 평균 용돈은 1만 원 선이었다.[78] 여자대학교에서 실시한 조사에서도 월평균 용돈은 8000원~1만 원 선이었다.[79] 그런데 당시 월 1만 원은 상당히 큰 액수로, 5급 공무원의 월급 수준이었다. 많은 용돈은 대학생의 높은 소비 수준을 지적하는 근거로 사용될 수도 있지만, '있는 집 자식이 대학 다닌다'는 현상을 드러내주는 것이기도 하다. 그리고 등록금 외에 학생이 부담해야 생활비가 높았음을 간접적으로 보여주는 것이기도 하다.

서울대학교의 신입생 조사 보고에 따르면 1971년 신입생 3076명 중 95.97퍼센트인 2952명의 조사 응답자 가운데 78.9퍼센트가 도시 출신이며, 47.2퍼센트가 서울에서 자랐고, 35.3퍼센트는 서울이 본적이었다. 단과대학별로 보면 문리과대학, 이학부, 의예과, 치의예과, 음악대학, 미술대학, 가정대학은 서울 출신이 비교적 많았고, 문리과대학 문학부, 법과대학, 사범대학, 상과대학은 지방 출신이 많았다. 여학생은 50퍼센트 이상이 서울 출신이고, 남학생은 지방 출신이 훨씬 많았다. 신입생의 과반수가 경제 여건이 하위였으나, 학비를 부모나 형제가 부담하는 비율은 54.9퍼센트였고, 자기 부담 비율은 32.7퍼센트였다. 서울 출신 학생보다 지방 출신 학생의 자기 부담 비율이 높았다.

또 1974년에는 신입생 3238명 가운데 54.6퍼센트가 서울 출신이고, 22퍼센트가 대도시, 9퍼센트가 중소 도시, 12퍼센트가 농촌 출신

<표 29> 서울대학교 신입생의 주소지 (1975~1979)

(단위: %)

| 구분 \ 연도 | 1975 | 1976 | 1977 | 1978 | 1979 |
|---|---|---|---|---|---|
| 서울 | 62.7 | 66.1 | 61.3 | 50.9 | 49.4 |
| 부산 | 8.9 | 9 | 7.3 | 7 | 9.3 |
| 경기 | 4.9 | 4.5 | 6.1 | 6 | 4.7 |
| 강원 | 1.4 | 1.1 | 3.1 | 3.7 | 3.4 |
| 충북 | 1.4 | 1.4 | 1.6 | 2.3 | 2.3 |
| 충남 | 3.6 | 3.5 | 3.1 | 4.6 | 5.4 |
| 경북 | 6.1 | 4.6 | 6.9 | 7.8 | 8.6 |
| 경남 | 3.3 | 2.5 | 3 | 5.4 | 5.9 |
| 전북 | 2.7 | 3.3 | 3.5 | 5.2 | 5.9 |
| 전남 | 4.5 | 3.6 | 3.5 | 5.1 | 4.4 |
| 제주 | 0.5 | 0.3 | 0.6 | 1 | 0.7 |

출전: 서울대학교 60년사 편찬위원회 편, 《서울대학교 60년사》, 서울대학교, 2006, 752쪽.

이었다. 그러나 계열별로 큰 편차가 있어서 의치예, 예능, 가정, 간호 계열은 서울 출신이 비교적 많았고, 인문, 사회, 교육 계열은 비교적 적은 편이었다. 가계 수입을 보면 35.92퍼센트가 저소득층이었는데, 교육, 농학, 사회 계열에서 저소득층 신입생이 상대적으로 더 많았다. 학비 조달은 부모 형제가 부담하는 비율이 64.54퍼센트, 자기 부담이 21.93퍼센트, 장학금이 11.37퍼센트였는데, 교육, 인문, 사회 계열에서 자기 부담 비율이 높았다.[80]

1960~1970년대 서울대학교 신입생의 경우 점차 서울 출신 학생

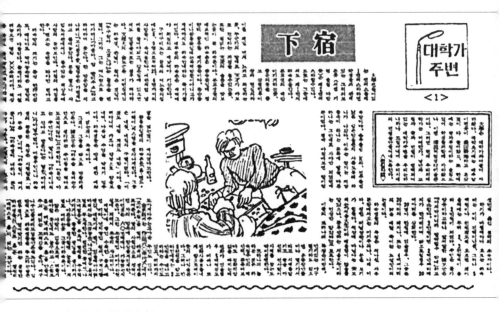

〈그림 44〉 대학가의 하숙(《대학신문》 1974년 9월 9일)

이 증가하고 지방, 농촌 출신 학생은 줄었다. 또 경제성장에도 학비를 자신이 직접 부담해야 하는 고학생 비율은 줄어들지 않았다.

50퍼센트 이상의 학생이 집을 떠나 서울에 대한 환상을 갖고 낯선 곳에서 생활의 둥지를 틀어야만 했다. 그래서 "본교생의 태반이 기거하는 곳, 풍운의 뜻을 품고 상경해 이상과 현실의 차이를 제일 먼저 느끼고 좌절하는 곳, 또한 집 없는 천사의 슬픔을 맛보는 곳이 곧 하숙촌이다"[81]라고 했듯이 대학가 하숙촌은 대학생활의 공간적 장이었다. 1972년 서울의 40개 대학에 약 11만 명의 대학생이 재학 중이었는데, 지방 출신은 전체 학생의 약 60퍼센트로, 6만 3000명 정도였다. 지방 출신 가운데 70퍼센트인 4만 5000여 명이 하숙, 20퍼센트인 1만 2000여 명이 자취, 나머지 10퍼센트인 6000여 명이 친척 집에서 다니거나 고학을 했다.[82]

1972년 서울에서 하숙을 하려면 용돈을 포함해 최소 월 2만 원 이상이 필요했다. 우선 하숙 소개비 500원이 필요했고, 대학가 주변의 하숙비가 2인용일 경우 1인당 1만 4000원, 독방은 2만 원 정도였다. 1970년대 등록금과 하숙비가 매년 평균 20퍼센트씩 올랐는데, 그 부담이 또 만만치가 않았다.[83] 지방 출신 대학생 비율이 50퍼센트에 육박하고 생활비 부담이 높아지자 학생의 생활 편의를 위해 기숙사를 많이 짓자는 여론이 대두했다. 한편 대학이 너무 서울에 몰려 있어 문제라는 인식이 확대되면서 대학의 수도권 집중을 제한하고 학생의 분산을 이루기 위해 서울대학교의 등록금 인상, 서울의 대학생에 대한 특별 과세, 실력 있는 교수의 지방대학 출강 등의 정책이 제안됐다. 현실성이 빈약한 정책 제안이 논의 단계에서 유야무야되면서 기숙사 건립의 필요성도 흐지부지돼 결국 학생의 기숙사 수용률은 낮았다. 신학기가 되면 하숙비가 비싸서 잠은 학교에서 자고 식사는 구내식당에서 매식하며 버티겠다는 계획을 세우는 학생도 많았다.

# 5

# 대학생,
## 청년문화를 주도하다:
## 통기타, 청바지, 생맥주

대학생문화가 하나의 하위문화로 자리 잡으면서 청년문화를 대변하기 시작한 것은 1970년대부터다. 1970년대의 대학생문화는 통기타, 청바지, 생맥주로 대표된다. 1970년대의 대학문화가 기성문화 혹은 대중문화와 다른 독특함을 지니고 있었느냐에 대해서는 논쟁의 여지가 있다. 그러나 1970년대의 대학문화가 암울한 정치사회적 상황에서 저항적, 실험적 성격을 지니게 됐으며, 대학생문화로 대중문화, 소비문화와는 일정한 거리를 유지하면서도 선도적인 영향력을 끼쳤다는 사실은 강조할 필요가 있다.

1970년 〈영 YOUNG! 젊음의 생태〉라는 제목의 신문 기사를 보면, 젊은 세대를 강한 엘리트의식을 지닌 대학생 집단과 등치시켜 그들의 생태를 묘사했음을 알 수 있다. 그 묘사 내용은 복장, 미용, 음악 등 전

반에 걸친 그들의 취향에 관한 것이 대부분이다. 청년문화 혹은 대학
생문화를 특정한 문화적 취향으로 이해한 것이다.

넥타이핀 하나라도 남들과 다른, 전혀 색다른 것을 선택함으로써 거기에
다 개성을 부여하고 얄팍한 우월감을 갖는다. 그들의 헤어스타일은 비틀
즈의 사촌쯤이나 된 듯 자꾸만 길어져 남자인가 여자인가를 구별하려면
건드려 말소리를 듣고서야 '아차! 남자구나'를 깨달을 정도. 여대생들은
정장을 연상시키는 피스류의 디자인이 뭔가 딱딱하고 엄숙한 맛이 돌아
거북하다고 하면서 극히 자유스럽게 자기 멋을 살려 옷을 선택한다. 하숙
방이나 자취방을 몰래 구경해보자. 남학생인 경우 으레 바둑판이나 장기
판이 있음 직도 한데, 대신 묵직한 기타가 교양서 대신 책상 위에 자리를
잡고 있다. 그들은 기타를 즐긴다. 그리고 전자오르간 소리가 흐르는 다방
을 즐겨 찾는다. 사회참여를 둘러싸고 새로운 자각이 대두됨에 따라…. 일
상생활에서 못 푼 욕구 불만을 산에서, 그것도 괴상한 광대굿과 웃음 혹은
산이 꺼져라고 지르는 고함 소리에서 적으나마 정력을 발산해보곤 한다고
실토. 취미는 무엇이냐는 물음에 골프 라이트 뮤직이라고 잘라 말한다. 다
방이나 방송을 통해 익히 들어온 재즈를 흥얼거린다. 어깨가 움칠움칠 올
라가고 다리를 발발 떨면서. 요즘 맥줏집을 가보면 여대생들이 자기 머리
만큼 큰 조끼를 잡고 연신 뭐라고 기염을 퍼붓는다.[84]

앞의 신문 기사는 장발, 청바지, 간단한 옷, 기타, 생맥주, 민속극,

〈그림 45〉교정에서 행해진 야외 기타 수업(이화여자대학교 이대학보사 편,《(이대학보 사진으로 보는)
이화의 과거와 현재, 그리고 미래》, 이화여자대학교 이대학보사, 2005, 260쪽)

재즈 등의 문화 취향이 1970년대 대학생문화, 청년문화의 핵심임을
소개한다. 1960년대 중반 이후 라디오와 TV 보급이 늘어나면서 팝
송, 포크송이 대학생 사이에서 인기를 끌기 시작했다. 통기타 음악이
라고 불리는 포크송의 유행은 대학생 중심의 싱얼롱문화를 확산했
다. YMCA 강당에서 남녀 대학생이 모여 기타 반주에 맞춰 팝송, 민
요, 가곡 등을 합창하면서 흥겨운 한때를 보내고, YMCA 대학생부가
마련한 싱얼롱Y에는 많은 대학생이 참여해 울적한 기분을 푼다[85]고
신문에 보도됐다.

1970년대 청바지를 입은 젊은이가 야외에 모여 통기타를 치며 함

께 노래 부르는 장면은 대학생문화의 상징처럼 자리 잡았다. '쎄시봉'
과 같은 몇몇 음악감상실, 1970년 전후 폭발적인 인기를 끌었던 각종
노래경연대회 등이 포크송 확산에 큰 역할을 했다.

　포크송의 인기가 절정에 달하자 대학가에서는 청년문화에 대한 논
쟁이 벌어졌다. 통기타와 청바지, 생맥주로 대변되는 청년문화에 대
해 많은 이들이 "이들의 힘은 거짓을 증오하고 허황함을 비웃으며 안
일을 비판하고 상투성을 공격하며 침묵을 슬퍼하는 데 있다. 이들에
게는 적나라한 인간에의 애정, 평등한 사회에의 열망, 자유를 향한 뜨
거운 염원이 일관되게 흐르고 있다"[86]라고 긍정적으로 평가했다. 하
지만 청년문화에 대한 신랄한 비판도 있었다. 대학생 내부에서는 "외
래 스타일에 빠진 채 비판 정신을 상실했다", "통기타와 청바지가 청
년문화의 대변자가 될 수 없다", "사회 풍토가 매우 이질적인 외국 것
을 이 땅에 억지 적용시켜 '버터에 버무린 깍두기 같은 것'을 만들었
다"[87]라고 비판했다.

　청년문화에 대한 당시 대학생의 비판 저변에는 대학생이 가진 민
족주의적 정서와 더불어 대학 사회에 뿌리 깊은 엘리트주의가 깔려
있었다[88]고 평가하기도 한다. 대폿집에 둘러앉아 막걸리를 마시고 담
배를 피우며 답답함과 분노를 토로하는 모습이나 다방 한구석에서 군
용 잠바를 입고 우울에 빠져 있는 대학생의 모습은 익숙한 풍경이었
다. 그러나 1970년대 대학이 강제 휴교를 거듭하면서 캠퍼스 안으로
들어갈 수 없게 된 학생은 명동의 다방이나 무교동의 생맥줏집으로

모이기 시작했다. 시내 중심가에 삼삼오오 모여 거리를 활보하는 여대생, 밤거리의 와자지껄한 대학생 무리는 새로운 거리 풍경이 됐다. 막걸리집 대신 생맥줏집이 학생의 모임 장소가 됐다.

청바지를 입은 대학생이 생맥주를 마시며 함께 노래 부르는 모습은 그 자체로 신선한 문화 충격이었다. 사실 1960년대 초반만 해도 대학

〈그림 46〉 통기타, 청바지, 생맥주로 대표되는 청년문화에 대한 비판(《경향신문》 1978년 1월 6일)

생은 대학생만이 부르거나 그들의 특징을 드러내주는 노래가 별로 없었다.

4월 19일 아침 교문을 나선 학생들은 군가도 불렀고 국민가도 불렀다. 애국가를 부르다간 기념식 노래도 불렀다. (4·19 이후에는) 〈축배의 노래〉를 부르며 술잔도 들었고 〈아리랑〉에 맞춰 춤도 추었다. 교가도 불렀고 유행가도 노래했으나, 그러나 '학생가'는 부르지 않았다. 아니, 대학생만의 절실한 기분을 노래한 '학생가'를 부르지 못했다. 참다운 '학생가'를 갖지 못한 것이다.[89]

김민기, 양희은 등과 같은 걸출한 대학생 가수가 등장하고, 또 1970년대 중반부터 이른바 문화운동이라 하여 대학가에 민속문화가 전파돼 하나둘 대학 노래패와 문화패가 등장하면서 대학생의 노래문화와 여가문화가 바뀌기 시작했다.

1960년대에는 〈해방가〉, 〈정의가〉 같은 이른바 데모 노래와 〈우리 승리하리라〉, 〈오 자유〉 등의 복음성가가 불렸다. 1970년대 후반부터는 〈친구〉, 〈아침이슬〉, 〈금관의 예수〉, 〈상록수〉와 같은 노래가 애창됐다.[90] 으레 시위나 집회는 노래 부르기로 시작되고, 뒤풀이나 동아리 행사 등에서는 함께 노래 부르기나 노래 가사 바꾸어 부르기 등이 결속력과 의지 표현의 방법으로 의미 있게 수용됐다. 각 대학에 하나둘 노래동아리가 생기고 개사곡 만들기와 부르기 등이 인기를 모으기 시작했다.

사실 청바지를 입는 것은 교복을 강제하는 정부 시책에 대한 반항의 의미도 있었다. 특히 여학생이 청바지를 입는 것은 여대생에 대한 사회적 이미지를 바꾸는 계기가 됐다. 1961년 군사정부는 대학생에게 교복과 교모 착용을 지시했는데, 여대생에게는 당분간 교복에 준하는 간소한 옷차림을 예시해 착용하게 했다. 검은 치마에 흰 블라우스 차림의 숙명여자대학교 교복을 예시로 들어 권장했다.[91] 그리고 여학생이 파라솔, 하이힐, 매니큐어나 난잡한 화장과 머리 모양 등 화려한 치장을 하지 못하도록 지시해 여대생의 옷차림까지 통제했다.[92]

정부가 교복 착용을 지시했지만 대학생은 공식적인 학교 행사 외에는 교복을 거의 입지 않았다. 학교 당국은 교복이 인기 없는 이유로 호크가 달려서 답답하고, 군국적인 냄새가 나는데다, 각 대학의 교복이 전부 비슷해 특성이 없고, 비싸기까지 하다는 것을 들었다. 그러나 대학생은 교복을 입으면 제복이 주는 제약에 행동이 부자연스러운데다, 20세 이상이면 법적으로 성인이니 어른처럼 양복을 입고 싶어 교복을 꺼렸다.[93] 그리고 대학생에게 교복을 강제하는 것은 받아들이기 어렵다는 인식도 자리 잡고 있었다.

1970년대 초에는 대학 새마을운동의 일환으로 교복되찾기운동, 머리깎기운동, 여대생의 교복을 검은 치마저고리로 바꾸는 운동 등이 전개됐다.[94] 동아대학교에서는 학생회 간부가 매일 교문 앞을 지키고 서서 교복을 입지 않은 학생을 되돌려 보내는 등 교복입기운동을 적극적으로 벌였지만,[95] 이는 관제 운동에 불과했다. 1970년대 후반까지도 신입생에게 교복과 교모 구입이 권장됐다.[96]

하지만 교복을 입기 꺼려하는 분위기가 널리 퍼지면서 1970년대 들어 대학생 복장에 변화가 일기 시작했다. 남학생은 검은 교복 바지에 흰색이나 엷은 하늘색 와이셔츠와 베이지색 싱글을 입고 구두를 맞춰 신은 학생이 눈에 띄었다. 여대생도 교복 대신 여대생다운 복장이 장려됐다. 여대생다운 복장 혹은 당시 여대생의 옷차림은 동시대의 유행과는 다소 동떨어진 면이 있었다. 학교 당국은 통학복 경연대회를 개최해 여대생에게 단정하고 실용적인 옷을 권장했는데, 스커트에 블라우스, 조끼 등 스리피스를 이용해 싫증 나지 않게 갈아입거나

〈그림 47〉 교문에서 복장 검소화 캠페인을 하는 대학생(서울대학교 기록관 소장, Ewha Womans University Archives, *THE AMAZING EWHA: 120 years of Ewha Womans University*, 2006)

〈그림 48〉 청바지가 교복?(서울대학교 기록관 소장, Ewha Womans University Archives, *THE AMAZING EWHA: 120 years of Ewha Womans University*, 2006)

겨울에는 치렁치렁하고 활동에 불편한 맥시 스타일보다는 슬랙스에 톱코트를 걸치거나 두툼한 스웨터를 입을 것[97]을 강조했다. 여대생은 하늘하늘한 드레스, 스웨터와 스카프, 블라우스, 긴 플레어스커트 등 우아하면서도 세련미를 강조하는 단정한 스타일을 즐겨 입었다.[98]

1970년대 중후반부터 여대생은 점차 수수하고 활동적인 청바지를 즐겨 입었고, 그것이 캠퍼스에서 대세를 이루기 시작했다.

화장은 난 안 했던 것 같아요. 4학년 때쯤 되면 화장하고 막 이렇게 했는데 저학년 때는 화장하는 학생들이 별로 없었던 것 같아요. 내 기억에는 없지 않았나. 너무 멋 부리고 이런 거보담도, 오히려 청바지 입는 거를 더 좋아하고 이랬던 거 같아요. 청바지 나온 지가 얼마 안 됐을 때였어요.[99]

그러나 처음에는 대학에서도 여자 동급생의 청바지 차림과 행태를 바라보는 시선이 곱지만은 않았다. 청바지에 빵 튀김을 먹으며 대학가를 활보하는 여대생을 익숙하게 바라보게 되는 데는 시간이 걸렸다. 조신하고 단정한 종래의 여대생에 대한 이미지는 여지없이 깨져 나갔다.

제대를 하고 복학을 한 지난 한 학기 동안 청년문화니 청바지니 통기타니 따위의 어설픈 문구들에 나(복학생)는 적잖이 당황했다. 청바지에 빵 튀김을 먹으며 대학가를 활보하는 여대생, 요사한 이름의 요사한 술집들의 등

장 등 내겐 생소한 것들이 숫제 그동안 내가 형편없이 촌스럽고 얼뜬 늙은
이로 변한 것 같은 비탄마저 갖게 했다.[100]

1970년대 말부터는 '요즘 대학생을 비롯한 청년이 즐겨 입는 청바
지는 얼마나 좋은가'[101]라며 청바지 착용을 긍정적으로 평가하는 것이
대세를 이루었다. 1980년대가 되면 청바지가 마치 교복이라도 되는
양 여자 대학생의 옷차림은 거의 청바지 차림이었다.

통기타와 청바지, 생맥주, 장발 등으로 상징되는 1970년대의 대학
생문화는 암울한 정치사회적 현실에서 탈출해 젊음을 분출하려는 하
나의 통로로 의미가 있지만, 청년문화가 학생의 사회 참여나 대안적
가치를 지향했다고 보기는 어렵다.

# 6

# 학생운동과
# 대항문화

## 문교부가 봉사활동과 축제를 기획하다

1970년대에도 학생을 동원한 관 주도의 봉사활동이 이루어졌다. 각 대학에서는 학생회 또는 부활한 학도호국단을 중심으로 대학새마을운동이 전개됐다. 정부 당국은 올바른 대학생의 자세를 확립하기 위해서는 정화가 필요하다며 검소한 생활과 지성인으로서의 가치관, 생활관을 갖출 것을 대학생에게 요구했다. 대학가 주변 청소, 학교 주변 정화, 퇴폐 사조 추방 캠페인, 무궁화 심기, 잘 살기 녹화운동 등이 정화운동, 대학새마을운동의 일환으로 이루어졌다.

　서울대학교는 총장과 서울시장이 참석한 가운데 약 두 시간 동안 대학생을 동원해 학교 앞 개천을 말끔히 청소하는 행사를 치렀다. 동국대학교는 무궁화 심기운동 발단식을 열고 전국 여덟 개 지역에 무궁화를 심고, 무궁화학교, 무궁화거리, 무궁화동산을 조성하도록 묘목을 기증할 계획이라고 발표했다. 중앙대학교는 남학생에게는 복장을 단정히 하고 머리를 짧게 깎기, 여학생에게는 화장 안 하기를 권장했다. 경희대학교 등에서도 잘 살기 애림녹화운동을 거교적으로 벌인다고 밝히며, 교복 착용, 배지 달기, 쌀 모으기, 도시락 싸오기, 구내다방 이용하기 등의 캠페인을 진행했다.[102]

그 밖에도 대학들은 주말과 방학에 하는 주말농촌봉사대, 하계 및 동계 방학 농촌봉사대 등을 조직해 관과 학교 주도의 봉사활동을 벌였다. 농촌봉사대는 농어촌 지역으로 가서 도로 보수, 우물 개량, 간이 치료, 식생활 개선, 보건 위생, 국기나 문패 달기 등의 계몽활동을 펼쳤다.[103] 관 주도의 봉사활동에도 불안했는지 당시 박정희 대통령은 문교부 장관에게 대학생이 순박한 농촌 사람에게 나쁜 영향을 미치지 않도록 지도 방향을 철저히 설명, 훈련하고 봉사활동의 성과를 올바르게 분석, 평가하라고 지시했다.[104]

실제로 대학생들은 민중에 대한 관심이 높아지면서 학교 주도의 농촌봉사활동 말고 자체적으로 농촌활동, 공장활동을 전개하는 일도 많았다. 스스로 엄격한 자치 규율을 만들고 농촌의 일손을 도우며 생산 현장을 체험하거나 아동, 청소년을 대상으로 학습반이나 야학을 조직해 교육을 하고, 공장과 빈민 지역을 조사하는 활동 등을 전개했다. 그러나 이런 자발적인 대학생 봉사활동은 정부의 통제를 받으면

〈그림 49〉대학생 하계봉사단 결단식과 새마을 봉사운동(국가기록원 소장; 이화여자대학교
이대학보사 편,《(이대학보 사진으로 보는) 이화의 과거와 현재, 그리고 미래 1886~2005》,
이화여자대학교 이대학보사, 2005, 248쪽;《경향신문》1972년 3월 23일 – 위부터 시계 반대 방향으로)

서 점차 음성화됐다.

대학축제 역시 관 주도의 기획 아래 행해졌다. 문교부 주도로 1970 년에 열린 전국대학문화예술축전과 전국대학체전 같은 대학연합축 제가 그런 예다. 1970년 3월 전국의 대학 학생처 과장이 모여 대학체 전과 대학문화예술축전을 각각 실시하기로 결정하고, 1970년 4월 대 학체전이, 같은 해 9월 대학문화예술축전이 열렸다. 대학체전은 전국 의 체육과 교수를 중심으로 대학체전위원회를 구성해 문교부로부터 예산 보조와 대통령 우승기 지원을 받아 이루어졌다.[105]

대학문화예술축전은 대학의 지적, 문화적 활동을 통해 대중문화 건 설과 민족문화 창달의 계기를 마련한다는 거창한 목적 아래 열렸다. 세부적으로 보면 대학 미전, 대학 출판물 경연, 연극 경연, 음악 경연, 민족예술 경연, 학술 논문이나 문예작품 현상 공모 등이 문교부의 예 산 지원으로 시행됐다. 그러나 대학생의 참가율은 저조했고, 참가하 더라도 학생이나 대학 자체의 자발적 참여는 찾아보기 힘들었다. 당 시 학생들은 대학체전이 4·19혁명 10주년을 맞이해 학생이 자발적 으로 움직이는 것에 대한 안전판으로 급조된 것이고, 대학문화예술축 전 역시 대학생의 정치적 불만을 물량으로 보상해 해소하려는 저의가 있다며 비판했다. 심지어 대학의 자주성을 무시한 채 외부 세력이 추 진했다는 점에서 간접적인 학원 탄압이라고 비판했다.[106]

한편 개별 대학의 학생 단체가 주도하는 축제에서는 1970년대 중 후반 이후 판소리나 탈춤, 마당극 공연이 단골 메뉴로 등장했다. 이들

〈그림 50〉 1970년대 대학가의 쌍쌍파티(서울대학교 기록관 소장, Ewha Womans University Archives, *THE AMAZING EWHA: 120 years of Ewha Womans University*, 2006)

공연은 현실을 풍자해 학생들에게 큰 인기를 얻었다. 민족문화, 민속, 민중문화 등이 강연회나 토론회의 주제로 떠올랐다. 차전놀이를 비롯해 서울대학교의 승무, 범패놀이, 경희대학교의 하회별신제, 민속나들이, 옛 장터, 건국대학교의 송파산대놀이, 농악대행진, 중앙대학교의 유머 과거대회, 봉산탈춤, 강강술래, 김제 용놀이 등이 대학가 가을 축제에서 대표적인 민속놀이 프로그램으로 자리를 잡았다.[107] 하지만 대학생이 자율적으로 공연하려는 민속놀이, 탈춤 등을 특별한 이유 없이 금지하는 사태도 빈번히 일어났다.[108] 그런 가운데 여전히 1960년대처럼 쌍쌍파티나 고고파티가 축제의 한 프로그램으로 운영되기도 했다.

## 대학 밖으로 쫓겨나다

1970년대는 유신체제 선포와 긴급조치 발동으로 시위와 데모, 강제 휴교와 휴업이 연속되던 시절이었다. 시위가 있을 때면 경찰과 군인이 강의실을 덮쳐 학생을 잡아갔고, 달아나는 학생 뒤를 쫓아가 군홧발로 차고 개머리판으로 머리를 찍었다. 문이 열리지 않는 방은 유리창을 깨고 최루탄을 던져 넣어 학생을 붙잡아갔다. 최루가스에 질식해 쓰러지거나 총과 곤봉을 든 경찰과 군인에게 쫓겨 도망가는 학생의 비명과 고함 소리로 학교와 주변 거리는 늘 어지러웠다. 지켜보는 교수와 학교 주변의 주민도 두려움과 탄식에 눈물을 흘렸다. 이러한

〈그림 51〉 1975학년도 신학기, 개강도 못한 대학, 학교를 지키는
총을 든 군인(《경향신문》 1975년 4월 10일)

모습이 1970년대 내내 대학가의 일상적인 풍경이 돼가고 있었다.

휴업령과 휴교령이 내리자 학생들은 문교부 장관에게 휴업령 취소 소원장을 제출하고 휴업령 무효 소송과 휴업령 효력 정지 가처분 등을 신청해[109] 수업을 재개하려고 노력했다. 휴업령에 따라 학생들이 학교 도서관을 이용하지 못하게 되자 중앙도서관만 특별히 휴업령 해제 때까지 무료로 개방하는 등의 조치가 취해졌다.[110] 하지만 휴업과 휴교가 계속되자 자포자기한 학생들은 발길을 돌려 시내 유흥가로 나가 다방이나 생맥줏집을 전전하거나, 혼자 도서관이나 헌책방에서 독서를 하며 무기력하게 지냈다. 아니면 삼삼오오 모여 공부 모임을 만들어 배움을 이어 나갔다.

여건이 많이 안 좋아졌어요. 실제로, 우리 다니면서 거의 뭐 학기 개강하면 얼마 안 있다가 이제 시위나 이런 것 때문에, 그때 긴급조치도 있었고, 뭐 휴강을 굉장히 많이 했어요. 그래서 그대로 수업을 한 선생님이, 비교적 높은 수준으로 쭉 한 학기 동안 강의하는 과목이 어떻게 보면 거의 한 과목이 없었다고 할 정도로 배우는 거가 적었어요. 그런데 한 가지 좋았던 점은 제가 2학년 올라갔을 때 3학년, 4학년, 대학원 1, 2학년에 있던 선배들이 조교가 돼서 학부생들을 가르치고 하는 그거였는데, 그때에 선배들하고 같이 공부하는, 학생들끼리 같이 공부하는 그런 게 굉장히 그때 좋았어요. 그런 게 꽤 있었고. 학생들 사이에 선배하고 후배들이 그런 스터디그룹들이 꽤 여러 개 있었어요. 그래서 거의 여러 교과서를 전부 그런 식으로 우리가 떼어 나가는. 왜냐하면 거의 휴강이 너무너무 많아 잦고 강의는 제대로 거의 이렇게 받을 틈이 없었어요. 그 당시에 보니까 선생님들은 그냥 울타리 역할만 해주시고 그다음에 학생끼리 공부하는 그런 게 많았던 것 같아요.[111]

1970년대 교련 반대 데모가 한창일 때 교정에서 시위를 하던 학생이 경찰에게 맞아 피 흘리는 것을 본 한 교수는 강의실에서 "백주에 미필적 고의에 의한 가학행위가 저질러져도 처벌할 수 없는 현실에 형법은 배워 무엇 하냐"라며 수업을 하지 않은 일도 있었다.[112] 학부모도 자녀를 대학에 보내면 혹시나 데모를 해서 경찰에 끌려가지나 않을지 전전긍긍하는 형편[113]이었다.

1970년대 후반으로 접어들면서 경찰이 대학에 상주하고 학도호국단이 부활하자 학생은 은밀하고 치열한 방식으로, 개별 학교를 넘어 다른 대학, 종교계, 재야인사와 연대하며 하나의 독특한 문화를 만들어냈다. 이른바 '운동권문화'라고 하는 대항문화가 또 하나의 대학문화로 형성되기 시작했다. 어느 공과대학생이 "대학촌은 학생 데모가 진출할 수 있는 거리를 반지름으로 하는 원형 지대"[114]라고 정의했듯이, 대학가와 대학문화는 데모를 중심으로 재구성됐다고 해도 과언이 아니다.

대학이 팽창하면서 1960년대 후반부터 각 대학에는 학생회관이 하나둘 건립되기 시작해 식당, 다방, 장기바둑실, 학생회의실, 동아리실 등이 만들어져 학생 활동 전용 공간이 생겨났다. 학생회관의 학생회의실이나 동아리실은 이런저런 학생운동 '언더 패밀리'의 공간적 거점이 되기도 했다.

대학가 근처의 하숙집과 자취방은 비밀 독서 모임이 열리는 열띤 시국 토론의 장이 됐고, 시위 모의와 준비 장소가 되기도 했다. 형사가 하숙집을 찾아다니며 정보를 수집하고 감시하자, 하숙집 주인이 못살겠다며 학생에게 하숙을 옮겨달라고 했다는 웃지 못할 일도 많았다.[115] 강제 징집돼 군대로 끌려간 친구가 보내는 편지를 돌려 읽으며 결의를 다지고, 피신 다니는 학생을 숨겨주고, 군대와 감옥으로 면회를 가는 것이 대학가의 한 풍경이 됐다. 학교 근처의 일미집, 한잔집, 페드라, 고모집과 같은 허름한 술집과 진아춘, 미도관 등의 중국집은 억눌림과 울분을 토로하고 달래는 학생의 아지트가 됐고, 이곳에서 형성된 독특한 음주문화가 대학의 전통으로까지 여겨지게 됐다.

1970년대 후반 대학의 운동권문화를 세칭 명문대생의 남성 중심 문화로 평가하는 사람도 있다.[116] 이와 함께 1970년대 후반에서 1980년대로 이어지는 시기의 운동권문화가 여러 면에서 우리 사회 민주화 운동의 한 축을 형성한 점은 적극적으로 평가해야 할 것이다.

## 맺음말

필자는 고등교육 정책이나 대학 설립, 운영 위주의 대학사 연구에서 벗어나 학생을 주어로 한 대학문화사를 서술하고자 했다. 구체적으로 대학이라는 학교제도가 도입된 일제강점기부터 1980년대 이전까지의 대학 정책, 대학교육 현실, 대학생 문화를 다루었다.

　1장에서는 일제강점기의 대학과 전문학교의 학생문화에 주목했다. 대학과 전문학교라는 위계적 고등교육 체제의 형성과 성격 그리고 그것이 학생문화에 미친 영향, 일제강점기라는 시대 상황으로 인한 대학생의 독특한 정신적 풍모와 생활 풍경을 서술했다. 2장에서는 미군정기 새로운 형태의 대학을 도입하려는 정책적 시도와 갈등을 다루면서 고등교육 체제가 구성되는 과정, 나아가 대학문화 형성의 제도적 기반이 되는 과정을 살펴봤다. 대학문화의 맹아 형성이라는 관점에서 다소 혼란스러운 현상을 항목별로 정리했다. 3장에서는 1950년대 대학 인구의 확대라는 인구동태학적 변화에 주목하면서 미국문화 지향, 교양 추구, 대학생 풍기 문란 담론, 학도호국단과 군사훈련 등 대학문화의 다양한 면을 기술했다. 4장에서는 4·19혁명 직후 대학 사회의 변화와 대학생이라는 사회적 주체의 등장 과정을 자세하게 다루었다. 그리고 군사정권 수립 이후 대학이 정비되는 실태를 정리했다. 5장에서는 1970년대 실험대학을 통한 대학 개혁 노력과 국가와 대학 간의 갈등, 대립과 포섭의 실태를 서술했다. 그리고 대학생문화가 청년문화를 대표하며 문화적 주체로 싹트는 모습을 그렸다.

일제강점기에 설립된 제국대학은 비록 조선인 학생에게는 차별의 벽이 높았지만, 제국대학 출신이라는 것만으로도 입신출세가 보증됐다. 해방 이후 대학생은 선망의 대상이면서, 동시에 놀고먹는다는 질시와 풍기를 문란하게 한다는 비판을 받았다. 4·19를 계기로 대학생은 사회문화적 주체로서의 가능성이 엿보였으나, 대학은 정원 초과 모집, 높은 등록금, 사학의 치부, 무능한 고등교육 행정과 비리로 인해 우골탑이라는 조롱을 받았다. 1970년대에는 실험대학이 도입되고, 대학과 국가 발전, 경제발전의 연관성이 강조되며 이루어진 다양한 대학 개혁 시도가 있었으나, 사회정치적 이유로 대학교육의 정상적인 운영은 어려웠다.

하지만 늘어난 고등교육 기회를 바탕으로 양적 성장을 보인 대학생은 대학문화, 청춘문화라는 독특한 하위문화를 형성하며 사회적으로 영향력을 행사하기 시작했다. 그 결과 대학과 대학생은 1980년대 한국 사회에서 강력한 정치사회적 주체로서 전성시대를 구가할 수 있었다.

필자는 이 책에서 근대 학교제도의 정점인 대학과 대학생의 부침을 살펴보고 사회적 주체로서의 대학생의 성장과 대학문화의 풍모를 그리려고 노력했다. 이를 통해 대학교육을 받은 한국적 특수성을 지닌 엘리트의 형성과 대학에서 비롯된 청년문화, 근대문화의 한 단면을 드러낼 수 있었다. 여기에 이 책의 의미가 있다고 생각한다. 앞으로 제도사, 정책사, 학생운동사 중심의 대학사 서술을 극복하고, 대학생의 생활이나 문화가 부각되는 대학사 서술의 장이 열리는 계기가 되기를 기대한다.

## 1. 일제강점기: 고등교육의 길이 열리다

1   《경성일보》 1924년 4월 17일.

2   신주백, 〈식민지 조선의 고등교육체계와 문·사·철의 제도화, 그리고 식민지 공공성〉, 《한국교육사학》 34-4, 2012, 64쪽.

3   강명숙, 《겨레의 시민사회 운동가 이상재》, 역사공간, 2014, 137쪽.

4   차남희·이진, 〈경성제국대학과 식민지 시기 '중인층'의 상승 이동〉, 《담론201》 13-4, 2010, 5~36쪽.

5   한재경, 〈회고일편〉, 《문우》 5, 1927, 10~15쪽(하재연, 《《文友》를 통해 본 경성제대 지식인의 내면〉, 《한국학연구》 31, 2009, 228쪽에서 재인용).

6   이충우, 《경성제국대학》, 다락원, 1980, 134~135쪽.

7   하재연, 《《文友》를 통해 본 경성제대 지식인의 내면〉, 《한국학연구》 31, 2009, 224쪽.

8   《동아일보》 1927년 7월 7일.

9   서정민 편역, 《한국과 언더우드》, 한국기독교역사연구소, 2004, 253~257쪽.

10  《동아일보》 1974년 3월 20일.

11  《중앙일보》 1971년 5월 15일.

12  《중앙일보》 1971년 5월 11일.

13  《중앙일보》 1971년 5월 15일.

14  이충우, 《경성제국대학》, 다락원, 1980, 391~392쪽.

15  前硝子, 〈조명탄〉, 《東光》 27, 1931, 61쪽.

16  《인천일보》 2013년 8월 20일.

17    정선이,《경성제국대학 연구》, 문음사, 2002, 97~98쪽.


## 2. 미군정기: 대학, 부실하게 출발하다

1    History of Bureau of Education : From 11 September 1945 to 28 February 1946, p.24.

2    학무국은 1946년 3월 29일 자로 군정청 직제 개편에 의해 문교부로 승격됐다.

3    History of Bureau of Education : From 11 September 1945 to 28 February 1946, p.24.

4    문교부,《문교월보》41, 1958, 70쪽(김종철 외,《한국 고등교육의 역사적 변천에 관한 연구》, 한국대학교육협의회, 1989, 213쪽에서 재인용).

5    History of Bureau of Education : From 11 September 1945 to 28 February 1946, p.28.

6    《동아일보》1946년 7월 14일.

7    《동아일보》1946년 7월 31일.

8    강명숙,《미군정기 고등교육 연구》, 서울대 박사학위논문, 2002, 113~114쪽 참고.

9    高木英明,《大學の法的地位と自治機構に關する研究》, 多賀出版, 1998, 143~144쪽.

10   Higher Education in Korea, January 27, 1947(이길상 편,《해방전후사자료집》2, 원주문화사, 1992, 228~230쪽; 이길상,《미군정하에서의 진보적 민주주의 교육운동》, 교육과학사, 1999, 46~47쪽에서 재인용).

11   《조선일보》1946년 9월 14일.

12   《동아일보》1946년 9월 21일.

13   《서울신문》1946년 9월 22일.

14   《조선연감》, 조선통신사, 1947, 258~259쪽.

15   김기석,《한국고등교육연구》, 교육과학사, 2008, 131~133쪽.

16   Interview with Dr. Edwin Miller, Bureau of higher Educ, 16 January 1948; 정태수 편,《미군정기 한국교육사자료집》상, 홍지원, 1992, 603쪽.

17  한국교육 10년사간행회 편, 《한국교육 10년사》, 풍문사, 1960, 94쪽.

18  백남훈, 《나의 일생》, 해온 백남훈선생 기념사업회, 1968, 223쪽.

19  《매일신보》 1945년 9월 18일.

20  강명숙, 《미군정기 고등교육 연구》, 서울대 박사학위논문, 2002, 72쪽.

21  《국도신문》 1949년 12월 19일.

22  서울대학예과 최종기념잡지 편집위원회 편, 《청량리》, 서울대학예과 학생위원회, 1948, 42쪽.

23  이화여자전문학교의 경우 1945년 10월 재개학하면서 '이화여자대학'의 이름으로 학생 모집 광고를 내서 학생 재충원을 시도했다.

24  〈국대안 파동 구술 자료〉, 서울대학교 기록관(구술자: 고병익, 면접자: 유성상, 일시: 1998년 5월 13일, 장소: 민족문화추진회 이사장실). 본문의 괄호 안은 면접자가 추가했음.

25  《동아일보》 1946년 4월 26일.

26  이화여자전문학교의 경우 전문부생의 학부 진학에 대해 학생 측의 조직적 반대가 거셌다.

27  해방 후 그나마 엄격한 선발제도를 가졌던 일부 명문 사립학교는 정원을 채우기가 힘들었던 반면에 일부 신설 사립대학에서의 정원 외 초과 모집은 상상을 초월한다. 예를 들면 고려대학교는 미군정기 내내 법정 정원을 채우기가 힘들었던 반면, 국민대학교는 1947년 9월 당시 학부 정원이 200명이었으나 423명의 재학생을 받아들였으며 1948년 9월에는 누계 정원이 300명이었으나 1040명의 재학생이 있었다(국민대학 30년사 편찬위원회 편, 《국민대학30년사》, 국민대학출판부, 1976, 98~99쪽).

28  《동아일보》 1946년 8월 3일.

29  《동아일보》 1946년 8월 3일.

30  《동아일보》 1947년 6월 8일.

31  신학제 실시에 따라 기존의 전문학교 학생은 전문부로 편제됐고, 전문부 학생은 전문부 2학년을 마치고 3학년으로 진급해 전문부를 졸업하거나 혹은 학부 1학년으로 편입해 4년의 대학 과정을 마치는 두 가지 선택이 있었다. 선택은 개인에게 맡겼고 학부 편입 시에는 특별시험을 거치도록 했으나 대부분의 학교에서는 학교 차원에서 학부생 정원을 채우기 위해 전문부에서 이수한 수업 시간을 학점 단위로 환산 사정해 특별 시험 없이 학부로 편입했다.

32  《동아일보》 1947년 5월 11일.

33  《서울신문》 1948년 6월 20일. 일제강점기의 여성 고등교육 기회 제한을 고려하면 미군정기 남녀공학제 실시는 제도상의 중요한 변화였고 남녀평등 교육 면에서도 주요한 것이었다. 그러나 대학 진학이 가능한 여성 중등교육 이수자의 절대 규모가 작았을 뿐만 아니라 1년 연장된 대학에 여성이 진학하기에는 현실적인 어려움이 많았다. 이러한 현상은 여자대학의 학생 모집 어려움으로 연결됐다. 이 문제를 해결하기 위해 중앙대학교는 여자대학에서 남녀공학대학으로 전환했다. 남녀공학제가 된 이후 첫 신입생을 선발한 1948년의 경우 여자 입학생의 비율은 22퍼센트였으나 이듬해인 1949년에는 6퍼센트로 하락했다. 결국 남녀공학제여도 현실은 남성의 대학이 될 수밖에 없었다(중앙대학교사편찬위원회 편,《중앙대학교사》, 중앙대학교, 1970, 157쪽).

34  유진원,〈정치와 교육〉,《주보민주주의》 22, 1947 ; 이길상·오만석 공편,《한국교육사료집성 : 미군정기편》 3, 한국정신문화연구원, 1997, 324쪽.

35  임긍재,〈학원과 여학생의 풍기문제〉,《대조》 15, 1947 ; 이길상·오만석 공편,《한국교육사료집성 : 미군정기편》 3, 한국정신문화연구원, 1997, 331쪽.

36  안호상,〈민족교육의 방향〉,《대조》 27, 1948 ; 이길상·오만석 공편,《한국교육사료집성 : 미군정기편》 3, 한국정신문화연구원, 1997, 341쪽.

37  《국도신문》 1949년 12월 19일.

38  연세대학교 100년사 편찬위원회 편,《연세대학교 100년사》 1, 연세대학교출판부, 1985, 384쪽.

39  서울대학교 50년사 편찬위원회 편,《서울대학교 50년사》 상, 서울대학교출판부, 1996, 27쪽.

40  〈1948학년도 납입금 납부 영수증〉, 서울대학교 기록관.

41  학생 생활의 동태를 조사한 어느 대학의 조사 결과에 따르면 당시 학생의 숙소는 하숙 43퍼센트, 자택 33퍼센트, 친척 17퍼센트, 자취 9퍼센트, 기타 4퍼센트로, 자택에서 학교를 다닌 사람은 3분의 1 정도였다. 그 외의 학생은 어떤 형태로든 생활비를 감당해야 했다(《독립신보》 1947년 4월 27일).

42  《독립신보》 1947년 4월 27일.

43  《조선일보》 1946년 5월 11일.

44  《국도신문》 1949년 12월 19일.

45  History of Bureau of Education: From 11 September 1945 to 28 February 1946, pp.24~25.

46  Report on What has been done in Business Education, 21 November 1946, 1947. 7. 31; 정태수 편, 《미군정기 한국교육사자료집》 상, 홍지원, 1992, 1046쪽.

47  국대안 파동 시 학부 학생이었던 양호민은 "강의하고, 출석 없고, 출석 없어요, 출석 없고, 그다음에 시험 치르고, 그저 시험이 유일한 증거죠"라며 출석에 대한 규제는 이루어지지 않았고 시험만이 유일하게 학점을 취득할 수 있는 근거였다고 구술했다(〈국대안 파동 구술 자료〉, 구술자: 양호민, 면접자: 조강원, 일시: 1998년 5월 17일, 장소: 분당 자택, 서울대학교 기록관).

48  Edwin L. Miller, To Whom It May Concern, 1947. 9. 2.; 정태수 편, 《미군정기 한국교육사자료집》 상, 홍지원, 1992, 1061쪽.

49  미군정기에는 대학문화다운 문화가 없었다고 할 수 있다. 그러나 대학문화를 무엇으로 규정하느냐에 따라 대학문화의 존재 여부에 대한 인식은 달라질 것이다. 풍부한 문화생활과 체험을 가능하게 하는 문화 활동의 부재에 대해서는 긍정할 수 있다. 그러나 이 책에서 정리한 도둑 청강, 겸업, 독학의 성행 역시 대학문화의 범주에 넣어 고찰하는 것은 가능하다고 본다.

50  김병걸, 《실패한 인생 실패한 문학》, 창작과비평사, 1994, 123~124쪽.

51  안호상, 〈민족교육의 방향〉, 《대조》 27, 1948; 이길상·오만석 공편, 《한국교육사료집성: 미군정기편》 3, 한국정신문화연구원, 1997, 341쪽.

52  USAMGIK, Education in South Korea Under United States Occupation 1945~1948, p.134; 편집부, 《주한미군사》 4, 돌베개, 1988, 632쪽.

53  《동아일보》 1949년 3월 24일.

54  〈국대안 파동 구술 자료〉(구술자: 양호민, 면접자: 조강원, 일시: 1998년 5월 17일, 장소: 분당 자택), 서울대학교 기록관.

55  《조선일보》 1946년 9월 14일.

56  〈국대안 파동 구술 자료〉(구술자: 양호민, 면접자: 조강원, 일시: 1998년 5월 17일, 장소: 분당 자택), 서울대학교 기록관.

57  리영희, 《역정》, 창작과비평사, 1988, 114쪽.

58  교육연구소 한국교육사고 편, 《서울대학교 사범대학 50년: 구술사 자료집》 1, 서울대

학교 사범대학, 1999, 78~79쪽.

59  에듀케이셔널 매뉴얼Educational Manual의 약자로, 당시 주둔 중인 미군이 사용하던 통신용 대학 교재다. 이 교재를 미군 피엑스에서 복사해 돌려보기도 했고, 미국에서 입수해 각 대학 도서관으로 분배된 것을 보기도 했다. 교육연구소 한국교육사고 편, 《서울대학교 사범대학 50년: 구술사 자료집》 1, 서울대학교 사범대학, 1999, 146쪽.

60  《서울신문》 1948년 5월 26일.


## 3. 1950년대: 대학이 나라를 망친다

1   1953년 5월 UNKRA 원조 도서 제1차 연도(1952년도)분 3만 9200권이 부산항에 도착했는데, 이 중 1만 2500권을 서울대학교에 보냈다.

2   김명진, 《1950년대 고등교육 협력에 관한 연구: 서울대-미네소타대 프로젝트 사례》, 서울대 박사학위논문, 2009, 87~88쪽 재인용.

3   김명진, 《1950년대 고등교육 협력에 관한 연구: 서울대-미네소타대 프로젝트 사례》, 서울대 박사학위논문, 2009, 88~89쪽 재인용.

4   《대학신문》 1956년 12월 10일.

5   《대학신문》 1957년 4월 29일.

6   김명진, 《1950년대 고등교육 협력에 관한 연구: 서울대-미네소타대 프로젝트 사례》, 서울대 박사학위논문, 2009, 126쪽 재인용.

7   김명진, 《1950년대 고등교육 협력에 관한 연구: 서울대-미네소타대 프로젝트 사례》, 서울대 박사학위논문, 2009, 135쪽 재인용.

8   《경향신문》 1949년 4월 23일.

9   《동아일보》 1949년 6월 11일.

10  서울대학교 60년사 편찬위원회 편, 《서울대학교 60년사》, 서울대학교, 2006, 797쪽; 오제연, 《1960~1971년 대학 학생운동 연구》, 서울대 박사학위논문, 2014, 30쪽 재인용.

11  이선미, 〈1950년대 미국유학 담론과 '대학문화': 《연희춘추》의 미국관련 담론과 기사를 중심으로〉, 《상허학보》 25, 2009, 258쪽.

12 《사상계》 1957년 10월호, 247쪽.

13 이덕희, 〈법대와 나와 인생〉, 서울대학교 법과대학 서울법대동창회 편, 《하늘이 무너져도 정의는 세워라: 서울법대 동창 수상록 2》, 경세원, 1994, 518~519쪽.

14 서울대학교 60년사 편찬위원회 편, 《서울대학교 60년사》, 서울대학교, 2006, 730쪽.

15 1955년의 한 설문조사에 따르면 대학생 여섯 명 중 한 명이 출 줄 알고, 다섯 명은 출 줄 모르거나 필요하지 않다고 응답한 것으로 봐서 학원 문제가 아니라는 주장이 나오기도 했다(《경향신문》 1955년 7월 23일).

16 《서울신문》 1950년 6월 7일.

17 《평화신문》 1953년 3월 19일.

18 《경향신문》 1955년 4월 28일.

19 손인수, 《한국교육운동사》 1, 문음사, 1994, 177쪽.

20 《자유신문》 1950년 3월 18일.

## 4. 1960년대: 대학을 정비하자

1 오제연, 《1960~1971년 대학 학생운동 연구》, 서울대 박사학위논문, 2014, 77쪽 재인용.

2 권보드래·천정환, 《1960년을 묻다》, 천년의상상, 2012, 37~38쪽.

3 유창민, 〈1960년대 잡지에 나타난 대학생 표상: 《사상계》의 대학생 담론을 중심으로〉, 《겨레어문학》 47, 2011. 152쪽 재인용.

4 학생이 데모를 할 때 모두 훌륭한 슬로건을 내걸고 가두로 진출했으나 당시 그들의 반수 이상이 타교에 지지 않겠다는 경쟁 심리와 매스컴이 그들의 데모를 찬양한 데서 좀 더 큰 용기와 자극을 받은 것이 아닌가 하는 견해도 있다(유창민, 〈1960년대 잡지에 나타난 대학생 표상: 《사상계》의 대학생 담론을 중심으로〉, 《겨레어문학》 47, 2011, 152쪽).

5 《동아일보》 1959년 3월 29일.

6 오제연, 《1960~1971년 대학 학생운동 연구》, 서울대 박사학위논문, 2014, 주 3 참고.

7 《동아일보》 1957년 10월 12일.

8 《동아일보》1960년 5월 13일.

9 《동아일보》: 《경향신문》1960년 8월 29일~9월 2일.

10 《경향신문》1960년 8월 31일.

11 《동아일보》1960년 9월 24일.

12 《경향신문》1960년 8월 25일.

13 경대30년사 편찬위원회, 《경북대학교 30년사》, 경북대학교출판부, 1977, 235쪽.

14 연세창립80주년기념사업위원회 편, 《연세대학교사》, 연세대학교출판부, 1969, 952~953쪽.

15 《대학신문》1960년 12월 12일.

16 《동아일보》1963년 7월 23일.

17 《동아일보》1963년 8월 16일.

18 법률 제708호, 〈교육에 관한 임시특례법〉, 1961년 9월 1일 제정.

19 손인수, 《한국교육운동사》3, 문음사, 1994, 579쪽.

20 《동아일보》1957년 12월 26일.

21 《동아일보》1958년 1월 28일.

22 손인수, 《한국교육운동사》2, 문음사, 1994, 335쪽.

23 한기언, 《대학의 이념》, 한국학술정보, 2005, 227~228쪽.

24 손인수, 《한국교육운동사》2, 문음사, 1994, 181쪽.

25 《동아일보》1961년 12월 23일.

26 하지만 학사학위를 국가고시로 수여할 것을 제안한 교육학자도 있었다(김경수, 〈대학 정비방법의 구체안〉, 《사상계》93, 1961, 158~163쪽).

27 《조선일보》1962년 10월 19일.

28 《동아일보》1961년 9월 8일.

29 《경향신문》1961년 9월 13일.

30 우마코시 토오루 저, 한용진 역, 《한국 근대대학의 성립과 전개》, 교육과학사, 2001, 224쪽.

31 김정인, 《대학과 권력》, 휴머니스트, 2018, 188쪽.

32 김증한, 〈국가이념과 대학의 목적〉, 《사상계》93, 1961.

33 대학 정비 계획의 실패는 계획 자체와 추진 문제에도 원인이 있지만, 당시 대학교육

기회 증가에 대한 사회적, 시대적 요구를 무시하고 양을 줄여 질을 보장하겠다는 발
상에서 비롯되었음을 지적할 필요가 있다(강명숙, 〈해방 이후 대학교육 개혁 논의의 흐름:
1950~1970년대를 중심으로〉, 《한국교육사학》 27-2, 2005 참고).

34  우마코시 토오루 저, 한용진 역, 《한국 근대대학의 성립과 전개》, 교육과학사, 2001,
212쪽.

35  《매일경제신문》 1969년 1월 22일.

36  《매일경제신문》 1969년 2월 12일.

37  《경향신문》 1955년 5월 5일; 《동아일보》 1955년 5월 8일.

38  《경향신문》 1954년 12월 15일.

39  《경향신문》 1955년 10월 10일.

40  《동아일보》 1955년 10월 15일.

41  《동아일보》 1956년 3월 15일.

42  《동아일보》 1956년 3월 3일.

43  《경향신문》 1955년 9월 11일; 《동아일보》 1956년 3월 18일.

44  《동아일보》 1958년 2월 3일.

45  《동아일보》 1957년 12월 26일.

46  《경향신문》 1957년 9월 24일.

47  《동아일보》 1958년 4월 5일.

48  《동아일보》 1957년 5월 3일.

49  서울특별시사편찬위원회 편, 《서울 사람이 겪은 해방과 전쟁: 서울역사 구술자료집
3》, 서울특별시사편찬위원회, 2011, 170~171쪽.

50  《동아일보》 1961년 8월 25일.

51  《동아일보》 1961년 8월 27일.

52  《경향신문》 1961년 12월 21일.

53  《경향신문》 1963년 4월 5일; 11월 4일.

54  《경향신문》 1962년 9월 3일.

55  《경향신문》 1964년 9월 9일.

56  《경향신문》 1964년 8월 24일.

57  《동아일보》 1965년 2월 25일.

58 《경향신문》 1965년 2월 26일.

59 《동아일보》 1965년 3월 9일.

60 《경향신문》 1967년 2월 14일.

61 《경향신문》 1967년 2월 16일.

62 《동아일보》 1969년 2월 12일.

63 《매일경제신문》 1969년 2월 12일.

64 《경향신문》 1965년 3월 8일.

65 《경향신문》 1965년 3월 8일.

66 《경향신문》 1969년 1월 25일.

67 《동아일보》 1964년 3월 5일.

68 《동아일보》 1964년 3월 5일.

69 《동아일보》 1964년 3월 6일.

70 《동아일보》 1964년 7월 23일.

71 《경향신문》 1964년 5월 2일.

72 《매일경제신문》 1966년 1월 20일.

73 대한민국 국회, 《국회 본회의 회의록》, 1969년 12월 22일.

74 대한민국 국회, 《국회 본회의 회의록》, 1969년 12월 22일;《경향신문》 1969년 12월 22일.

75 《동아일보》 1965년 12월 27일.

76 《경향신문》 1960년 11월 20일.

77 서울대학교 60년사 편찬위원회 편, 《서울대학교 60년사》, 서울대학교, 2006, 739쪽.

78 《대학신문》, 1967년 5월 22일.

79 《경향신문》 1962년 12월 10일.

80 《동아일보》 1963년 6월 3일.

81 〈우리 시대의 멘토 김승옥〉, 네이버캐스트, 2014년 8월 28일.

82 《경향신문》 1971년 12월 10일.

83 유창민, 〈1960년대 잡지에 나타난 대학생 표상:《사상계》의 대학생 담론을 중심으로〉, 《겨레어문학》 47, 2011, 164쪽.

84 노지승, 〈대학생과 건달, 김승옥 소설과 청춘 영화에 나타난 1960년대 청년 표상〉,

《한국현대문학연구》 22, 2007, 398쪽.

85 《경향신문》 1962년 12월 10일.

86 김인수, 〈불 꺼진 대학가: 한 남자 대학생이 말하는 고심〉, 《사상계》 106, 1962, 134~135쪽.

87 노지승, 〈대학생과 건달, 김승옥 소설과 청춘 영화에 나타난 1960년대 청년 표상〉, 《한국현대문학연구》 22, 2007, 402쪽.

88 노지승, 〈대학생과 건달, 김승옥 소설과 청춘 영화에 나타난 1960년대 청년 표상〉, 《한국현대문학연구》 22, 2007, 405쪽.

89 《동아일보》 1966년 5월 28일.

90 《동아일보》 1981년 4월 27일.

91 《동아일보》 1970년 6월 20일.

92 《대학신문》 1963년 11월 7일.

93 오제연, 《1960~1971년 대학 학생운동 연구》, 서울대 박사학위논문, 2014, 171쪽.

94 서울대학교 60년사 편찬위원회 편, 《서울대학교 60년사》, 서울대학교, 2006, 849~850쪽.

95 《경향신문》 1965년 7월 1일.

96 《경향신문》 1965년 5월 6일.

97 《동아일보》 1978년 5월 9일.

98 이용희, 〈1960~70년대 베스트셀러 현상과 대학생의 독서문화: 베스트셀러 제도의 형성과정과 1970년대 초중반의 독서 경향〉, 《한국학연구》 41, 2016, 58~59쪽.

## 5. 1970년대: 대학을 실험하자

1 《동아일보》 1946년 8월 3일.

2 이숭녕, 〈대학교육의 회고와 전망〉, 《새교육》 9-1, 1957, 30쪽.

3 박준희, 〈교육망국론의 신조어 만들고〉, 《새교육》 17-8, 1965, 65쪽.

4 허현, 〈대학 정비론〉, 《교육평론》 40, 1962, 22쪽.

5 이근칠, 〈우리나라 대학교육의 전망〉, 《새교육》 1965년 7월호, 47쪽.

6  오기형, 〈사립대학의 자주적통제와 본연의 자세〉, 《새교육》 17-5, 1965, 36쪽.

7  황종건, 〈대학의 과잉과 해결돼야 할 문제〉, 《교육평론1》 964년 5월호, 49쪽.

8  김영돈, 〈대학교육의 역점〉, 《교육평론》 88, 1966, 39쪽.

9  김종철, 〈미래를 위한 우리 교육의 설계〉, 《교육평론》 174, 1973, 88쪽.

10  황종건, 〈대학의 과잉과 해결되어야 할 문제〉, 《교육평론》 67, 1964, 50~51쪽.

11  오기형, 〈사립대학의 자주적통제와 본연의 자세〉, 《새교육》 17-5, 1965, 36쪽.

12  황종건, 〈대학의 과잉과 해결되어야 할 문제〉, 《교육평론》 67, 1964, 49쪽.

13  안호상, 〈자성문교의 정책수립을〉, 《교육평론》 107, 1967, 77쪽.

14  김용래, 〈고등교육 개선에 관한 관견〉, 《새교육》 169, 1968, 32~33쪽.

15  이철범, 〈대학은 최대의 자본이다〉, 《교육평론》 99, 1967, 36쪽.

16  김사달, 〈대학교육의 본질과 사대의 병폐〉, 《교육평론》 125, 1969, 58쪽.

17  김종철, 〈사학의 발전과 대학 정비의 시시비비: 60년대의 문교정책을 채점한다〉, 《새교육》 182, 1969, 67쪽.

18  김인회, 〈한국 대학교수의 현황과 문제점〉, 《새교육》 172, 1969, 39쪽.

19  이남표, 〈고등교육: 세계교육 개혁의 동향〉, 《새교육》 199, 1971, 74쪽.

20  김용래, 〈고등교육 개선에 관한 관견〉, 《새교육》 169, 1968, 32~33쪽.

21  김사달, 〈대학교육의 본질과 사대의 병폐〉, 《교육평론》 125, 1969, 58쪽.

22  박대선, 〈현대고등교육의 밝은 전망을 위하여〉, 《새교육》 217, 1972, 68쪽.

23  유인종, 〈대학교육 개혁의 필요성과 기본 방향〉, 《문교월보》 48, 1973, 89쪽.

24  오기형, 〈고급인력 양성의 저변향상의 시급성〉, 《교육평론》 241, 1978, 42쪽.

25  〈79학년도 대학정원 대폭 늘려〉, 《교육평론》 241, 1978, 27쪽.

26  서명원, 〈대학교육의 이상과 현실〉, 《새교육》 346, 1983, 112~113쪽.

27  허현, 〈대학 정비론〉, 《교육평론》 40, 1962, 23쪽.

28  이철범, 〈대학은 최대의 자본이다〉, 《교육평론》 99, 1967, 40쪽.

29  조영식, 〈대학교육의 질적향상과 취업보장: 한국교육의 현실적인 문제점: 고등교육〉, 《교육평론》 99, 1967, 33쪽.

30  김용래, 〈고등교육 개선에 관한 관견〉, 《새교육》 169, 1968, 33쪽.

31  정재철, 〈대학인구는 늘어야 한다: 고등인력 육성을 위하여〉, 《새교육》 189, 1970, 44쪽.

32 〈서울대 종합계획의 청사진〉, 《교육신풍》 1-9, 1971, 56쪽.

33 김종철, 〈전환기에 선 한국고등교육정책의 과제〉, 《교육평론》 185, 1974, 40쪽.

34 차경수, 〈한국고등교육 개혁의 방향: 교육개혁의 방향〉, 《새교육》 242, 1974, 25쪽.

35 유형진, 〈고등교육 정책제도의 개혁방향〉, 《교육평론》 205, 1975, 55쪽.

36 유인종, 〈고등교육: 한국교육 30년〉, 《새교육》 250, 1975, 70쪽.

37 임한영, 〈고등교육 이념목표의 지향〉, 《교육평론》 205, 1975, 49쪽.

38 문승익, 〈대학은 어떻게 있어야 하나〉, 《새교육》 264, 1976, 16쪽.

39 오제연, 《1960~1971년 대학 학생운동 연구》, 서울대 박사학위논문, 2014, 231쪽.

40 우마코시 토오루 저, 한용진 역, 《한국 근대대학의 성립과 전개》, 교육과학사, 2001, 240쪽.

41 〈고등교육 개혁에 관한 국제심포지움〉, 《교육평론》 169, 1972, 40쪽.

42 박대선, 〈현대고등교육의 밝은 전망을 위하여〉, 《새교육》 217, 1972, 86쪽.

43 이형행, 〈실험대학의 운영과 고등교육의 질적 관리(1972~79)〉, 《대학교육》 52, 1991, 59~60쪽.

44 손인수, 《한국교육운동사》 3, 문음사, 1994, 287~288쪽.

45 교육부50년사편찬위원회 편, 《교육50년사: 1948~1998》, 교육부, 1998, 324쪽.

46 채성주, 〈유신 체제 하의 고등교육 개혁에 관한 연구〉, 《교육행정학연구》 21-3, 2003, 324쪽.

47 손인수, 《한국교육운동사》 3, 문음사, 1994, 183~185쪽 참고. 당시 교련 과목의 미이수로 제적되는 학생도 적잖았다.

48 우리 대학 현실에서 어떠한 대학관이 얼마나 강조되는지를 조사한 결과, 아주 강조된다는 응답 비율이 지위 집단 형성 기관 19퍼센트, 사회정치화 기관 17퍼센트, 철학적 관점에 입각한 학문의 전당 10퍼센트, 기업주의 대학관 8퍼센트의 순서로 나타났다(한준상, 《한국 대학교육의 희생》, 문음사, 1983, 85~86쪽).

49 채성주, 〈유신 체제 하의 고등교육 개혁에 관한 연구〉, 《교육행정학연구》 21-3, 2003, 323~324쪽.

50 1971년 10월 문교부의 '학칙 보강 17개 항'의 지시 사항에 따라 작성, 승인된 '서울대학교 학생 과외 활동에 관한 세칙'에서 규정한 것으로, 교수 1인당 20명의 학생을 배분해 학습과 과외 활동, 학칙 위반자 특별 지도, 취업 지도 등을 하도록 한 제도다.

51  손인수,《한국교육운동사》2, 문음사, 1994, 286쪽.

52  평가교수단의 명단과 활동에 대해서는 손인수,《한국교육운동사》3, 문음사, 1994, 406~410쪽 참고.

53  박정희 대통령 자신이 일일이 평가교수 위촉 명단을 체크했다고 할 정도로 정부에 대한 태도를 중시했다.

54  1973년 3월 7일 제1기 유정회 국회의원에는 11명, 1976년 2월 제2기에는 22명, 1978년 제3기에는 21명의 대학교수가 임명됐다.

55  《경향신문》1975년 4월 3일.

56  손인수,《한국교육운동사》2, 문음사, 1994, 593쪽.

57  고려대학교 100년사 편찬위원회,《고려대학교 100년사》2, 고려대학교출판부, 2008, 218쪽.

58  이러한 지시는 부산수산대학 원종훈 교수의 논문〈식용 해조류에서 수은 카드뮴 검출〉이 1972년 6월 13일 자《한국일보》에 보도된 것을 계기로 이루어졌다(손인수,《한국교육운동사》3, 문음사, 1994, 348쪽).

59  손인수,《한국교육운동사》3, 문음사, 1994, 342쪽.

60  기형도,〈대학 시절〉,《입 속의 검은 잎》, 문학과 지성사, 1989, 21쪽.

61  강만길,《역사가의 시간》, 창비, 2010, 2005쪽.

62  《동아일보》1976년 3월 23일.

63  《동아일보》1979년 12월 11일.

64  《동아일보》1976년 3월 8일.

65  《동아일보》1979년 12월 11일.

66  《동아일보》1979년 12월 11일.

67  김미숙,〈미군정기 남녀공학정책: 성별 학교조직과 성통제 양식〉,《교육학연구》39-4, 2001, 107쪽.

68  서울대학교 사범대학 30년사 편찬위원회 편,《민주교육의 요람: 서울대학교 사범대학 30년사》, 한국능력개발사, 1975, 244~245쪽.

69  이혜정,〈남녀공학 고등교육의 등장과 교육 기회의 젠더 평등: '통합'으로서의 남녀공학 사례를 중심으로〉,《여성과 역사》22 , 2015, 224쪽.

70  서울대학교 사범대학 30년사 편찬위원회 편,《민주교육의 요람: 서울대학교 사범대

학 30년사》, 한국능력개발사, 1975, 244~245쪽.

71 김봉은 외, 《지성과 역동의 시대를 열다: 서울대학교 개교70주년 기념 기획전》, 서울대학교 기록관, 2016, 123쪽.

72 이혜정, 《1970년대 고등교육을 받은 여성의 삶과 교육: '공부' 경험과 자기성취 실천을 중심으로》, 서울대 박사학위논문, 2012, 46쪽.

73 이혜정, 《1970년대 고등교육을 받은 여성의 삶과 교육: '공부' 경험과 자기성취 실천을 중심으로》, 서울대 박사학위논문, 2012, 85·87·101·109쪽.

74 《동아일보》 1978년 8월 23일.

75 《경향신문》 1971년 6월 5일.

76 《경향신문》 1967년 12월 27일.

77 《매일경제신문》 1972년 5월 22일.

78 《동대신문》 1970년 9월 17일.

79 《동아일보》 1970년 11월 12일.

80 서울대학교 60년사 편찬위원회 편, 《서울대학교 60년사》, 서울대학교, 2006, 738~739쪽.

81 《대학신문》 1974년 9월 9일.

82 《동아일보》 1972년 3월 17일.

83 《매일경제신문》 1972년 4월 24일.

84 《매일경제신문》 1970년 4월 21일.

85 《동아일보》 1973년 5월 14일.

86 오제연, 〈1970년대 대학문화의 형성과 학생운동〉, 《역사문제연구》 28, 2012, 91~92쪽.

87 《대학신문》 1974년 6월 3일.

88 오제연, 《1960~1971년 대학 학생운동 연구》, 서울대 박사학위논문, 2014, 311쪽.

89 《대학신문》 1960년 6월 12일.

90 서울대학교 60년사 편찬위원회 편, 《서울대학교 60년사》, 서울대학교, 2006, 754쪽.

91 《경향신문》 1961년 6월 1일.

92 《경향신문》 1961년 6월 20일.

93 《동아일보》 1965년 2월 3일.

94 《경향신문》 1972년 3월 24일.

95 《경향신문》 1972년 4월 17일.

96 《경향신문》 1977년 1월 29일.

97 《동아일보》 1970 11월 10일.

98 이혜정, 《1970년대 고등교육을 받은 여성의 삶과 교육: '공부' 경험과 자기성취 실천을 중심으로》, 서울대 박사학위논문, 2012, 127쪽.

99 이혜정, 《1970년대 고등교육을 받은 여성의 삶과 교육: '공부' 경험과 자기성취 실천을 중심으로》, 서울대 박사학위논문, 2012, 128쪽.

100 《동아일보》 1974년 9월 9일. 오제연, 〈1970년대 대학문화의 형성과 학생운동〉, 《역사문제연구》 28, 2012, 81쪽 재인용.

101 《경향신문》 1977년 5월 25일.

102 《경향신문》 1972년 3월 23일.

103 《경향신문》 1971년 12월 17일.

104 《매일경제신문》 1971년 6월 25일.

105 《경향신문》 1970년 3월 11일.

106 《동아일보》 1970년 9월 7일.

107 《동아일보》 1978년 10월 11일.

108 《동아일보》 1976년 10월 16일.

109 《경향신문》 1971년 6월 8일.

110 《경향신문》 1971년 10월 19일.

111 이혜정, 《1970년대 고등교육을 받은 여성의 삶과 교육: '공부' 경험과 자기성취 실천을 중심으로》, 서울대 박사학위논문, 2012, 123쪽 재인용.

112 《동아일보》 1971년 12월 7일.

113 《동아일보》 1978년 11월 4일.

114 《동아일보》 1971년 7월 3일.

115 《동아일보》 1971년 7월 3일.

116 이용희, 〈1960~70년대 베스트셀러 현상과 대학생의 독서문화: 베스트셀러 제도의 형성과정과 1970년대 초중반의 독서 경향〉, 《한국학연구》 41, 2016, 43~76쪽.

# 참고문헌

## 자료

### 신문 및 잡지

《경성일보》《경제연감》《경향신문》《관보》《교육신풍》《교육평론》《국도신문》《대학교육》《대학신문》《독립신보》《東光》《동아일보》《매일경제신문》《매일신보》《문교월보》《사상계》《새교육》《서울신문》《인천일보》《자유신문》《조선일보》《중앙일보》《평화신문》

### 교사 자료

경대30년사 편찬위원회, 《경북대학교 30년사》, 경북대학교출판부, 1977

고려대학교 100년사 편찬위원회, 《고려대학교 100년사》 2, 고려대학교출판부, 2008

국민대학 30년사 편찬위원회 편, 《국민대학30년사》, 국민대학출판부, 1976

서울대학교 50년사 편찬위원회 편, 《서울대학교 50년사》 상, 서울대학교출판부, 1996

서울대학교 60년사 편찬위원회 편, 《서울대학교 60년사》, 서울대학교, 2006

서울대학교 사범대학 30년사 편찬위원회 편, 《민주교육의 요람: 서울대학교 사범대학 30년사》, 한국능력개발사, 1975

연세대학교 100년사 편찬위원회 편, 《연세대학교 100년사》 1, 연세대학교출판부, 1985

연세창립80주년기념사업위원회 편, 《연세대학교사》, 연세대학교출판부, 1969

중앙대학교사편찬위원회 편, 《중앙대학교사》, 중앙대학교, 1970

### 기타 자료

《京城帝國大學 予科一覽》

《京城帝國大學 豫科敎授要綱》

《京城帝國大學一覽》

《京城帝國大學學生活調查報告》

《교육통계연보》

《대한교육연감》

《등록금 관련 서류철》·《생활기록 관련 서류철》, ○○대학교 문서고

《문교통계연보》

《4·19사료관》

〈우리 시대의 멘토 김승옥〉, 네이버캐스트, 2014년 8월 28일

《조선연감》

〈1948학년도 납입금 납부 영수증〉, 서울대학교 기록관

《한국민족문화대백과》


교육부50년사편찬위원회 편, 《교육50년사: 1948~1998》, 교육부, 1998

교육연구소 한국교육사고 편, 《서울대학교 사범대학 50년: 구술사 자료집》1, 서울대학교
　　　사범대학, 1999

김봉은 외, 《지성과 역동의 시대를 열다: 서울대학교 개교70주년 기념 기획전》, 서울대학
　　　교 기록관, 2016

김종철 외, 《한국 고등교육의 역사적 변천에 관한 연구》, 한국대학교육협의회, 1989

대한민국 국회, 《국회 본회의 회의록》, 1969년 12월 22일

문교부, 《단기 4287년 12월 31일 현재 교육기관 통계》, 1954

서울대학교, 《서울대학교 일람》, 서울대학교, 1955

서울대학교 법과대학 서울법대동창회 편, 《하늘이 무너져도 정의는 세워라: 서울법대 동창
　　　수상록 2》, 경세원, 1994

서울대학예과 최종기념잡지 편집위원회 편, 《청량리》, 서울대학예과 학생위원회, 1948

서울특별시사편찬위원회, 《서울 사람이 겪은 해방과 전쟁: 서울역사 구술자료집 3》, 서울
　　　특별시사편찬위원회, 2011

오인탁 외, 《대학생문화》, 한국정신문화연구원, 1985

이화여자대학교 이대학보사 편, 《(이대학보 사진으로 보는) 이화의 과거와 현재, 그리고 미

래〉, 이화여자대학교 이대학보사, 2005

創立75周年記念事業實行委員會, 《寫眞集 城大 75周年》, 京城帝國大學 豫科 同窓會, 2000

한국교육 10년사간행회 편, 《한국교육 10년사》, 풍문사, 1960

한국교육사고, 〈국대안 파동 구술 자료〉, 서울대학교 기록관, 1998

Ewha Womans University Archives, *THE AMAZING EWHA: 120 years of Ewha Womans University*, 2006


## 단행본

강만길, 《역사가의 시간》, 창비, 2010

권보드래 · 천정환, 《1960년을 묻다》, 천년의상상, 2012

기형도, 《입 속의 검은 잎》, 문학과 지성사, 1989

김기석, 《한국고등교육연구》, 교육과학사, 2008

김병걸, 《실패한 인생 실패한 문학》, 창작과비평사, 1994

김정인, 《대학과 권력》, 휴머니스트, 2018

김종철, 《한국고등교육연구》, 배영사, 1979

리영희, 《역정》, 창작과비평사, 1988

백남훈, 《나의 일생》, 해온 백남훈선생 기념사업회, 1968

서정민 편역, 《한국과 언더우드》, 한국기독교역사연구소, 2004

손인수, 《한국교육운동사》 1, 문음사, 1994

_____, 《한국교육운동사》 2, 문음사, 1994

_____, 《한국교육운동사》 3, 문음사, 1994

신주백 편, 《한국 근현대 인문학의 제도화: 1910~1959》, 혜안, 2014

우마코시 토오루 저, 한용진 역, 《한국 근대대학의 성립과 전개》, 교육과학사, 2001

이길상 편, 《해방전후사자료집》 2, 원주문화사, 1992

이길상, 《미군정하에서의 진보적 민주주의 교육운동》, 교육과학사, 1999

이길상·오만석 공편,《한국교육사료집성: 미군정기편》3, 한국정신문화연구원, 1997

이충우,《경성제국대학》, 다락원, 1980

이충우·최종고,《다시 보는 경성제국대학》, 푸른사상, 2013

정근식 외,《식민권력과 근대지식: 경성제국대학연구》, 서울대학교출판문화원, 2011

정선이,《경성제국대학 연구》, 문음사, 2002

정태수 편,《미군정기 한국교육사자료집》상, 홍지원, 1992

한기언,《대학의 이념》, 한국학술정보, 2005

한준상,《한국 대학교육의 희생》, 문음사, 1983


高木英明,《大學の法的地位と自治機構に關する硏究》, 多賀出版, 1998

永島廣紀,《戰時期朝鮮における'新體制'と京城帝國大學》, ゆまに書房, 2011

二宮皓 編著,《世界の学校: 教育制度から日常の学校風景まで》, 学事出版, 2006

佐藤能丸,《大學文化史: 理念·學生·街》, 芙蓉書房出版, 2003

## 논문

〈고등교육 개혁에 관한 국제심포지움〉,《교육평론》169, 1972

〈서울대 종합계획의 청사진〉,《교육신풍》1-9, 1971

〈79학년도 대학정원 대폭 늘려〉,《교육평론》241, 1978

〈Edwin L. Miller, To Whom It May Concern, 1947. 9. 2〉, 정태수 편,《미군정기 한국교육사자료집》상, 홍지원, 1992

〈Higher Education in Korea, January 27, 1947〉, 이길상 편,《해방전후사자료집》Ⅱ, 원주문화사 1992

〈History of Bureau of Education: From 11 September 1945 to 28 February 1946〉, 정태수 편,《미군정기 한국교육사자료집》상, 홍지원, 1992

〈Interview with Dr. Edwin Miller, Bureau of higher Educ, 16 January 1948〉, 정태수 편,《미군정기 한국교육사자료집》상, 홍지원, 1992

〈Report on What has been done in Business Education, 21 November 1946, 1947. 7.

31〉, 정태수 편,《미군정기 한국교육사료집》상, 홍지원, 1992

〈USAMGIK, Education in South Korea Under United States Occupation 1945~1948〉, 편집부,《주한미군사》4, 돌베개, 1988


강명숙, 〈대학의 제도적 기반 형성과 학술 여건(1945~1955)〉,《한국근현대사연구》67, 2013

_____,《미군정기 고등교육 연구》, 서울대 박사학위논문, 2002

_____, 〈일제시대 제1차 조선교육령 제정과 학제 개편〉,《한국교육사학》31-1, 2009

_____, 〈일제시대 학교제도의 체계화: 제2차 조선교육령 개정을 중심으로〉,《한국교육사학》32-1, 2010

_____, 〈1960~70년대 대학과 국가 통제〉,《한국교육사학》36-1, 2014

_____, 〈해방 이후 대학교육 개혁 논의의 흐름: 1950~1970년대를 중심으로〉,《한국교육사학》27-2, 2005

고성애, 〈박종홍 철학의 형성과정 연구: 경성제국대학 입학 이전을 중심으로〉,《철학사상》48, 2013

김경수, 〈대학정비방법의 구체안〉,《사상계》93, 1961

김명진,《1950년대 고등교육 협력에 관한 연구: 서울대-미네소타대 프로젝트 사례》, 서울대 박사학위논문, 2009

김미숙, 〈미군정기 남녀공학정책: 성별 학교조직과 성통제 양식〉,《교육학연구》39-4, 2001

김사달, 〈대학교육의 본질과 시대의 병폐〉,《교육평론》125, 1969

김성태, 〈4월 19일의 심리학〉,《사상계》93, 1961

김영돈, 〈대학교육의 역점〉,《교육평론》88, 1966

김영자, 〈부화 직전의 불안: 한 여자 대학생이 말하는 고민〉,《사상계》106, 1962

김용덕, 〈경성제국대학의 교육과 조선인 학생〉,《근대 교류사와 상호인식》2, 아연출판부, 2007

김용래, 〈고등교육 개선에 관한 관견〉,《새교육》169, 1968

김인수, 〈불 꺼진 대학가: 한 남자 대학생이 말하는 고심〉,《사상계》106, 1962

김인회, 〈한국 대학교수의 현황과 문제점〉,《새교육》172, 1969

김정인, 〈1960년대 근대화 정책과 대학〉,《한국근현대사연구》63, 2012

김종철, 〈미래를 위한 우리 교육의 설계〉, 《교육평론》 174, 1973

_____, 〈사학의 발전과 대학 정비의 시시비비: 60년대의 문교정책을 채점한다〉, 《새교육》 182, 1969

_____, 〈전환기에 선 한국고등교육정책의 과제〉, 《교육평론》 185, 1974

김증한, 〈국가이념과 대학의 목적〉, 《사상계》 93, 1961

김필동, 〈대학제도를 통해 본 학문체계 구조 변동에 관한 기초연구〉, 교육부 정책연구과제 보고서, 2000

노지승, 〈대학생과 건달, 김승옥 소설과 청춘 영화에 나타난 1960년대 청년 표상〉, 《한국현 대문학연구》 22, 2007

문승익, 〈대학은 어떻게 있어야 하나〉, 《새교육》 264, 1976

박대선, 〈현대고등교육의 밝은 전망을 위하여〉, 《새교육》 217, 1972

박준희, 〈교육망국론의 신조어 만들고〉, 《새교육》 17-8, 1965

서명원, 〈대학교육의 이상과 현실〉, 《새교육》 346, 1983

손정수, 〈신남철·박치우의 사상과 그 해석에 작용하는 경성제국대학이라는 장〉, 《한국학 연구》 14, 2005

신주백, 〈식민지 조선의 고등교육체계와 문·사·철의 제도화, 그리고 식민지 공공성〉, 《한 국교육사학》 34-4, 2012

안호상, 〈민족교육의 방향〉, 《대조》 27, 1948

_____, 〈자성문교의 정책수립을〉, 《교육평론》 107, 1967

언더우드, 〈고등교육의 주요 문제점 발췌〉, 1947

오기형, 〈고급인력 양성의 저변향상의 시급성〉, 《교육평론》 241, 1978

_____, 〈사립대학의 자주적통제와 본연의 자세〉, 《새교육》 17-5, 1965

오제연, 《1960~1971년 대학 학생운동 연구》, 서울대 박사학위논문, 2014

_____, 〈1970년대 대학문화의 형성과 학생운동〉, 《역사문제연구》 28, 2012

유상근, 〈대학의 이념과 사명〉, 《새교육》 19-3, 1967

유인종, 〈고등교육: 한국교육 30년〉, 《새교육》 250, 1975

_____, 〈대학교육 개혁의 필요성과 기본 방향〉, 《문교월보》 48, 1973

유진원, 〈정치와 교육〉, 《주보민주주의》 22, 1947

유창민, 〈1960년대 잡지에 나타난 대학생 표상: 《사상계》의 대학생 담론을 중심으로〉, 《겨

레어문학》 47, 2011

유형진, 〈고등교육 정책제도의 개혁방향〉, 《교육평론》 205, 1975

윤대석, 〈경성 제국대학의 식민주의와 조선인 작가: '감벽'의 심성과 문학〉, 《우리말글》 49, 2010

이근칠, 〈우리나라 대학교육의 전망〉, 《새교육》 1965년 7월호

이남표, 〈고등교육: 세계교육 개혁의 동향〉, 《새교육》 199, 1971

이덕희, 〈법대와 나와 인생〉, 서울대학교 법과대학 서울법대동창회 편, 《하늘이 무너져도 정의는 세워라: 서울법대 동창 수상록 2》, 경세원, 1994

이선미, 〈1950년대 미국유학 담론과 '대학문화': 《연희춘추》의 미국관련 담론과 기사를 중심으로〉, 《상허학보》 25, 2009

이수일, 《1930년대 전반 '성대그룹'의 반관학 이념과 사회운동론》, 연세대 박사학위논문, 2013

이숭녕, 〈대학교육의 회고와 전망〉, 《새교육》 9-1, 1957

이용희, 〈1960~70년대 베스트셀러 현상과 대학생의 독서문화: 베스트셀러 제도의 형성 과정과 1970년대 초중반의 독서 경향〉, 《한국학연구》 41, 2016

이철범, 〈대학은 최대의 자본이다〉, 《교육평론》 99, 1967

이형행, 〈실험대학의 운영과 고등교육의 질적 관리(1972~79)〉, 《대학교육》 52, 1991

_____, 〈한국고등교육정책의 변천과정 소고〉, 《연세교육과학》 16, 1979

이혜정, 〈남녀공학 고등교육의 등장과 교육 기회의 젠더 평등: '통합'으로서의 남녀공학 사례를 중심으로〉, 《여성과 역사》 22, 2015

_____, 《1970년대 고등교육을 받은 여성의 삶과 교육: '공부' 경험과 자기성취 실천을 중심으로》, 서울대 박사학위논문, 2012

임긍재, 〈학원과 여학생의 풍기문제〉, 《대조》 15, 1947

임한영, 〈고등교육 이념목표의 지향〉, 《교육평론》 205, 1975

장세윤, 〈경성제국대학의 한국인 졸업생과 고등문관 시험〉, 《향토서울》 69, 2007

장세훈, 〈학술정책과 연구-교육체제의 변동: '두뇌 한국(BK) 21 사업'을 중심으로〉, 《한국 사회학》 36-2, 2002

장신, 〈경성제국대학 사학과의 자장磁場〉, 《역사문제연구》 26, 2011

전경수, 〈학문과 제국 사이의 秋葉 隆: 경성제국대학 교수론 1〉, 《한국학보》 31-3, 2005

정선이, 〈연희전문 문과의 교육〉, 연세대학교 국학연구원 편, 《근대학문의 형성과 연희전
　　문》, 연세대학교출판부, 2005

＿＿＿, 〈일제시기 대학졸업자의 취업상황과 그 성격 연구〉, 《교육사학연구》 12, 2002

＿＿＿, 〈자료해제: 경성제국대학 창립 50주년 기념지 《紺碧遙かに》 – 식민지 조선의 제국
　　대학 일본인 교수, 일본인 학생들의 관점〉, 《한국교육사학》 30, 2008

정재철, 〈대학인구는 늘어야 한다: 고등인력 육성을 위하여〉, 《새교육》 189, 1970

정준영, 《경성제국대학과 식민지 헤게모니》, 서울대 박사학위논문, 2009

＿＿＿, 〈경성제국대학의 유산: 일본의 식민교육체제와 한국의 고등교육〉, 《일본연구논
　　총》 34, 2011

＿＿＿, 〈식민지 제국대학의 존재방식: 경성제대와 식민지의 ‘대학자치론’〉, 《역사문제연
　　구》 26, 2011

＿＿＿, 〈해방 직후 대학사회 형성과 학문의 제도화: 학과제 도입의 역사사회학적 의미〉,
　　《한국근현대사연구》 67, 2013

조영식, 〈대학교육의 질적향상과 취업보장: 한국교육의 현실적인 문제점: 고등교육〉, 《교
　　육평론》 99, 1967

차경수, 〈한국고등교육 개혁의 방향: 교육개혁의 방향〉, 《새교육》 242, 1974

차남희·이진, 〈경성제국대학과 식민지 시기 ‘중인층’의 상승 이동〉, 《담론201》 13-4, 2010

채성주, 〈유신 체제 하의 고등교육 개혁에 관한 연구〉, 《교육행정학연구》 21-3, 2003

최긍렬, 〈5·16군사정부의 고등교육 통제에 관한 연구〉, 교육출판기획실 편, 《분단시대의
　　학교교육》, 푸른나무, 1989

최기숙, 〈국어국문학 과목 편제와 고전강독 강좌〉, 김재현 외, 《한국 인문학의 형성》, 한길
　　사, 2011

하재연, 〈《文友》를 통해 본 경성제대 지식인의 내면〉, 《한국학연구》 31, 2009

허현, 〈대학 정비론〉, 《교육평론》 40, 1962

황종건, 〈대학의 과잉과 해결되어야 할 문제〉, 《교육평론》 67, 1964

# 찾아보기